Bill Gates

Wie wir die Klimakatastrophe verhindern

Zu diesem Buch

In diesem drängenden, maßgeblichen Buch legt Bill Gates einen weitreichenden, praktischen und zugänglichen Plan dafür vor, wie die Welt die Treibhausgasemissionen rechtzeitig auf null senken kann, um eine Klimakatastrophe zu verhindern.
Seit einem Jahrzehnt untersucht Bill Gates die Ursachen und Auswirkungen des Klimawandels. Mithilfe von Experten aus Physik, Chemie, Biologie, Ingenieurwesen, Politikwissenschaft und Finanzwesen hat er sich auf das konzentriert, was getan werden muss, um die Umweltkatastrophe zu verhindern, die unserem Planeten bevorsteht. Er erklärt nicht nur, warum wir auf eine Netto-null-Emission der Treibhausgase hinarbeiten müssen, sondern auch, was wir konkret tun können, um dieses überaus wichtige Ziel zu erreichen. Mit klarem Blick beschreibt er die Herausforderungen, vor denen wir stehen. Ausgehend von seinem Verständnis von Innovation und dem, was nötig ist, um neue Ideen auf den Markt zu bringen, beschreibt er die Bereiche, in denen die Technologie bereits zur Emissionsreduzierung beiträgt, wie die aktuelle Technologie effektiver gestaltet werden kann, wo bahnbrechende Technologien benötigt werden und wer an diesen wesentlichen Innovationen arbeitet. Abschließend legt er einen konkreten Plan vor, wie sich die Emissionen auf null reduzieren lassen. Er empfiehlt nicht nur politische Maßnahmen, die Regierungen ergreifen sollten, sondern zeigt auch, was wir als Einzelne tun können, um unsere Regierung, unsere Arbeitgeber und uns selbst in diesem entscheidenden Unterfangen in die Pflicht zu nehmen. Bill Gates macht deutlich, dass das Ziel der Emissionsfreiheit nicht leicht zu erreichen sein wird, aber wenn wir dem Plan folgen, den er hier vorlegt, ist es durchaus zu schaffen.

Bill Gates ist Technologe, Wirtschaftsführer und Philanthrop. Im Jahr 1975 gründete er zusammen mit seinem Jugendfreund Paul Allen das Unternehmen *Microsoft*; heute ist er Co-Vorsitzender der *Bill & Melinda Gates Foundation*. Dort arbeitet er seit mehr als zwanzig Jahren an globalen Gesundheits- und Entwicklungsfragen, einschließlich der Prävention von Pandemien, der Ausrottung von Krankheiten und Problemen in Bezug auf Wasser, sanitäre Anlagen und Hygiene. Er hat drei Kinder.

Bill Gates

WIE WIR DIE KLIMA KATASTROPHE VERHINDERN

WELCHE LÖSUNGEN ES GIBT UND
WELCHE FORTSCHRITTE NÖTIG SIND

Aus dem amerikanischen Englisch von
Karsten Petersen und Hans-Peter Remmler

Mit 35 Schwarz-Weiß-Abbildungen

PIPER

Mehr über unsere Autorinnen, Autoren und Bücher:
www.piper.de

Von Bill Gates liegen im Piper Verlag vor:
Wie wir die nächste Pandemie verhindern
Wie wir die Klimakatastrophe verhindern

Unser Versprechen für mehr Nachhaltigkeit
• Klimaneutrales Produkt
• FSC®-zertifiziertes Papier
• Hergestellt in Europa

FSC www.fsc.org
MIX
Papier aus verantwortungsvollen Quellen
FSC® C083411

Ungekürzte Taschenbuchausgabe
ISBN 978-3-492-31152-6
Mai 2022
Die Originalausgabe erschien 2021 unter dem Titel »How to Avoid a Climate Disaster« bei Alfred A. Knopf, a division of Penguin Random House LLC, New York

Umschlaggestaltung: BÜRO JORGE SCHMIDT, München,
unter Verwendung des Designs von John Gall
Satz: psb, Berlin
Gesetzt aus der Adobe Garamond Pro
Litho: Lorenz & Zeller, Inning am Ammersee
Druck und Bindung: CPI books GmbH, Leck
Printed in the EU

Für die Wissenschaftler, Innovatoren und Aktivisten,
die uns den Weg zeigen

INHALTSVERZEICHNIS

EINFÜHRUNG

Von 52 Milliarden auf null

Es gibt zwei Zahlen, die Sie über den Klimawandel kennen sollten. Die erste ist 52 Milliarden. Die andere ist null. Die 52 Milliarden beziffern die Menge der Tonnen an Treibhausgasen, die typischerweise weltweit jedes Jahr in die Atmosphäre freigesetzt werden. Diese Zahl kann von Jahr zu Jahr ein bisschen steigen oder fallen, aber im Großen und Ganzen nimmt sie zu. Das ist *der Stand der Dinge heute.**

Null ist *das Ziel, das wir uns setzen müssen.* Um die Erderwärmung zu stoppen und die schlimmsten Auswirkungen des Klimawandels zu verhindern – und diese Folgen werden verheerend sein –, müssen die Menschen aufhören, der Atmosphäre Treibhausgase zuzuführen.

Das klingt schwierig, denn es wird schwierig sein. Die Menschheit hat noch nie etwas so Großes unternommen. Es bedeutet, dass jedes Land seine Gewohnheiten wird ändern müssen. Bei so gut wie allen Aktivitäten des modernen Lebens –

* Die 52 Milliarden Tonnen basieren auf den neuesten verfügbaren Daten. Im Jahr 2020 gingen die weltweiten Emissionen etwas zurück – um circa 4,5 Prozent –, da die COVID-19-Pandemie die Wirtschaft so dramatisch ausbremste. Allerdings stiegen die Emissionen im Jahr 2021 wahrscheinlich um circa 6 Prozent, als sich die Wirtschaft erholte. Daher werde ich 52 Milliarden Tonnen als Gesamtemissionsmenge verwenden. Im ganzen Buch werden wir hin und wieder auf das Thema COVID-19 zurückkommen.

Landwirtschaft, Industrie, Transport und Verkehr – werden Treibhausgase freigesetzt, und nach und nach werden immer mehr Menschen diesen modernen Lebensstil übernehmen. Das ist gut, weil es bedeutet, dass ihr Leben besser wird. Wenn sich aber nichts anderes ändert, wird die Menschheit immer weiter Treibhausgase produzieren, der Klimawandel wird sich immer weiter verschärfen, und seine Folgen für die Menschheit werden aller Wahrscheinlichkeit nach katastrophal sein.

Aber »Wenn sich nichts anderes ändert« ist ein großes »Wenn«. Ich glaube, die Dinge *können* sich ändern. Wir verfügen schon jetzt über einige der Werkzeuge, die wir dafür benötigen – und was jene angeht, über die wir noch nicht verfügen, bin ich aufgrund von all dem, was ich über Klima und Technologie gelernt habe, optimistisch, dass wir sie erfinden, einsetzen und eine Klimakatastrophe verhindern können, wenn wir nur schnell genug handeln.

In diesem Buch geht es darum, was getan werden muss, um das zu erreichen, und warum ich glaube, dass wir es schaffen können.

Vor zwanzig Jahren hätte ich nie erwartet, dass ich eines Tages Vorträge über den Klimawandel halten, geschweige denn ein Buch darüber schreiben würde. Mein Background ist Softwareentwicklung, nicht Klimawissenschaften, und heutzutage ist mein Vollzeitjob, gemeinsam mit meiner Frau Melinda für die Gates Foundation zu arbeiten, wo wir uns voll und ganz auf globale Gesundheit und Entwicklung sowie das Bildungswesen in den USA konzentrieren.

Mein Interesse am Klimawandel entstand auf einem Umweg – und zwar über das Problem von Energiearmut.

Anfang der 2000er-Jahre, als unsere Stiftung gerade mit ihrer Arbeit begann, fing ich an, in einkommensschwache Länder in Subsahara-Afrika und in Südasien zu reisen, um mir vor Ort ein Bild zu machen über Kindersterblichkeit, HIV und die anderen großen Probleme, mit denen wir uns beschäftigen. Doch auf sol-

Melinda und ich treffen oft Kinder wie den neunjährigen Ovulube Chinachi, der in Lagos, Nigeria lebt und seine Hausaufgaben bei Kerzenlicht macht.[1]

chen Reisen dachte ich nicht nur an Krankheiten. Hin und wieder, wenn ich in einer Großstadt angekommen war, schaute ich abends aus dem Fenster und dachte: *Warum ist es bloß so dunkel da draußen? Wo sind all die Lichter, die ich sehen würde, wenn das hier New York, Paris oder Peking wäre?*

In Lagos, der größten Stadt Nigerias, kam ich durch unbeleuchtete Straßen, wo die Menschen sich um Feuer drängten, die sie in alten Öltonnen entfacht hatten. In abgelegenen Dörfern sprachen Melinda und ich mit Frauen und Mädchen, die jeden Tag stundenlang Feuerholz sammeln mussten, um vor ihrer Hütte im Dorf über einem offenen Feuer kochen zu können. Wir trafen Kinder, die ihre Hausaufgaben bei Kerzenlicht machen mussten, weil es im Dorf keinen Strom gab.

Ich erfuhr, dass weltweit etwa eine Milliarde Menschen keinen zuverlässigen Zugang zum Stromnetz hatten und dass die Hälfte von ihnen in Subsahara-Afrika lebte. (Seither hat sich die Lage ein bisschen verbessert; heute haben noch etwa 860 Millionen Menschen keinen Strom.) Ich dachte an das Motto unserer

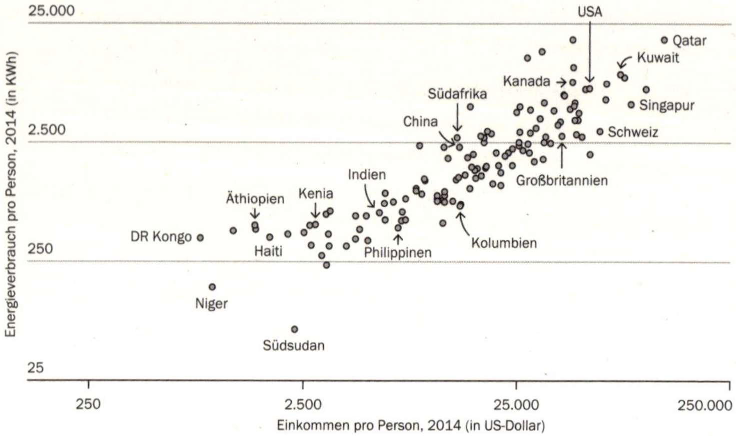

Einkommen und Energieverbrauch gehen Hand in Hand. David MacKay hat mir eine solche Grafik gezeigt, in der Energieverbrauch und Einkommen pro Person dargestellt sind. Der Zusammenhang ist unverkennbar. (IEA, Weltbank.)[2]

Stiftung – »Jeder Mensch verdient die Chance, ein gesundes und produktives Leben zu führen« –, und mir wurde klar, wie schwierig es ist, gesund zu bleiben, wenn die örtliche Klinik Impfstoffe nicht kühlen kann, weil der Kühlschrank keinen Strom hat. Es ist schwierig, produktiv zu sein, wenn man kein Licht hat, um zu lesen. Und es ist unmöglich, eine Wirtschaft aufzubauen, in der jeder Mensch die Chance auf einen Arbeitsplatz hat, wenn für Büros, Fabriken und Callcenter kein erschwinglicher Strom zuverlässig und in großen Mengen zur Verfügung steht.

Ungefähr zu dieser Zeit schickte mir der Wissenschaftler David MacKay von der University of Cambridge, der leider inzwischen verstorben ist, eine Grafik, in der die Beziehung zwischen Einkommen und Energieverbrauch dargestellt ist: zwischen dem Pro-Kopf-Einkommen eines Landes und dem Stromverbrauch seiner Menschen. In der Grafik war auf der einen Achse das Pro-Kopf-Einkommen diverser Länder aufgetragen und auf der anderen der Energieverbrauch pro Person – und sie machte mir unmissverständlich klar, dass die beiden Zahlen zusammenhängen:

Während ich all diese Informationen sacken ließ, begann ich darüber nachzudenken, wie die Menschheit es schaffen könnte, Energie für die Armen der Welt erschwinglich und zuverlässig zu machen. Für unsere Stiftung war es nicht sinnvoll, dieses riesige Problem anzupacken – wir mussten auf unsere eigentliche Mission fokussiert bleiben –, doch ich fing an, mich mit einigen Erfindern in meinem Freundeskreis über verschiedene Ideen zu unterhalten. Ich las sehr viel zu diesem Thema, unter anderem einige sehr aufschlussreiche Bücher des Wissenschaftlers und Historikers Vaclav Smil, der mir klarmachte, was für eine kritische Rolle Energie für eine moderne Zivilisation spielt.

Damals hatte ich noch nicht verstanden, dass wir auf null kommen müssen. Die reichen Länder, die für den größten Teil der Emissionen verantwortlich sind, hatten begonnen, den Klimawandel zur Kenntnis zu nehmen, und ich dachte, das würde genügen. Mein Beitrag, so glaubte ich, würde darin bestehen, mich dafür einzusetzen, dass eine zuverlässige Stromversorgung auch für Arme erschwinglich wird.

Zum einen würden sie am meisten davon profitieren. Für sie würde billigere Energie nicht nur bedeuten, abends Licht zu haben, sondern auch günstigere Düngemittel für ihre Felder und Zement für ihre Häuser. Und zum anderen haben die Armen durch den Klimawandel am meisten zu verlieren. Die meisten von ihnen sind Kleinbauern, die ohnehin schon am Rande des Existenzminimums leben und noch mehr Dürren und Überflutungen nichts entgegenzusetzen haben.

Doch dann änderte ich meine Perspektive, als ich mich Ende 2006 mit zwei früheren Microsoft-Kollegen traf, die im Begriff waren, Non-Profit-Organisationen im Bereich Energie und Klima ins Leben zu rufen. Sie hatten zwei Klimawissenschaftler mitgebracht, die sich mit diesen Problemen gut auskannten, und die vier zeigten mir die Daten, die Treibhausgasemissionen mit dem Klimawandel verknüpften.

Ich wusste, dass Treibhausgase die Temperaturen steigen lassen, aber ich hatte angenommen, dass es zyklische Schwankungen oder andere Faktoren geben müsse, die eine echte Klimakatastrophe auf natürlichem Wege verhindern würden. Und es fiel mir schwer zu akzeptieren, dass die Temperaturen immer weiter steigen werden, solange der Mensch weiterhin Treibhausgase freisetzt – ganz egal, in welchen Mengen.

Ich traf mich noch einige Male mit dieser Gruppe, weil ich weitere Fragen hatte. Und schließlich begriff ich: Die Menschheit muss mehr Energie bereitstellen, damit die Ärmsten besser leben können, doch wir müssen diese Energie erzeugen, ohne noch mehr Treibhausgase freizusetzen.

Jetzt kam mir das Problem noch gewaltiger vor. Es genügte nicht, billige und zuverlässige Energie für Arme zu liefern – sie musste auch noch sauber sein.

Ich sog weiterhin möglichst viele Informationen über den Klimawandel auf. Ich traf mich mit Experten für Themen wie Klima, Landwirtschaft, Ozeane, Meeresspiegel, Gletscher, Stromnetze und anderes mehr. Ich las die Berichte, die vom Intergovernmental Panel on Climate Change (IPCC) veröffentlicht werden, dem Ausschuss der Vereinten Nationen, der den wissenschaftlichen Konsens zu diesem Thema herstellt. Ich sah mir *Earth's Changing Climate* an, eine Reihe von fantastischen Video-Vorlesungen von Professor Richard Wolfson, die im Rahmen der Serie »Great Courses« erhältlich sind. Ich las *Weather for Dummies* – nach wie vor eines der besten Bücher zum Thema Wetter, die ich gefunden habe.

Mir wurde klar, dass unsere heutigen Quellen erneuerbarer Energien – hauptsächlich Wind- und Solarenergie – ein großer Schritt zur Lösung des Problems sein könnten, wir aber nicht genug tun, um sie einzusetzen.* Und mir wurde auch klar,

* Wasserkraft – Strom, der generiert wird, indem Wasser durch Turbinen in einem Staudamm strömt – ist eine weitere erneuerbare Energiequelle, tatsächlich sogar die größte in den Vereinigten Staaten. Doch die meiste verfügbare Wasserkraft nutzen wir bereits; hier besteht kaum noch Wachstumspotenzial. Der Großteil der zusätzlichen sau-

warum diese Quellen allein nicht reichen werden, um uns den weiten Weg bis zur Null hinunterzubringen. Der Wind weht nicht immer, die Sonne scheint nicht immer, und wir haben keine bezahlbaren Batterien, die so große Energiemengen, wie sie zur Versorgung einer Stadt gebraucht werden, lange genug speichern könnten. Davon abgesehen entfallen nur etwa 26 Prozent aller Treibhausgasemissionen auf die Stromerzeugung. Selbst wenn wir einen riesigen Durchbruch in der Batterietechnologie erreichten, müssten wir immer noch die restlichen 74 Prozent loswerden.

Nach einigen Jahren war ich von drei Tatsachen überzeugt:

1. Um eine Klimakatastrophe zu vermeiden, müssen wir auf null kommen.
2. Wir müssen die Tools, die wir schon haben – etwa Sonnen- und Windenergie –, schneller und klüger zum Einsatz bringen.
3. Und wir müssen bahnbrechende Technologien entwickeln und in der Praxis einsetzen, mit denen wir den Rest des Weges schaffen können.

Die Argumente für »null« standen – und stehen – so fest wie der sprichwörtliche Fels in der Brandung. Wenn wir nicht aufhören, Treibhausgase in die Atmosphäre zu blasen, wird die Temperatur immer weiter steigen. Hier ist eine Analogie, die ich besonders anschaulich finde: Das Klima ist wie eine Badewanne, die langsam voll Wasser läuft. Selbst wenn wir den Wasserhahn bis auf ein Tröpfeln zudrehen, wird die Badewanne doch irgendwann voll sein und überlaufen, sodass der Fußboden überschwemmt wird. Das ist die Katastrophe, die wir verhindern müssen. Wenn wir uns das Ziel setzen, unsere Emissionen nur zu reduzieren, sie aber nicht zu eliminieren, wird das nicht ausreichen – das einzig

---

beren Energien, die wir erzeugen wollen, wird aus anderen Quellen kommen müssen.

vernünftige Ziel ist die Null. (Mehr über die Null, was ich damit meine und über die Folgen des Klimawandels ist in Kapitel 1 zu finden.)

Doch als mir das damals alles klar wurde, war ich nicht auf der Suche nach einem weiteren Problem, das es anzupacken galt. Melinda und ich hatten globale Gesundheit und Entwicklung sowie das US-Bildungswesen als die beiden Bereiche ausgewählt, in denen wir eine Menge lernen, Expertenteams engagieren und unsere Ressourcen einsetzen wollten. Zudem sah ich, dass viele bekannte Persönlichkeiten den Klimawandel auf ihre Agenda setzten.

Also engagierte ich mich zwar stärker, machte jedoch den Klimawandel nicht zu einer meiner Top-Prioritäten. Wenn ich konnte, las ich mehr zu diesem Thema und sprach mit Experten. Ich investierte in einige Start-ups im Bereich saubere Energie und stellte mehrere 100 Millionen Dollar zur Verfügung, um ein Unternehmen zu gründen, das ein Atomkraftwerk der nächsten Generation entwickeln sollte, das saubere Energie erzeugt und bei dem kaum Atommüll anfällt. Im Jahr 2010 hielt ich einen TED-Talk zum Thema »Innovating to Zero!«, doch hauptsächlich konzentrierte ich mich auf die Arbeit der Gates Foundation.

Dann, im Frühjahr 2015, beschloss ich, dass ich mehr tun und mich vernehmbarer äußern müsste. In den Nachrichten hatte ich Berichte gesehen über Studenten, die Sit-ins abhielten und forderten, dass die Stiftungen ihrer Hochschulen ihre Investitionen im Bereich fossiler Brennstoffe abstoßen. Im Zuge dieser Initiative startete die britische Tageszeitung *The Guardian* eine Kampagne, die von unserer Stiftung forderte, den geringen Anteil ihres Stiftungsvermögens, der in Öl-, Gas- und Kohlekonzernen angelegt war, zu verkaufen. Es wurde ein Video gedreht, das Menschen aus aller Welt zeigt, wie sie mich auffordern, solche Aktien abzustoßen.

Ich kann verstehen, warum der *Guardian* ausgerechnet unsere Stiftung und mich aufs Korn nahm. Und ich bewunderte die

Leidenschaft der Aktivisten – vor vielen Jahren hatte ich Studenten gesehen, die gegen den Vietnamkrieg protestierten und später gegen das Apartheidregime in Südafrika, und ich wusste, dass sie tatsächlich etwas bewirkt hatten. Es war inspirierend für mich zu sehen, wie diese Art von gesellschaftlicher Energie sich gegen den Klimawandel richtet.

Aber andererseits musste ich immer wieder daran denken, was ich auf meinen Reisen gesehen hatte. Indien zum Beispiel hat eine Bevölkerung von 1,4 Milliarden Menschen, von denen viele zu den ärmsten der Welt zählen. Ich hielt es nicht für fair, dass irgendjemand daherkommt und den Indern sagt, ihre Kinder dürften kein Licht haben, um Hausaufgaben zu machen, oder dass bei jeder Hitzewelle Tausende von Indern sterben müssten, weil es umweltschädlich sei, Klimaanlagen zu installieren. Die einzige Lösung, die ich mir vorstellen konnte, war, saubere Energie so billig zu machen, dass jedes Land sie lieber nutzen würde als fossile Brennstoffe.

So sehr ich auch den leidenschaftlichen Einsatz der Protestierenden bewunderte, konnte ich nicht verstehen, wie allein das Abstoßen von Aktien den Klimawandel aufhalten oder Menschen in armen Ländern helfen könnte. Es war eine Sache, Aktien von Großkonzernen zu verkaufen, um gegen Apartheid zu kämpfen – also gegen eine politische Institution, die auf wirtschaftlichen Druck reagieren würde (und reagiert hat). Doch es ist ganz etwas anderes, das weltweite Energiesystem – eine Industrie, die jedes Jahr etwa 5 Billionen Dollar umsetzt und das Fundament der modernen Wirtschaft bildet – nur dadurch transformieren zu wollen, dass man Aktien von Ölkonzernen verkauft.

Das sehe ich auch heute noch so. Doch mir ist klar geworden, dass es andere Gründe gibt, warum ich keine Aktien von Unternehmen besitzen sollte, die fossile Energieträger produzieren – nämlich weil ich nicht davon profitieren will, wenn ihre Aktien steigen, weil wir keine CO_2-freien Alternativen entwickeln. Ich würde mich schlecht fühlen, wenn ich von einer Verzögerung auf dem Weg zur Null profitieren würde. Also habe ich 2019 alle meine direkten Beteiligungen an Öl- und Gaskonzernen abgestoßen, ebenso wie die Treuhandgesellschaft, die das Vermögen der Gates Foundation verwaltet. (Zu diesem Zeitpunkt hatte ich schon seit etlichen Jahren kein Geld mehr in Kohlekonzerne investiert.)

Dies ist eine persönliche Entscheidung, die zu treffen ich glücklicherweise in der Lage bin. Doch mir ist durchaus bewusst, dass sie keinen nennenswerten Beitrag zur Reduzierung der Emissionen leisten wird. Es erfordert eine wesentlich breiter angelegte Strategie, um auf null zu kommen: Wir müssen einen umfassenden Wandel bewirken, indem wir alle uns zur Verfügung stehenden Mittel einsetzen, darunter staatliches Handeln, aktuelle Technologien, neue Erfindungen und die Fähigkeit der Privatwirtschaft, unzählige Menschen mit Gütern zu versorgen.

Etwas später im Jahr 2015 bot sich mir eine Gelegenheit, mich für Innovation und neue Investitionen einzusetzen: die COP 21, eine bedeutende Klimakonferenz, die von den Vereinten Nationen im November/Dezember jenes Jahres in Paris abgehalten wurde. Einige Monate vor der Konferenz traf ich mich mit François Hollande, dem damaligen Präsidenten Frankreichs. Er zeigte sich interessiert, private Investoren für die Teilnahme am Kongress zu gewinnen, und ich wollte erreichen, dass Innovation auf die Tagesordnung gesetzt wird. Wir sahen beide eine Chance: Er dachte, ich könnte helfen, Investoren an den Tisch zu bringen; ich sagte ihm, das sei sehr gut möglich, aber es könnte leichter erreicht werden, wenn auch Regierungen sich verpflichten würden, ihre Forschungsetats im Bereich Energie zu erhöhen.

Das würde nicht unbedingt ein Spaziergang werden. Selbst in den Vereinigten Staaten war der Etat für Energieforschung deutlich niedriger als in anderen wichtigen Sektoren wie Gesundheitswesen und Verteidigung (und ist es immer noch). Und auch wenn einige Länder ihre Forschungsetats moderat erhöht hatten, waren sie immer noch sehr niedrig. Und diese Länder zögerten, mehr zu tun, solange sie nicht davon überzeugt waren, dass vom privaten Sektor genug Geld kommen würde, um ihre Ideen aus dem Labor zu holen und sie in Produkte zu verwandeln, die ihren Leuten tatsächlich helfen.

Doch spätestens 2015 trockneten private Investitionen zusehends aus. Viele der Risikokapitalgeber, die in grüne Technologien investiert hatten, zogen sich zurück, weil die Renditen so niedrig waren. Sie waren es gewohnt, in Bio- und Informationstechnologie zu investieren, wo sich oft sehr schnell Erfolge einstellen und weniger staatliche Regulierung zu beachten ist. Saubere Energie war ein völlig anderes Spiel, und daraus zogen sie sich zurück.

Es lag auf der Hand, dass wir neues Geld einwerben und eine andere, für saubere Energie maßgeschneiderte Strategie verfolgen mussten. Im September, also zwei Monate vor Beginn der Pariser Konferenz, schickte ich E-Mails an zwei Dutzend wohlhabende Personen aus meinem Bekanntenkreis. Ich hoffte, sie überzeugen zu können, Risikokapital bereitzustellen, um die Erhöhungen der staatlichen Forschungsetats zu ergänzen. Ihre Investitionen mussten langfristig orientiert sein – ein Durchbruch im Energiesektor kann jahrzehntelange Entwicklungszeit erfordern –, und sie mussten bereit sein, hohe Risiken einzugehen. Um den Schlaglöchern aus dem Weg zu gehen, in die frühere Risikokapitalgeber gestolpert waren, versprach ich, dass wir ein kompetentes Expertenteam aufbauen würden, das die infrage kommenden Firmen auf Herz und Nieren prüfen würde und Investoren helfen konnte, sich in den Komplexitäten der Energieindustrie zurechtzufinden.

Die Resonanz auf diese E-Mails übertraf meine kühnsten Erwartungen. Die erste Zusage von einem Investor kam innerhalb von knapp vier Stunden. Als zwei Monate später die Pariser Konferenz begann, waren 26 weitere hinzugekommen, und wir hatten der Initiative einen Namen gegeben: Breakthrough Energy Coalition. Die Organisation, die heute unter dem Namen Breakthrough Energy bekannt ist, vereint gemeinnützige Projekte sowie Bemühungen von Interessensverbänden und privaten Geldgebern, die in mehr als 85 Firmen mit vielversprechenden Ideen investiert haben.

Startschuss für die Mission Innovation mit führenden Politikern aus aller Welt auf der Pariser Klimakonferenz der Vereinten Nationen im Jahr 2015. (Im Anhang ist eine Namensliste der Personen auf diesem Foto zu finden.)[3]

Auch die Regierungen leisteten ihren Beitrag: In Paris setzten sich zwanzig Staats- und Regierungschefs zusammen und verpflichteten sich, ihre Forschungsetats zu verdoppeln. Präsident Hollande, US-Präsident Barack Obama und der indische Premierminister Narendra Modi hatten sich für die Initiative starkgemacht; tatsächlich kam Premierminister Modi auf den Namen: Mission Innovation. Heute machen bei Mission Innovation 24 Länder mit, und die Europäische Kommission hat 4,6 Milliarden Dollar pro Jahr für Forschungen im Bereich saubere Energien freigegeben – eine Erhöhung von über 50 Prozent in nur einer Handvoll Jahren.

Der nächste Wendepunkt in dieser Geschichte wird jedem, der dieses Buch liest, bitter vertraut sein.

Im Jahr 2020 entfaltete sich eine Katastrophe, als ein neuartiges Coronavirus sich auf der ganzen Welt ausbreitete. Für jeden, der die Geschichte von Pandemien kennt, kamen die von COVID-19 angerichteten Verheerungen nicht unerwartet. Da ich mich für globale Gesundheit interessiere, hatte ich mich schon seit Jahren über den Verlauf von Krankheitsausbrüchen informiert und war vor diesem Hintergrund zutiefst beunruhigt, weil die Welt nicht darauf vorbereitet war, mit einer Pandemie wie der

Spanischen Grippe von 1918 fertigzuwerden, die Zigmillionen Menschen das Leben gekostet hatte. Im Jahr 2015 hatte ich einen TED-Talk gehalten und mehrere Interviews gegeben, in denen ich dafür plädierte, ein System zu entwickeln, um große Krankheitsausbrüche frühzeitig zu erkennen und darauf wirkungsvoll zu reagieren. Auch andere, etwa der ehemalige US-Präsident George W. Bush, hatten ähnliche Forderungen erhoben.

Leider tat die Welt wenig, um sich vorzubereiten, und als das neuartige Coronavirus um sich griff, verursachte es so große Verluste an Menschenleben und so umfassende wirtschaftliche Verwerfungen, wie wir sie seit der *Great Depression* (der Weltwirtschaftskrise der 1930er-Jahre) nicht mehr erlebt hatten. Obwohl ich auch einen großen Teil meiner Arbeit zum Klimawandel fortsetzte, machten Melinda und ich COVID-19 zur Top-Priorität der Gates Foundation und zum Schwerpunkt unserer eigenen Arbeit. Jeden Tag sprach ich mit Wissenschaftlern an Universitäten und in kleinen Firmen, mit CEOs von Pharmakonzernen oder mit Regierungschefs, um herauszufinden, wie unsere Stiftung dazu beitragen kann, die Arbeit an COVID-19-Tests, medizinischen Behandlungen und Impfstoffen voranzutreiben. Bis November 2020 hatten wir für die Bekämpfung der Krankheit über 445 Millionen Dollar an Zuschüssen bereitgestellt und weitere Hunderte Millionen über verschiedene finanzielle Investitionen, um Impfstoffe, Tests und andere wichtige Produkte schneller in einkommensschwache Länder zu bringen.

Da die wirtschaftlichen Aktivitäten dermaßen zurückgefahren wurden, stieß die Menschheit im Jahr 2020 weniger Treibhausgase aus als 2019 – wie gesagt circa 4,5 Prozent. Das bedeutet in absoluten Zahlen, dass wir statt 52 Milliarden Tonnen das Äquivalent von 50 Milliarden Tonnen CO_2 (Kohlenstoffdioxid) freigesetzt haben.

Das ist eine nennenswerte Reduzierung, und wir wären gut im Rennen, wenn wir diese Reduzierung jedes Jahr erreichen könnten. Aber leider können wir das nicht.

Überlegen Sie einmal, was notwendig war, um diesen Rückgang um 4,5 Prozent zu erreichen. Über eine Million Menschen starben, und Zigmillionen wurden arbeitslos. Um es milde auszudrücken, ist das eine Entwicklung, von der niemand ernsthaft wünschen kann, dass wir sie fortsetzen oder wiederholen. Und dennoch gingen die weltweiten Treibhausgasemissionen wahrscheinlich nur um weniger als 5 Prozent zurück oder noch weniger. Was ich erstaunlich finde, ist nicht so sehr, um wie viel die Emissionen wegen der Pandemie zurückgingen, sondern vielmehr, um wie wenig.

Dieser geringe Rückgang der Emissionen beweist, dass es nicht einfach sein wird, auf null Emissionen zu kommen – oder auch nur in die Nähe davon –, indem wir weniger fliegen und fahren. Ganz so, wie wir im Kampf gegen das neuartige Coronavirus neue Tests, medizinische Behandlungsverfahren und Impfstoffe brauchen, brauchen wir auch im Kampf gegen den Klimawandel neue Tools: emissionsfreie Verfahren, um Strom zu erzeugen, Güter zu produzieren, Landwirtschaft zu betreiben, Gebäude zu heizen und zu kühlen und um Menschen und Produkte rings um die Welt zu transportieren. Und wir brauchen neuartiges Saatgut und andere Innovationen, um den ärmsten Menschen der Welt – von denen viele Kleinbauern sind – zu helfen, sich an ein wärmeres Klima anzupassen.

Natürlich sind auch noch andere Hürden zu überwinden, und sie haben nichts mit Wissenschaft oder Forschungsetats zu tun. Vor allem in den Vereinigten Staaten ist die gesellschaftliche Debatte über den Klimawandel von der Politik aufs Abstellgleis geschoben worden. An manchen Tagen könnte man den Eindruck bekommen, dass kaum noch Hoffnung besteht, überhaupt etwas zu schaffen.

Ich denke eher wie ein Ingenieur als wie ein Politikwissenschaftler, und für die politischen Probleme des Klimawandels habe ich keine Lösung. Stattdessen möchte ich erreichen, dass die Debatte sich darauf konzentriert, was getan werden muss, um das Ziel von null Emissionen zu erreichen: Wir müssen die

Leidenschaft und die wissenschaftliche Intelligenz von Menschen in aller Welt darauf lenken, die jetzt vorhandenen Lösungen für saubere Energie einzusetzen und neue zu erfinden, damit wir endlich aufhören können, immer mehr Treibhausgas in die Atmosphäre zu blasen.

Mir ist durchaus bewusst, dass ich kein idealer Botschafter für die Mission gegen den Klimawandel bin. Die Welt leidet nicht gerade unter einem Mangel an reichen Männern, die große Ideen haben für das, was andere Leute tun sollten, oder die glauben, dass jedes Problem durch Technologie gelöst werden könne. Und ich besitze große Häuser und fliege mit Privatjets – tatsächlich bin ich mit so einem Flugzeug zur Klimakonferenz nach Paris gereist; wer bin ich also, mich berufen zu fühlen, irgendjemandem Vorträge über die Umwelt zu halten?

Ich bekenne mich in allen drei Anklagepunkten für schuldig.

Ich kann nicht bestreiten, dass ich reich bin und eine eigene Meinung habe. Ich glaube aber, dass es eine informierte Meinung ist, und ich versuche immer, etwas dazuzulernen.

Außerdem bin ich technikbegeistert. Immer, wenn ich ein Problem sehe, werde ich nach Technologien suchen, mit denen es gelöst werden kann. Wenn es um den Klimawandel geht, weiß ich natürlich, dass Innovationen nicht das Einzige sind, was wir brauchen. Doch ohne sie können wir die Erde nicht in einem bewohnbaren Zustand erhalten. Technologische Lösungen sind nicht genug, aber sie sind unentbehrlich.

Und schließlich stimmt es, dass mein eigener CO_2-Fußabdruck absurd groß ist. Lange Zeit hatte ich deswegen Schuldgefühle. Mir war schon immer bewusst, wie hoch die von mir verursachten Emissionen sind, aber bei der Arbeit an diesem Buch ist mir meine Verantwortung, sie zu reduzieren, noch bewusster geworden. Das Mindeste, was man von einer Person in meiner Position, die wegen des Klimawandels beunruhigt ist und öffentlich zum Handeln aufruft, erwarten kann, ist, dass sie ihren eigenen CO_2-Fußabdruck verkleinert.

Im Jahr 2020 begann ich mit dem Kauf von nachhaltigem Kerosin und werde die Flugzeugemissionen meiner Familie im Jahr 2021 vollständig kompensieren. Alle anderen Emissionen kompensiere ich über ein Unternehmen, das eine Anlage betreibt, die Kohlendioxid aus der Luft entfernt (mehr über dieser Technologie, die als *Direct Air Capture* bezeichnet wird, können Sie in Kapitel 4 lesen). Außerdem unterstütze ich eine gemeinnützige Organisation, die in bezahlbaren Wohneinheiten in Chicago Nachrüstungen für saubere Energie installiert. Und ich werde auch in Zukunft nach anderen Möglichkeiten suchen, um meinen persönlichen Fußabdruck zu verkleinern.

Darüber hinaus investiere ich in CO_2-freie Technologien, die ich mir gern als einen weiteren Ausgleich für meine Emissionen vorstelle. Ich habe über 1 Milliarde Dollar in Lösungsansätze investiert, von denen ich hoffe, dass sie dazu beitragen können, die Welt auf null Emissionen zu bringen. Dazu zählen erschwingliche und zuverlässige saubere Energie sowie emissionsarme Varianten von Zement, Stahl, Fleisch und anderem mehr. Und ich kenne niemanden, der mehr Geld in die Technologie der *Direct Air Capture* investiert, um CO_2 direkt aus der Luft zu entnehmen.

Natürlich wird mein CO_2-Fußabdruck nicht kleiner, indem ich in diese Unternehmen investiere. Aber falls ich darunter mindestens einen Sieger gefunden habe, wird dieser dafür sorgen, dass wesentlich mehr CO_2 aus der Atmosphäre entnommen wird, als ich und meine Familie verursacht haben. Abgesehen davon ist das Ziel ja nicht nur, dass jeder Mensch seine Emissionen ausgleicht, sondern dass eine Klimakatastrophe verhindert wird. Darum unterstütze ich Grundlagenforschung zu sauberen Energien, investiere in vielversprechende Start-ups im Bereich saubere Energie, setze mich für forschungspolitische Ansätze ein, die auf der ganzen Welt Durchbrüche auslösen werden, und ermutige andere, denen entsprechende Ressourcen zur Verfügung stehen, das Gleiche zu tun.

Hier ist der entscheidende Punkt: Zwar sollten Großemittenten wie ich weniger Energie verbrauchen, doch die Welt insgesamt sollte *mehr* von den Gütern und Dienstleistungen in Anspruch nehmen, die uns durch den Einsatz von Energie zur Verfügung gestellt werden. Es ist kein Problem, mehr Energie zu verbrauchen, solange diese Energie emissionsfrei erzeugt wird. Der Schlüssel zur Bekämpfung des Klimawandels besteht darin, saubere Energie ebenso billig und zuverlässig zu machen wie das, was wir jetzt durch fossile Brennstoffe bekommen. Ich engagiere mich sehr für alles, was uns meiner Meinung nach helfen wird, dieses Ziel zu erreichen, und was einen nennenswerten Beitrag dazu leisten kann, von 52 Milliarden Tonnen pro Jahr auf null zu kommen.

In diesem Buch schlage ich eine zukunftsweisende Strategie vor, eine Reihe von Schritten, die wir umsetzen können, um die Chancen zu erhöhen, dass wir eine Klimakatastrophe verhindern können. Ich habe diese Strategie in fünf Teile strukturiert:

Warum null? In Kapitel 1 werde ich ausführlich erklären, warum wir auf null kommen müssen, und zwar unter anderem, was wir über die Erderwärmung und ihre Folgen für die Menschheit wissen (und auch, was wir nicht wissen).

Die schlechte Nachricht: Es wird sehr schwierig werden, auf null zu kommen. Da jeder Plan, mit dem etwas erreicht werden soll, mit einer realistischen Bestandsaufnahme der Hindernisse anfangen muss, die sich ihm in den Weg stellen, werden wir uns in Kapitel 2 etwas Zeit dafür nehmen, zu überlegen, mit welchen Herausforderungen wir es zu tun haben.

Wie wir eine auf Fakten basierende Diskussion über den Klimawandel führen können. In Kapitel 3 will ich einige der verwirrenden Statistiken, von denen Sie vielleicht gehört oder die Sie gesehen haben, verständlich machen und auf einige Fragen eingehen, die ich bei jedem Gespräch über Klimawandel im Hinterkopf habe. Sie haben mich unzählige Male vor Fehlschlüssen bewahrt, und ich hoffe, dass sie für Sie das Gleiche tun können.

Die gute Nachricht: Wir können es schaffen. In den Kapiteln 4 bis 9 werde ich detailliert auf die Bereiche eingehen, wo die schon heute zur Verfügung stehenden Technologien uns helfen können und wo wir noch Durchbrüche brauchen. Das wird der längste Teil dieses Buches sein, weil einfach so viel Material abgehandelt werden muss. Wir haben einige Lösungen, die wir möglichst bald im großen Stil einsetzen müssen, und darüber hinaus brauchen wir eine *Menge* Innovationen, die in den kommenden Jahrzehnten entwickelt und auf der ganzen Welt eingesetzt werden müssen.

Obwohl ich Ihnen einige der Technologien vorstellen werde, die ich besonders spannend finde, habe ich weitgehend darauf verzichtet, bestimmte Firmen zu nennen. Und zwar unter anderem, weil ich in einige davon investiert habe und nicht den Eindruck erwecken möchte, ich würde Firmen bevorzugen, an denen ich ein finanzielles Interesse habe. Wichtiger ist jedoch, dass ich den Fokus auf Ideen und Innovationen legen will, nicht auf bestimmte Firmen. Manche Start-ups werden vielleicht in den kommenden Jahren untergehen; das ist ganz normal, wenn man an der vordersten Front der Wissenschaft unterwegs ist, muss aber nicht unbedingt bedeuten, gescheitert zu sein. Das Wichtigste ist, aus Fehlern zu lernen und diese Lektionen in die nächste Unternehmung einzubringen – ganz so, wie wir es bei Microsoft gemacht haben und wie jeder mir bekannte Innovator es tut.

Schritte, die wir jetzt umsetzen können. Ich habe dieses Buch geschrieben, weil ich nicht nur das Problem des Klimawandels sehe, sondern auch die Chance, es zu lösen. Das sind keineswegs optimistische Wunschvorstellungen: Zwei der drei Dinge, die für jedes große Projekt gebraucht werden, haben wir schon jetzt. Erstens haben wir den notwendigen Ehrgeiz, dank der Leidenschaft einer wachsenden globalen Bewegung junger Menschen, die wegen des Klimawandels zutiefst beunruhigt sind. Zweitens haben wir große Ziele, um das Problem zu lösen, während auf der ganzen Welt sich immer mehr Politiker auf nationaler und lokaler Ebene dazu bekennen, ihren Teil beizutragen.

Jetzt brauchen wir noch das dritte Element: einen konkreten Plan, um unsere Ziele zu erreichen.

Ebenso wie diese Ziele darauf beruhen, dass wir die Erkenntnisse der Klimawissenschaft akzeptiert haben, muss jeder praktikable Plan zur Reduzierung von Emissionen auf Erkenntnissen aus anderen Disziplinen aufbauen: Physik, Chemie, Biologie, Engineering, Politikwissenschaft, Ökonomik, Finanzwesen und anderen. Daher werde ich in den letzten Kapiteln dieses Buches einen Plan präsentieren, der auf Empfehlungen basiert, die ich von Experten aus all diesen Disziplinen erhalten habe. In den Kapiteln 10 und 11 werde ich mich auf politische Maßnahmen konzentrieren, die Regierungen umsetzen können, und in Kapitel 12 werde ich Schritte vorschlagen, die jeder von uns umsetzen kann, um seinen Beitrag zu leisten, die Welt auf null Emissionen zu bringen. Ganz unabhängig davon, ob Sie nun ein Regierungschef sind, ein Unternehmer oder ein Wähler, der beruflich eingespannt ist und zu wenig freie Zeit hat (oder alles zugleich) – es gibt Dinge, die Sie selbst tun können, um dazu beizutragen, eine Klimakatastrophe zu verhindern.

Das ist alles. Fangen wir an.

KAPITEL 1

Warum null?

Der Grund, warum wir auf null kommen müssen, ist ganz einfach. Treibhausgase halten Wärmestrahlung zurück, und das führt dazu, dass die durchschnittliche Oberflächentemperatur auf der Erde steigt. Je mehr Gase vorhanden sind, desto weiter steigt die Temperatur. Und wenn Treibhausgase erst einmal in der Atmosphäre angekommen sind, bleiben sie sehr lange dort; etwa ein Fünftel des heute emittierten Kohlenstoffdioxids wird auch in 10 000 Jahren noch dort sein.

Es gibt kein Szenario, nach dem wir immer mehr CO_2 in die Atmosphäre entlassen könnten und die Welt trotzdem aufhören würde, sich zu erwärmen. Und je wärmer es wird, desto schwieriger wird es für die Menschheit werden, zu überleben – ganz zu schweigen von gedeihen. Wir wissen nicht genau, wie schädlich ein bestimmter Temperaturanstieg sein wird, aber wir haben allen Grund, uns Sorgen zu machen. Und da Treibhausgase so lange in der Atmosphäre verbleiben, wird der Planet auch dann noch lange Zeit warm bleiben, wenn wir die Null erreicht haben.

Ich gebe zu, dass ich das Wort »null« etwas ungenau verwende, und daher sollte ich erklären, was ich damit meine. In vorindustriellen Zeiten – etwa bis zur Mitte des 18. Jahrhunderts – war der Kohlenstoffkreislauf der Erde vermutlich ungefähr ausgeglichen; das heißt, dass Pflanzen und andere Dinge etwa so viel Kohlenstoffdioxid aus der Atmosphäre aufnahmen, wie freigesetzt wurde.

Aber dann begannen wir, fossile Brennstoffe zu verbrennen. Diese Brennstoffe bestehen zum großen Teil aus Kohlenstoff, der in unterirdischen Lagerstätten eingelagert ist und aus Pflanzen entstand, die vor Jahrmillionen abstarben und im Laufe der Jahrmillionen zu Öl, Kohle oder Erdgas verdichtet wurden. Wenn wir solche Brennstoffe abbauen und sie verbrennen, wird zusätzliches CO_2 emittiert und kommt zu der in der Atmosphäre bereits vorhandenen Menge hinzu.

Es gibt keinen realistischen Weg zu null Emissionen, auf dem wir diese Brennstoffe völlig aufgeben oder alle anderen Aktivitäten einstellen könnten, die unter anderem auch Treibhausgase produzieren (zum Beispiel Zement herstellen, Düngemittel einsetzen oder Methan aus Gaskraftwerken entweichen lassen). Vielmehr werden wir aller Wahrscheinlichkeit nach auch in einer CO_2-freien Zukunft ein gewisses Maß an Emissionen produzieren, werden aber Verfahren haben, um den dadurch freigesetzten Kohlenstoff wieder aus der Atmosphäre zu entnehmen.

Anders ausgedrückt: Wenn ich davon spreche, »auf null zu kommen«, bedeutet das nicht buchstäblich »null«. Es bedeutet »fast netto null«. Es ist kein Entweder-oder-Szenario, nach dem alles prima wäre, wenn wir auf 100 Prozent Reduzierung kommen und eine totale Katastrophe, wenn wir nur 99 Prozent schaffen würden. Aber je höher die Reduzierung, desto höher der Nutzen.

Ein Rückgang der Emissionen um 50 Prozent würde den Temperaturanstieg nicht stoppen – er würde ihn nur verlangsamen, wodurch eine Klimakatastrophe für eine Weile aufgeschoben, aber nicht verhindert werden könnte.

Nehmen wir jetzt einmal an, wir würden eine Reduzierung um 99 Prozent schaffen. Welche Länder und welche Wirtschaftssektoren dürften dann das restliche Prozent nutzen? Wie lässt sich so eine Frage überhaupt entscheiden?

Um die Worst-Case-Klimaszenarien zu verhindern, werden wir irgendwann nicht nur aufhören müssen, immer mehr Treibhausgase freizusetzen, sondern werden sogar anfangen müssen, einen Teil der bisher emittierten Gase wieder einzufangen. Dieser Schritt wird manchmal als »Netto-Negativ-Emissionen« bezeichnet. Das bedeutet einfach nur, dass wir letztlich der Atmosphäre mehr Treibhausgase entnehmen müssen, als wir freisetzen, um den Temperaturanstieg zu begrenzen. Um noch einmal auf die oben beschriebene Badewannen-Analogie zurückzukommen: Wir werden nicht nur den Wasserhahn zudrehen, sondern auch den Stöpsel aus dem Abfluss ziehen und Wasser abfließen lassen müssen.

Ich nehme an, dass Sie hier nicht zum ersten Mal darüber lesen, welche Risiken es mit sich bringen würde, nicht auf null zu kommen. Immerhin ist der Klimawandel so gut wie jeden Tag in den Nachrichten, und das ist gut so: Es ist ein drängendes Problem, das jede Schlagzeile verdient, die es bekommt. Doch die Berichterstattung kann verwirrend und sogar widersprüchlich sein.

In diesem Buch werde ich versuchen, dieses Hintergrundrauschen zu durchdringen. Im Laufe der Jahre hatte ich Gelegenheit, von einigen der weltweit führenden Klima- und Energieexperten zu lernen. Es ist ein Gespräch, das nie zu Ende geht, da die Wissenschaftler ihre Erkenntnisse über das Klima ständig erweitern, indem sie neue Daten erfassen und die Computermodelle verbessern, mit denen sie unterschiedliche Szenarien simulieren. Aber ich habe solche Gespräche immer als enorm hilfreich empfunden, um unterscheiden zu können zwischen dem, was wahrscheinlich ist, und dem, was möglich, aber unwahrscheinlich ist. Dabei bin ich zu der Überzeugung gekommen, dass wir katastrophale Entwicklungen nur verhindern können, wenn wir die Null erreichen. In diesem Kapitel möchte ich über einiges von dem berichten, was ich erfahren habe.

Wenig ist viel

Ich war erstaunt zu hören, dass eine auf den ersten Blick geringfügige Zunahme der globalen Temperatur – um nur 1 oder 2 Grad Celsius – tatsächlich eine Menge Schwierigkeiten machen könnte. Aber es ist so: Wenn es ums Klima geht, ist eine Veränderung von nur ein paar Grad eine große Sache. In der letzten Eiszeit lag die Durchschnittstemperatur um nur 6 Grad niedriger als heute. Im Zeitalter der Dinosaurier, als die Durchschnittstemperatur vielleicht 4 Grad höher war als heute, lebten sogar jenseits des nördlichen Polarkreises Krokodile.

Wir müssen auch bedenken, dass sich hinter solchen Durchschnittswerten ein ziemlich großer Temperaturbereich verstecken kann. Obwohl die globale Durchschnittstemperatur seit vorindustriellen Zeiten um nur 1 Grad zugenommen hat, ist es in einigen Regionen schon heute um durchschnittlich mehr als 2 Grad

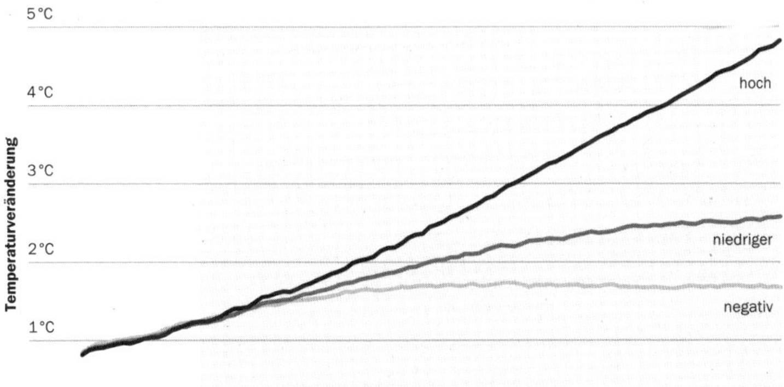

Drei Trendlinien, die Sie kennen sollten. Diese Kurven zeigen, wie hoch die Temperatur in Zukunft steigen könnte, wenn die Emissionen stark zunehmen (das ist die Kurve »hoch«), wenn sie weniger stark zunehmen (»niedriger«) oder wenn wir anfangen, der Atmosphäre mehr Treibhausgase zu entnehmen als wir freisetzen (»negativ«). (KNMI Climate Explorer)[4]

wärmer geworden. In diesen Regionen leben 20 bis 40 Prozent der Weltbevölkerung.

Warum steigen die Temperaturen in einigen Gegenden schneller als in anderen? Im Inneren mancher Kontinente ist der Boden trockener geworden, was bedeutet, dass er nicht mehr so gut abkühlen kann wie in der Vergangenheit. Man könnte sagen, diese Kontinente schwitzen nicht mehr so stark wie früher.

Was also hat die Erderwärmung mit Treibhausgasemissionen zu tun? Fangen wir mit den Grundlagen an. Kohlenstoffdioxid ist das am häufigsten vorkommende Treibhausgas, aber es gibt noch ein paar andere, zum Beispiel Stickoxide (NO_x) und Methan (CH_4). Vielleicht sind Sie schon mal beim Zahnarzt in den Genuss von Distickstoffmonoxid (N_2O) gekommen – es ist auch als Lachgas bekannt –, und Methan ist der Hauptbestandteil von dem Erdgas, mit dem Sie vielleicht kochen oder Ihren Warmwasserboiler beheizen. Molekül für Molekül bewirken viele dieser anderen Gase eine stärkere Erwärmung als CO_2 – bei Methan ist es eine 120-mal stärkere Erwärmung, wenn es in die Atmosphäre eintritt. Doch Methan zerfällt auch schneller als CO_2.

Der Einfachheit halber werden oft all die verschiedenen Treibhausgase zu einer einzigen Kennzahl kombiniert, die als *CO_2-Äquivalent* bekannt ist (das wird manchmal als CO_2e abgekürzt). CO_2-Äquivalente werden verwendet, um zu berücksichtigen, dass manche Gase mehr Wärmestrahlung zurückhalten als CO_2, aber schneller zerfallen. Leider sind CO_2-Äquivalente keine präzise Maßzahl: Worauf es eigentlich ankommt, ist nicht die Menge der Treibhausgasemissionen, sondern die höheren Temperaturen und deren Folgen für uns Menschen. Und in dieser Hinsicht ist ein Gas wie Methan wesentlich schädlicher als CO_2: Es treibt die Temperatur sofort hoch, und zwar um eine ganze Menge. Wenn wir mit CO_2-Äquivalenten rechnen, berücksichtigen wir diese wichtige kurzfristige Wirkung nicht gänzlich.

Dessen ungeachtet sind CO_2-Äquivalente die beste verfügbare Methode, um Emissionen zu messen, und da sie häufig in

Diskussionen über den Klimawandel auftauchen, werde ich sie auch in diesem Buch verwenden. Die schon mehrfach erwähnten 52 Milliarden Tonnen sind die weltweiten Emissionen in CO_2-Äquivalenten pro Jahr. Vielleicht werden Ihnen auch mal Zahlen wie 37 Milliarden begegnen – das ist dann nur das CO_2, ohne die anderen Treibhausgase. Oder 10 Milliarden, das ist nur der Kohlenstoff selbst.

Seit den 1850er-Jahren haben die Treibhausgasemissionen aufgrund menschlicher Aktivitäten, etwa durch Verbrennen fossiler Brennstoffe, dramatisch zugenommen. Sehen Sie sich die folgende Grafik an (Bildunterschrift: **CO_2-Emissionen nehmen zu, ebenso wie die globale Temperatur**) – links können Sie sehen, um wie viel unsere CO_2-Emissionen seit 1850 zugenommen haben, und rechts, um wie viel die weltweite Durchschnittstemperatur gestiegen ist.

Wieso verursachen Treibhausgase steigende Temperaturen? Die kurze Antwort: Sie absorbieren Wärme und halten sie in der Atmosphäre gefangen. Sie funktionieren genauso wie ein Treibhaus – daher der Name.

In sehr viel kleinerem Maßstab haben Sie den Treibhauseffekt schon in Aktion gesehen, und zwar immer dann, wenn Ihr Auto draußen in der Sonne steht: Die Windschutzscheibe lässt Sonnenlicht durch und hält dann einen Teil von dessen Energie zurück. Das ist der Grund, warum es im Innenraum des Autos so viel wärmer werden kann als draußen.

Aber diese Erklärung wirft neue Fragen auf: Wie kann die Sonnenwärme auf ihrem Weg zur Erde die Treibhausgase durchdringen, nur um dann von genau denselben Gasen in der Atmosphäre zurückgehalten zu werden? Funktioniert CO_2 wie ein riesiger Einwegspiegel? Und: Wenn CO_2 und Methan die Sonnenwärme zurückhalten, wieso dann nicht auch Sauerstoff?

Die Antworten liegen in den erstaunlichen chemischen und physikalischen Eigenschaften von Molekülen. Vielleicht erinnern Sie noch aus dem Physikunterricht, dass alle Moleküle schwingen; und je schneller sie schwingen, desto wärmer sind sie. Wenn bestimmte Molekülarten mit Strahlung bestimmter Wellenlängen bombardiert werden, blockieren sie die Strahlung, nehmen deren Energie auf und schwingen schneller.

Aber nicht jede Strahlung hat die richtige Wellenlänge, um diesen Effekt zu verursachen. So kann zum Beispiel Sonnenlicht die meisten Treibhausgase passieren, ohne absorbiert zu werden. Das meiste davon erreicht die Erde und erwärmt den Planeten – ganz so, wie es das schon seit Jahrmilliarden tut.

Aber hier ist das Problem: Die Erde speichert all diese Energie nicht für immer. Wenn sie das täte, wäre der Planet schon jetzt unerträglich heiß. Stattdessen strahlt sie einen Teil der Energie zurück in Richtung Weltraum – und ein Teil dieser zurückgestrahlten Energie wird genau im richtigen Wellenlängenbereich emittiert, um von Treibhausgasen absorbiert zu werden. Anstatt ins große schwarze Nichts zu reisen, ohne irgendwelche Schäden anzurichten, trifft diese Strahlung auf Treibhausgasmoleküle und lässt sie schneller schwingen, wodurch die Atmo-

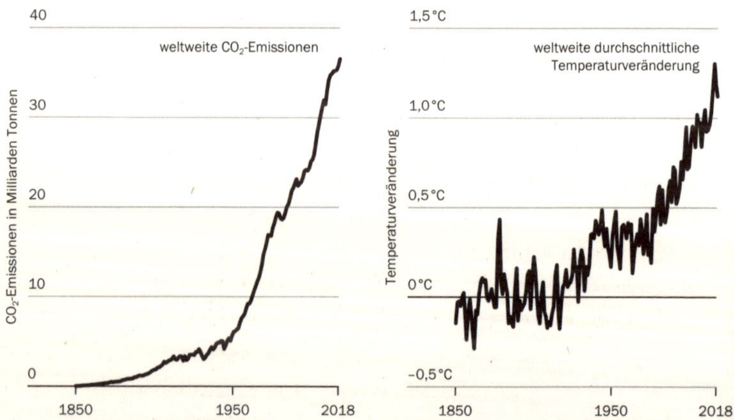

CO_2-Emissionen nehmen zu, ebenso wie die globale Temperatur. Links können Sie sehen, um wie viel unsere CO_2-Emissionen aus industriellen Prozessen und der Verbrennung fossiler Energieträger seit 1850 zugenommen haben. Rechts sehen Sie, um wie viel die weltweite Durchschnittstemperatur zusammen mit den Emissionen steigt. (Global Carbon Budget, 2019; Berkeley Earth)[5]

sphäre wärmer wird. (Übrigens sollten wir dankbar sein für den Treibhauseffekt, denn ohne ihn wäre der Planet viel zu kalt für uns. Das Problem ist nur, dass all die zusätzlich emittierten Treibhausgase diesen Effekt verstärken.)

Warum verhalten sich nicht alle Gase so? Weil zweiatomige Moleküle – zum Beispiel Stickstoff- oder Sauerstoffmoleküle (N_2 beziehungsweise O_2) – Strahlung ungehindert passieren lassen. Nur Moleküle, die aus anderen Atomen zusammengesetzt sind – wie zum Beispiel Kohlenstoffdioxid (CO_2) und Methan (CH_4) –, haben die richtige Struktur, um Strahlung zu absorbieren und dadurch wärmer zu werden.

Hier ist also der erste Teil der Antwort auf die Frage: »Warum müssen wir auf null kommen?« Weil jede Tonne Kohlenstoff, die wir in die Atmosphäre schicken, den Treibhauseffekt verstärkt. Um die Gesetze der Physik kommen wir nicht herum.

Im zweiten Teil der Antwort geht es um die Auswirkungen, die all diese Treibhausgase auf das Klima der Erde und auf uns haben.

Was wir wissen und was wir nicht wissen

Die Wissenschaft hat immer noch eine ganze Menge zu erforschen, wie und warum das Klima sich verändert. Ganz vorn in jedem IPCC-Bericht steht zum Beispiel, dass es einige Ungewissheiten gibt, wie weit und wie schnell die Temperatur steigen wird und welche genauen Folgen diese höheren Temperaturen haben werden.

Ein Problem ist, dass die eingesetzten Computermodelle weit davon entfernt sind, perfekt zu sein. Das Klima ist wahnsinnig komplex, und es gibt vieles, was wir nicht verstehen, etwa den Einfluss von Bewölkung auf die Erderwärmung und die Folgen all der zusätzlichen Wärme für Ökosysteme. Zahlreiche Wissenschaftler arbeiten daran, solche Lücken zu erkennen, und versuchen, sie zu schließen.

Dennoch gibt es eine Menge, was Wissenschaftler darüber, was passieren wird, wenn wir nicht auf null kommen, bereits wissen und mit Gewissheit sagen können. Hier sind ein paar dieser fundamentalen Erkenntnisse.

Die Erde wird wärmer, sie wird aufgrund von menschlichen Aktivitäten wärmer, und das hat schlimme Folgen, von denen zu erwarten ist, dass sie noch viel schlimmer werden. Wir haben allen Anlass zu der Befürchtung, dass die Folgen über kurz oder lang katastrophal sein werden. Wann wird es so weit sein? In dreißig Jahren? In fünfzig Jahren? Wir wissen es nicht genau. Aber wir wissen durchaus, wie schwer das Problem zu lösen sein wird, und deswegen müssen wir jetzt handeln – selbst wenn das Worst-Case-Szenario erst in fünfzig Jahren eintreten sollte.

Seit Beginn des Industriezeitalters haben wir die Temperatur schon jetzt um mindestens 1 Grad erhöht, und wenn wir unsere Emissionen nicht reduzieren, werden wir wahrscheinlich bis Mitte dieses Jahrhunderts eine Erwärmung um 1,5 bis 3 Grad erleben, und bis Ende des Jahrhunderts um 4 bis 8 Grad.

All diese zusätzliche Wärme wird diverse Veränderungen des Klimas bewirken. Bevor ich erkläre, was auf uns zukommt, muss ich eine Einschränkung erwähnen: Wir können zwar den Verlauf breit angelegter Trends vorhersagen – etwa »es wird mehr heiße Tage geben« oder »die Meeresspiegel werden steigen« –, doch wir können nicht ein bestimmtes Ereignis unzweifelhaft dem Klimawandel zuschreiben. Wenn es zum Beispiel zu einer Hitzewelle kommt, können wir nicht sagen, ob sie allein vom Klimawandel verursacht wurde. Was wir allerdings können, ist zu berechnen, um wie viel wahrscheinlicher das Auftreten einer solchen Hitzewelle durch den Klimawandel wird. In Bezug auf Hurrikans ist nicht klar, ob wärmere Meere dazu führen, dass Stürme häufiger auftreten, aber die Hinweise verdichten sich, dass durch den Klimawandel die Stürme nasser werden und die Anzahl der starken Stürme zunimmt. Wir wissen auch nicht, ob und in welchem Maße es zu Wechselwirkungen zwischen solchen Extremereignissen kommen wird, die möglicherweise noch gravierendere Folgen nach sich ziehen könnten.

Was wissen wir noch?

Auf jeden Fall wird es mehr sehr heiße Tage geben. Ich könnte hier Statistiken aus beliebigen Städten in den USA anführen, aber ich habe mir Albuquerque in New Mexico ausgesucht, weil ich eine besondere Beziehung zu dieser Stadt habe: Dort haben Paul Allen und ich 1975 Microsoft gegründet. (»Micro-Soft«, um genau zu sein – zum Glück waren wir schlau genug, ein paar Jahre später den Bindestrich fallen zu lassen und das »S« kleinzuschreiben.) Mitte der 1970er-Jahre, als wir gerade anfingen, stieg die Temperatur in Albuquerque im Durchschnitt ungefähr 36-mal pro Jahr auf über 32 Grad. Bis Mitte dieses Jahrhunderts werden dort die Temperaturen mindestens doppelt so oft über diese Marke steigen, und gegen Ende des Jahrhunderts könnte es in Albuquerque an bis zu 114 Tagen so heiß werden. Mit anderen Worten: Übers Jahr gesehen wird es statt einen Monat lang drei Monate lang heiß werden.

Nicht alle Regionen werden gleichermaßen unter heißeren und feuchteren Tagen zu leiden haben. So wird es zum Beispiel in Seattle – der Stadt, in die Paul und ich 1979 mit Microsoft umzogen – wahrscheinlich relativ erträglich bleiben. Hier werden später in diesem Jahrhundert die Temperaturen an vielleicht bis zu 14 Tagen im Jahr auf über 32 Grad steigen, während es in den 1970er-Jahren im Durchschnitt nur ein oder zwei Tage im Jahr waren. Und manche Gegenden werden sogar von einem wärmeren Klima profitieren; so werden zum Beispiel in kalten Regionen weniger Menschen erfrieren oder an Grippe sterben, und sie werden weniger Geld dafür ausgeben müssen, ihre Häuser und Firmenräume zu beheizen.

Doch der Gesamttrend lässt erwarten, dass ein wärmeres Klima uns in große Schwierigkeiten bringen wird. Und all diese zusätzliche Wärme wird Folgewirkungen nach sich ziehen – so ist zum Beispiel zu erwarten, dass Stürme heftiger werden. Unter Wissenschaftlern ist noch umstritten, ob es durch die Wärme häufiger zu Stürmen kommen wird, aber generell scheinen sie stärker zu werden. Wir wissen, dass von der Erdoberfläche mehr Wasser verdunstet und in die Atmosphäre aufsteigt, wenn die Durchschnittstemperatur höher ist. Wasserdampf ist ein Treibhausgas, doch im Gegensatz zu CO_2 und Methan bleibt er nicht lange in der Luft – über kurz oder lang fällt er in Form von Regen oder Schnee wieder auf die Erdoberfläche. Wenn Wasserdampf zu Regen kondensiert, werden riesige Mengen an Energie freigesetzt, was jeder Mensch, der schon einmal ein heftiges Gewitter erlebt hat, nur allzu gut weiß.

Selbst der mächtigste Sturm ist nach ein paar Tagen vorbei, aber seine Folgen können jahrelang zu spüren sein. Es kommen Menschen ums Leben, eine Tragödie an sich, welche die Überlebenden mit gebrochenem Herzen und in vielen Fällen hilflos zurücklassen kann. Darüber hinaus werden durch Hurrikans und Überflutungen Gebäude, Straßen, Stromleitungen und an-

Einer Studie zufolge wurden Puerto Ricos Stromnetz und andere Infrastruktureinrichtungen durch den Hurrikan Maria im Jahr 2017 um ungefähr zwei Jahrzehnte zurückgeworfen.[6]

dere Infrastruktur zerstört, die zuvor über Jahrzehnte aufgebaut worden waren. All diese Dinge können natürlich im Laufe der Zeit ersetzt werden, doch dafür muss eine Menge Geld und Zeit aufgewendet werden, die sonst in neue Investitionen fließen könnte, welche zum Wachstum der Wirtschaft beitragen. In solchen Fällen sind die Betroffenen vollauf damit beschäftigt, den vorher schon einmal erreichten Status wiederherzustellen, anstatt voranzukommen. Einer einschlägigen Studie zufolge hat der Hurrikan Maria 2017 die infrastrukturelle Entwicklung von Puerto Rico um mehr als zwei Jahrzehnte zurückgeworfen.[7] Wie lange wird es dauern, bis der nächste Sturm kommt und sie abermals zurückwirft? Wir wissen es nicht.

Solche stärkeren Stürme führen eine merkwürdige Situation herbei, die man mit »Sekt oder Selters« umschreiben könnte: Obwohl es in manchen Regionen mehr regnet, kommt es in anderen zu häufigeren und schlimmeren Dürren. Wärmere Luft kann mehr Feuchtigkeit speichern, und je wärmer die Luft wird, desto »durstiger« wird sie auch und saugt dadurch mehr Wasser aus dem Boden auf. Gegen Ende dieses Jahrhunderts werden die Böden im Südwesten der Vereinigten Staaten 10 bis 20 Prozent weniger Feuchtigkeit enthalten, und dadurch wird das Risiko von Dürren um mindestens 20 Prozent steigen. Solche Dürren werden sich auch auf den Colorado River auswirken, der beinahe 40 Millionen Menschen und ein Siebtel der landwirtschaftlich genutzten Fläche der USA mit Wasser versorgt.

Ein wärmeres Klima bedeutet auch, dass es häufigere und verheerendere Waldbrände geben wird. Wärmere Luft absorbiert mehr Feuchtigkeit aus Pflanzen und Böden, wodurch alles leichter entzündlich wird. In dieser Hinsicht bestehen große Unterschiede zwischen verschiedenen Regionen der Welt, da die Randbedingungen in verschiedenen Gebieten so unterschiedlich sind. Kalifornien ist ein dramatisches Beispiel für diese Entwicklung. Dort hat sich seit den 1970er-Jahren die Häufigkeit von Waldbränden verfünffacht, und zwar vor allem, weil die Waldbrandsaison immer länger wird und die Wälder heute viel größere Mengen an trockenem, leicht entzündlichem Holz enthalten. Laut einer von der US-Regierung beauftragten Studie ist die Hälfte dieser Zunahme auf den Klimawandel zurückzuführen, und bis Mitte des Jahrhunderts könnten Waldbrände in den Vereinigten Staaten mehr als doppelt so viele Schäden verursachen wie heute.[8] Das sollte jeden beunruhigen, der sich an die verheerende Waldbrandsaison 2020 in den USA erinnert.

Eine weitere Folge der Erderwärmung ist, dass die Meeresspiegel steigen werden. Das wird zum Teil durch Abschmelzen der polaren Eiskappen verursacht und zum Teil dadurch, dass Meerwasser expandiert, wenn es wärmer wird. (Metall übrigens auch, was erklärt, wieso Sie einen zu eng sitzenden Ring vom Finger abbekommen können, wenn Sie heißes Wasser darüberlaufen lassen.) Obwohl der Anstieg des durchschnittlichen weltweiten Meeresspiegels sich insgesamt nach nicht viel anhören mag – bis 2100 höchstwahrscheinlich mehr als einen halben Meter –, wird der steigende Spiegel einige Regionen stärker in Mitleidenschaft ziehen als andere. Strandgebiete werden Probleme bekommen, klar, aber auch Städte, die auf besonders durchlässigem Boden stehen. In Miami blubbert schon heute Meerwasser von unten durch die Sturmsiele nach oben, selbst wenn es nicht regnet – dieses Phänomen wird »dry-weather flooding« genannt –, und die Lage wird nicht besser werden. Nach dem »moderaten« Szenario des IPCC wird der Meeresspiegel vor Miami bis 2100 um beinahe 60 Zentimeter steigen. Und einige Teile der Stadt setzen sich – was im Grunde genommen bedeutet, dass sie absacken –, wodurch weitere 30 Zentimeter Wasserspiegel hinzukommen könnten.

Noch schlimmer werden sich steigende Meeresspiegel auf die ärmsten Menschen der Welt auswirken. Bangladesch, ein sehr armes Land, das gute Fortschritte auf dem Weg aus der Armut macht, ist ein anschauliches Beispiel dafür. Es hatte schon immer mit extremen Wetterlagen zu kämpfen. Seine Küste am Golf von Bengalen ist 160 Kilometer lang, weite Teile des Landes befinden sich in niedrig gelegenen, überflutungsgefährdeten Flussdeltagebieten, und jedes Jahr kommt es zu starken Regenfällen. Doch der Klimawandel macht der Bevölkerung das Leben noch schwerer. Infolge von Zyklonen, Sturmfluten und über die Ufer tretenden Flüssen sind heute 20 bis 30 Prozent des Landes die meiste Zeit überschwemmt, wodurch Ernten und Häuser vernichtet werden und zahlreiche Menschen ums Leben kommen.

Und schließlich werden auch Pflanzen und Tiere von der Erderwärmung und dem CO_2, von dem sie verursacht wird, in Mitleidenschaft gezogen. Laut einer vom IPCC zitierten Studie würde sich durch eine Erwärmung um 2 Grad der geografische Lebensraum von Wirbeltieren um 8 Prozent verkleinern, bei Pflanzen um 16 und bei Insekten um 18 Prozent.[9]

Für unsere Nahrungsmittelversorgung zeichnet sich ein gemischtes, aber überwiegend düsteres Bild ab. Einerseits wachsen Weizen und viele andere Pflanzen schneller und brauchen weniger Wasser, wenn viel Kohlenstoff in der Luft ist. Andererseits ist Mais besonders hitzeempfindlich – und Mais ist die wichtigste Nutzpflanze der Vereinigten Staaten, mit der jedes Jahr über 50 Milliarden Dollar umgesetzt werden.[10] Allein im Bundesstaat Iowa wird auf mehr als 5,2 Millionen Hektar Mais angebaut.[11]

In verschiedenen Teilen der Welt wird sich der Ernteertrag pro Hektar ziemlich unterschiedlich verändern. In manchen nördlich gelegenen Regionen könnten die Erträge steigen, doch in den meisten Gebieten werden sie zurückgehen – im Bereich zwischen wenigen Prozentpunkten und bis zu 50 Prozent. Bis Mitte des Jahrhunderts könnte in Südeuropa der Weizen- und Maisertrag um die Hälfte zurückgehen. In Subsahara-Afrika könnte sich die Vegetationsperiode um 20 Prozent verkürzen, und etliche Millionen Hektar Ackerland könnten wesentlich trockener werden. In armen Gemeinschaften, wo schon jetzt viele Menschen über die Hälfte ihres Einkommens für Lebensmittel ausgeben, könnten die Lebensmittelpreise um 20 Prozent oder noch mehr steigen. Extreme Dürren in China – dessen Landwirtschaft den Weizen, Reis und Mais für ein Fünftel der

Weltbevölkerung produziert – könnten eine regionale oder sogar globale Hungersnot auslösen.

Höhere Temperaturen werden auch nicht gut sein für die Tiere, die uns mit Fleisch und Milch versorgen; sie werden sie weniger produktiv machen und anfälliger dafür, früher zu sterben, was wiederum Fleisch, Eier und Milchprodukte verteuern wird. Auch Bevölkerungsgruppen, die sich überwiegend von Meerestieren ernähren, werden Probleme bekommen, da die Meere nicht nur wärmer sein werden, sondern auch Bifurkationen bilden könnten – das heißt, es könnten Gebiete mit sauerstoffreicherem und andere mit sauerstoffärmerem Wasser entstehen. Das führt dazu, dass Fische und andere Meerestiere in andere Gewässer abwandern werden – oder einfach sterben. Wenn die Wassertemperatur um 2 Grad steigt, könnten Korallenriffe völlig verschwinden, und mit ihnen der Lebensraum von Meerestieren, von denen sich über eine Milliarde Menschen ernähren.

Wenn es nicht regnet, dann schüttet es

Man könnte denken, dass der Unterschied zwischen 1,5 und 2 Grad nicht allzu viel ausmachen würde, doch Klimawissenschaftler haben für beide Szenarien Simulationen laufen lassen, deren Ergebnisse nicht ermutigend sind. In vielerlei Hinsicht wäre ein Anstieg um 2 Grad nicht einfach nur um 33 Prozent schlimmer als 1,5 Grad, er könnte um 100 Prozent schlimmer sein. Doppelt so viele Menschen hätten Schwierigkeiten, an sauberes Wasser zu kommen, und der Maisertrag in tropischen Regionen könnte doppelt so stark fallen.

Jede einzelne dieser Folgen des Klimawandels wäre für sich genommen schon schlimm genug; aber niemand wäre ausschließlich von heißen Tagen oder Überflutungen betroffen und von nichts anderem. So funktioniert Klima nicht. Die Folgen des

Klimawandels kumulieren sich – jede einzelne kommt zu allen anderen hinzu.

Wenn es wärmer wird, werden zum Beispiel Moskitos sich in neue Lebensräume ausbreiten – sie mögen es feucht und werden aus Regionen, die austrocknen, in andere abwandern, wo es feuchter wird. Das heißt, dass wir in Regionen, wo sie vorher unbekannt waren, immer mehr Erkrankungen durch Malaria und andere von Insekten übertragene Erreger beobachten werden.

Hitzschlag wird zu einem weiteren großen Problem werden, und das hat ausgerechnet mit Feuchtigkeit zu tun. Luft kann nur eine bestimmte Menge an Wasserdampf aufnehmen, und wenn sie gesättigt ist, kann sie keine zusätzliche Feuchtigkeit mehr absorbieren. Warum spielt das eine Rolle? Weil die Fähigkeit des menschlichen Körpers, durch Transpiration abzukühlen, voraussetzt, dass die Umgebungsluft den verdunstenden Schweiß aufnehmen kann. Wenn die Luft Ihren Schweiß nicht mehr absorbieren kann, dann kann sie Sie nicht mehr kühlen, ganz egal, wie viel Sie schwitzen – Ihr Schweiß kann einfach nirgends mehr hin. Dann bleibt Ihre Körpertemperatur hoch, und wenn sich nichts anderes ändert, dann sterben Sie innerhalb einiger Stunden an einem Hitzschlag.

Ein Hitzschlag ist natürlich nichts Neues. Aber wenn die Atmosphäre immer wärmer und feuchter wird, dann wird Hitzschlag zu einem viel größeren Problem. In den Regionen, die am stärksten gefährdet sind – am Persischen Golf, in Südasien und in Teilen Chinas –, wird es Zeiten im Lauf des Jahres geben, in denen Hunderte Millionen Menschen dem Risiko ausgesetzt sind, an Hitzschlag zu sterben.

Um zu sehen, was passiert, wenn solche Folgen sich aufzuaddieren beginnen, wollen wir uns einmal exemplarisch ansehen, wie einzelne Menschen betroffen sein könnten. Stellen Sie sich vor, Sie wären ein wohlhabender junger Farmer, der 2050 in Nebraska Mais und Soja anbaut und Rinder züchtet. Wie könnte sich der Klimawandel auf Sie und Ihre Familie auswirken?

Sie leben im Mittleren Westen der Vereinigten Staaten, weitab der Küsten, sodass die steigenden Meeresspiegel Ihnen nicht direkt schaden können – aber die Hitze. In Ihrer Kindheit in den 2010er-Jahren stiegen die Temperaturen vielleicht an 33 Tagen im Jahr auf 32 Grad und darüber; inzwischen passiert das 65- oder 70-mal pro Jahr. Auch der Regen ist viel weniger verlässlich: In Ihrer Kindheit waren etwa 65 Zentimeter Niederschlag pro Jahr zu erwarten, heute schwankt die Menge viel stärker, zwischen 55 und 75 Zentimetern.

Vielleicht haben Sie Ihren Betrieb an die heißeren Tage und die schwankenden Niederschlagsmengen angepasst. Schon vor Jahren haben Sie in neue, hitzebeständigere Getreidesorten investiert, und Sie haben Ihren Betrieb so organisiert, dass Sie zur heißesten Tageszeit im Haus arbeiten können. Es ist Ihnen nicht leichtgefallen, die zusätzlichen Kosten für das neue Saatgut und die Umstrukturierung zu tragen, aber sie sind immer noch besser als die Alternative.

Eines Tages werden Sie ohne Vorwarnung von einem verheerenden Sturm heimgesucht. Ganz in der Nähe tritt der Fluss über die Deiche, die ihn jahrzehntelang eingedämmt haben, und Ihre Farm wird überflutet. Ihre Eltern hätten ein solches Unglück noch als »Jahrhundertflut« bezeichnet, doch inzwischen sind Sie froh, wenn so etwas nur alle zehn Jahre passiert. Das Wasser schwemmt einen großen Teil Ihrer Mais- und Sojaernte davon, und Ihr eingelagertes Getreide wird so gründlich durchnässt, dass es schimmelt und Sie es entsorgen müssen. Theoretisch könnten Sie Ihre Rinder verkaufen, um den Verlust wettzumachen – aber auch Ihr gesamtes Rinderfutter ist fortgeschwemmt worden, was bedeutet, dass Sie die Tiere nicht mehr lange am Leben erhalten können.

Schließlich ziehen sich die Fluten zurück und Sie sehen, dass die Straßen, Brücken und Bahngleise in Ihrer Gegend nicht mehr nutzbar sind. Das hindert Sie nicht nur daran, das Getreide auszuliefern, das Sie noch retten konnten, sondern macht es auch fast unmöglich für die Lkws Ihrer Lieferanten,

Ihnen das Saatgut zu liefern, das Sie für die nächste Pflanzsaison brauchen – wenn Sie Ihre Felder überhaupt noch bestellen können. Das alles summiert sich zu einer Katastrophe, die Ihr Leben als Farmer beenden und Sie zwingen könnte, Grund und Boden zu verkaufen, der sich seit Generationen im Besitz Ihrer Familie befindet.

Das mag klingen, als hätte ich gezielt ein extremes Beispiel ausgesucht, aber solche Schicksalsschläge passieren schon jetzt. Heute sind hauptsächlich arme Farmer davon betroffen, doch in wenigen Jahrzehnten könnten wesentlich mehr Menschen unter solchen Tragödien zu leiden haben. Und so schlimm sich diese Geschichte auch anhören mag, wenn wir die Dinge aus einer globalen Perspektive betrachten, wird rasch klar, dass die ärmste Milliarde der Weltbevölkerung mit viel schlimmeren Katastrophen wird fertigwerden müssen – Menschen, die schon jetzt kein leichtes Leben haben und die immer mehr zu kämpfen haben werden, je wärmer das Klima wird.

Jetzt stellen Sie sich einmal vor, Sie würden zusammen mit Ihrem Mann und den Kindern in einer ländlichen Region Indiens leben. Sie sind *subsistence farmer*, was bedeutet, dass Sie kaum mehr ernten, als Sie für den Eigenbedarf der Familie brauchen. In besonders guten Jahren haben Sie manchmal von Ihrer Ernte gerade genug übrig, um etwas zu verkaufen, sodass Sie Medikamente für die Kinder kaufen oder sie in die Schule schicken können. Leider kommt es inzwischen so oft zu Hitzewellen, dass es in Ihrem Dorf kaum noch auszuhalten ist – es ist keineswegs ungewöhnlich, dass es tagelang über 50 Grad heiß wird. Und angesichts der Hitze und der Schädlinge, die sich in diesem Jahr zum ersten Mal auf Ihren Feldern ausbreiten, ist es inzwischen so gut wie unmöglich geworden, das Getreide am Leben zu erhalten. Obwohl andere Teile des Landes von Monsunregen überschwemmt wurden, hat es in Ihrer Umgebung viel weniger geregnet als normal. Es ist so schwierig geworden, Wasser zu finden, dass Sie nur noch dank eines öffentlichen Wasserhahns überleben, der ein paarmal pro Woche ein dürftiges

Rinnsal spendet. Und es wird immer schwieriger, Ihre Familie einfach nur zu ernähren.

Ihren ältesten Sohn haben Sie schon in eine Hunderte Kilometer entfernte Großstadt geschickt, um sich dort Arbeit zu suchen, weil Sie es sich nicht mehr leisten können, ihn durchzufüttern. Einer Ihrer Nachbarn hat Selbstmord begangen, weil er seine Familie nicht mehr ernähren konnte. Sie und Ihr Mann stellen sich immer öfter die Frage, ob Sie versuchen sollten, auf Ihrem kleinen, wohlvertrauten Stück Land zu überleben, oder ob Sie aufgeben und in eine größere Stadt ziehen sollten, weil Sie sich dort vielleicht besser durchschlagen könnten.

Es ist eine furchtbar schwierige Entscheidung. Doch es ist die Art von Entscheidung, mit der immer mehr Menschen in aller Welt schon heute konfrontiert sind, mit herzzerreißenden Folgen. Zum Beispiel in Syrien: In der schlimmsten Dürre seit Menschengedenken – die von 2007 bis 2010 andauerte – verließen dort etwa 1,5 Millionen Menschen die ländlichen Gebiete und strömten in die Städte. Das trug maßgeblich zu der Situation bei, die 2011 zum Ausbruch des bewaffneten Konflikts führte, der heute noch anhält. Die Wahrscheinlichkeit, dass eine solche Dürre auftritt, war durch den Klimawandel um das Dreifache gestiegen.[12] Bis 2018 waren etwa 13 Millionen Syrer aus ihrer angestammten Heimat vertrieben worden.

Dieses Problem wird immer schlimmer werden. Eine Studie, die den Zusammenhang zwischen extremen Wetterereignissen und der Zahl der Asylanträge in den EU-Mitgliedsländern untersucht hat, kam zu dem Ergebnis, dass bis Ende dieses Jahrhunderts selbst bei moderat steigenden Temperaturen die Zahl der Asylanträge um 28 Prozent auf fast 450 000 pro Jahr steigen könnte.[13] In derselben Studie wird geschätzt, dass bis 2080 niedrigere Ernteerträge dazu führen könnten, dass 2 bis 10 Prozent aller in Mexiko lebenden Erwachsenen versuchen werden, sich über die Grenze in die Vereinigten Staaten durchzuschlagen.

Fassen wir das alles einmal in Begriffe, mit denen jeder, der die COVID-19-Pandemie miterlebt, etwas anfangen kann. Wenn

Sie verstehen wollen, welche Art von Schäden die Klimaveränderung anrichten wird, sehen Sie sich COVID-19 an und stellen Sie sich dann vor, diese Quälerei würde über einen viel längeren Zeitraum gestreckt. Die Verluste an Menschenleben und die wirtschaftliche Not, die von dieser Pandemie verursacht werden, sind vergleichbar mit dem, was regelmäßig passieren wird, wenn wir die weltweiten CO_2-Emissionen nicht eliminieren.

Ich will mit dem Verlust an Menschenleben anfangen. Wie viele Menschen werden durch COVID-19 ums Leben kommen, im Verhältnis zum Klimawandel? Da wir Ereignisse vergleichen wollen, die zu verschiedenen Zeitpunkten stattfinden – die Pandemie im Jahr 2020 und die Klimaveränderung beispielsweise im Jahr 2030 – und die Größe der Weltbevölkerung sich in diesem Zeitraum verändern wird, können wir nicht die absolute Anzahl der Todesfälle vergleichen. Stattdessen werden wir die Sterblichkeitsrate verwenden – das heißt, die Anzahl der Todesfälle pro 100 000 Menschen.

Wenn wir Daten von der Spanischen Grippe im Jahr 1918 und der COVID-19-Pandemie heranziehen und sie über den Verlauf von 100 Jahren mitteln, können wir abschätzen, in welchem Maße eine globale Pandemie die weltweite Sterblichkeit erhöht – es sind etwa 14 Todesfälle pro 100 000 Menschen jährlich.

In welcher Relation steht das zum Klimawandel? Es wird prognostiziert, dass bis Mitte dieses Jahrhunderts die globale Sterblichkeitsrate durch den weltweiten Anstieg der Temperaturen um etwa die gleiche Zahl zunehmen wird – 14 Todesfälle pro 100 000 Menschen jährlich. Falls die Treibhausgasemissionen bis Ende des Jahrhunderts unverändert stark zunehmen, könnte der Klimawandel dazu führen, dass es zu 75 zusätzlichen Todesfällen pro 100 000 Menschen kommt.

Mit anderen Worten: Spätestens Mitte des Jahrhunderts könnte der Klimawandel ebenso tödlich sein wie COVID-19, und bis Ende des Jahrhunderts könnte er fünfmal so tödlich sein.

Auch die wirtschaftlichen Aussichten sind trübe. Je nachdem, welches ökonomische Modell man heranzieht, unterscheiden sich die zu erwartenden Folgen des Klimawandels und der COVID-19-Pandemie ziemlich deutlich, aber das Endergebnis ist unmissverständlich: In den kommenden zehn oder zwanzig Jahren werden die durch den Klimawandel verursachten wirtschaftlichen Schäden wahrscheinlich ebenso schlimm sein, als hätten wir alle zehn Jahre eine Pandemie des Ausmaßes von COVID-19. Und spätestens gegen Ende des 21. Jahrhunderts werden sie wesentlich schlimmer sein, wenn die Welt ihren Emissionstrend fortsetzt.*

Viele der Vorhersagen in diesem Kapitel werden Ihnen bekannt vorkommen, wenn Sie die Nachrichten über den Klimawandel verfolgt haben. Doch je höher die Temperaturen steigen, desto häufiger werden all diese Probleme auftreten, immer gravierender werden und immer mehr Menschen in Mitleidenschaft ziehen. Und es besteht die Gefahr einer relativ plötzlichen Klimaänderung, wenn zum Beispiel große Teile der dauerhaft gefrorenen Böden der Welt (sogenannte Permafrostböden) sich so weit erwärmen, dass sie auftauen und die in ihnen gespeicherten riesigen Mengen an Treibhausgasen, hauptsächlich Methan, freisetzen.

Ungeachtet der noch verbleibenden wissenschaftlichen Ungewissheiten wissen wir genug, um absehen zu können, dass das, was auf uns zukommt, schlimm sein wird. Es gibt zwei Dinge, die wir deswegen tun können:

---

* Hier sind die Zahlen. Aktuelle Modelle lassen erwarten, dass in den USA die jährlichen Kosten des Klimawandels im Jahr 2030 zwischen 0,85 und 1,5 Prozent des BIPs ausmachen werden. Unterdessen schwanken die jüngsten Schätzungen über die Höhe der wirtschaftlichen Schäden, die COVID-19 in den Vereinigten Staaten anrichten wird, zwischen 7 und 10 Prozent des BIPs. Wenn wir annehmen, dass es alle zehn Jahre zu einer ähnlichen Störung der Wirtschaft kommt, sind das durchschnittliche Kosten von 0,7 bis 1 Prozent des BIPs pro Jahr – die ungefähr der Höhe der prognostizierten Schäden entsprechen, die durch den Klimawandel zu erwarten sind.

Anpassung. Wir können versuchen, die Folgen von Veränderungen, die sich bereits vollzogen haben oder von denen wir wissen, dass sie kommen werden, zu minimieren. Da der Klimawandel für die ärmsten Menschen der Welt die schlimmsten Folgen haben wird und die meisten dieser Menschen Kleinbauern sind, ist Anpassung einer der wichtigsten Schwerpunkte der Arbeit des Landwirtschaftsteams der Gates Foundation. So finanzieren wir zum Beispiel viel Forschungsarbeit zu neuen Nutzpflanzensorten, die Dürren und Überflutungen besser überstehen können, da solche Ereignisse in den kommenden Jahrzehnten häufiger auftreten und desaströser sein werden. In Kapitel 9 werde ich Anpassung ausführlicher erklären und einige Maßnahmen kurz beschreiben, die wir werden umsetzen müssen.

Reduzierung. Im größten Teil dieses Buches geht es nicht um Anpassung, sondern um das andere große Ziel, das wir erreichen müssen: Aufhören, immer mehr Treibhausgase in die Atmosphäre zu blasen. Um überhaupt noch Hoffnung zu haben, eine Katastrophe abwenden zu können, müssen die größten Emittenten der Welt – die reichsten Länder – bis 2050 das Ziel von Netto-null-Emissionen erreicht haben. Länder mit mittleren Einkommen müssen dieses Ziel bald darauf erreichen, und die übrigen Länder der Welt werden ihnen über kurz oder lang folgen müssen.

Hin und wieder höre ich Kritik an der Idee, dass die reichsten Länder vorangehen sollten: »Warum sollten wir die Hauptlast tragen?« Das sollten wir nicht nur deshalb, weil wir die Hauptverursacher des Problems sind (ja, das sind wir), sondern auch, weil es eine riesige wirtschaftliche Chance ist: Die Länder, die vorbildliche Null-CO_2-Unternehmen und -industrien aufbauen, werden diejenigen sein, die in den kommenden Jahrzehnten in der Weltwirtschaft führend sein werden.

Die reichen Länder haben die besten Voraussetzungen, um innovative Klimalösungen zu entwickeln. Sie sind es, die staatliche Fördermittel haben, Forschungslabore, öffentlich geförderte Forschungszentren sowie Start-ups, die kluge Köpfe aus aller Welt anziehen, und darum müssen sie auch führen. Jeder, der große Durchbrüche in der Energiewirtschaft erzielt und zeigt, dass er im globalen Maßstab und preiswert arbeiten kann, wird in den Schwellenländern viele interessierte Kunden finden.

Ich sehe viele verschiedene Wege, die uns zur Null führen können. Bevor wir sie detailliert erkunden, müssen wir eine Bestandsaufnahme machen, welche Hindernisse uns eigentlich auf dieser schwierigen Reise erwarten.

KAPITEL 2

Es wird schwierig

Bitte lassen Sie sich nicht von der Überschrift dieses Kapitels deprimieren. Inzwischen sollte klar geworden sein, dass ich glaube, dass wir die Null erreichen können. In den folgenden Kapiteln will ich versuchen, Ihnen zu vermitteln, warum ich das so sehe und was getan werden muss, um dieses Ziel zu erreichen. Aber wir können ein Problem wie den Klimawandel nicht lösen, ohne eine ehrliche Bestandsaufnahme all dessen zu machen, was zu tun ist und welche Hindernisse wir überwinden müssen. Vor dem Hintergrund, dass wir noch auf Lösungen zu sprechen kommen werden – darunter auch Möglichkeiten, um den Übergang fort von fossilen Brennstoffen zu beschleunigen –, sehen wir uns zunächst einmal die größten Hürden an, die sich uns in den Weg stellen.

Fossile Brennstoffe sind wie Wasser. Ich bin ein großer Fan des viel zu früh verstorbenen Schriftstellers David Foster Wallace. (Ich stimme mich gerade auf seinen Mammut-Roman *Infinite Jest [Unendlicher Spaß]* ein, indem ich nach und nach alles andere lese, was er jemals geschrieben hat.) Als Wallace im Jahr 2005 eine inzwischen berühmte Rede bei der Abschlussfeier am Kenyon College hielt, fing er mit dieser Geschichte an:

> Da schwimmen also diese beiden jungen Fische fröhlich durch die Gegend, als sie zufälligerweise einen älteren Fisch treffen, der ihnen entgegenschwimmt, ihnen aufmunternd zunickt und sagt: »Moin, Jungs, wie ist das Wasser?« Und

die beiden jungen Fische schwimmen ein bisschen weiter, bis der eine plötzlich zum anderen hinüberschielt und murmelt: »Was zur Hölle ist denn Wasser?«* [14]

Wallace hat es so erklärt: »Der springende Punkt der Story mit den Fischen ist, dass die offensichtlichsten, alltäglichsten, wichtigsten Realitäten oft jene sind, die am schwersten zu erkennen und zu diskutieren sind.«

Fossile Brennstoffe sind auch so. Sie sind so allgegenwärtig, dass es schwierig sein kann, die vielfältigen Arten zu erkennen, in denen sie – und andere Quellen von Treibhausgasen – unser Leben tangieren. Ich finde es hilfreich, zu diesem Zweck bei all-

* Die ganze Rede »This Is Water« finden Sie sowohl online als auch in Buchform. Sie ist wunderbar.

täglichen Gegenständen anzufangen und dann von dort aus weiterzumachen.

Haben Sie sich heute Morgen die Zähne geputzt? Ihre Zahnbürste besteht wahrscheinlich aus Plastik, das aus Erdöl hergestellt wurde, einem fossilen Brennstoff.

Falls Sie heute gefrühstückt haben, wurde das Getreide in Ihrem Toast und in Ihrem Müsli mit Düngemitteln angebaut, die Treibhausgase freigesetzt haben, als sie produziert wurden. Es wurde mit einem Mähdrescher geerntet, der aus Stahl gebaut wurde – welcher mit fossilen Brennstoffen in einem Verfahren hergestellt wird, das CO_2 freisetzt – und mit Diesel fährt. Falls Sie mittags einen Burger gegessen haben, wie ich es ab und zu tue, wurden bei der Aufzucht des Rindes Treibhausgase emittiert – Kühe rülpsen und furzen Methan. Und auch beim Anbauen und Ernten des Weizens, aus dem das Brötchen gebacken wurde, wurden Treibhausgase freigesetzt.

Wenn Sie sich anziehen, könnte Ihre Kleidung Baumwolle enthalten – die ebenfalls gedüngt und geerntet wurde –, oder Polyester, der aus Ethylen hergestellt wurde, einem Ölprodukt. Falls Sie Toilettenpapier verwendet haben, wurden dafür Bäume gefällt und CO_2 emittiert.

Falls das Fahrzeug, mit dem Sie heute zur Arbeit oder in die Schule gefahren sind, mit Strom angetrieben wurde, ist das prima – obwohl dieser Strom wahrscheinlich aus fossilen Brennstoffen erzeugt wurde. Falls Sie mit einer Bahn gefahren sind, ist sie auf Gleisen aus Stahl und durch Tunnel aus Zement gerollt, der mit fossilen Brennstoffen in einem Verfahren produziert wurde, das als Abfallprodukt CO_2 freisetzt. Der Pkw oder Bus, mit dem Sie fuhren, wurde aus Stahl und Plastik hergestellt. Das Gleiche gilt für das Fahrrad, mit dem Sie letztes Wochenende einen Ausflug gemacht haben. Die Straßen, auf denen Sie fuhren, enthalten sowohl Zement als auch Asphalt, der zum Teil aus Erdöl hergestellt wurde.

Falls Sie in einem Mehrfamilienhaus wohnen, sind Sie wahrscheinlich von Zement umgeben. Falls Sie in einem aus Holz erbauten Haus wohnen, wurde das Bauholz wahrscheinlich mit benzingetriebenen Maschinen gefällt und gesägt, die aus Stahl und Plastik hergestellt werden. Falls Ihre Wohnung, Ihr Haus oder Büro eine Heizung oder Klimaanlage hat, wird dadurch nicht nur eine ganze Menge Energie verbraucht, sondern die Kühlflüssigkeit in der Klimaanlage könnte ein sehr wirkungsvolles Treibhausgas sein. Falls Sie auf einem Stuhl aus Metall oder Plastik sitzen, sind das weitere Emissionen.

Es kommt noch hinzu, dass praktisch all diese Gegenstände, von der Zahnbürste bis zu den Baustoffen, von irgendwoher per Lkw, Flugzeug, Bahn oder Schiff herantransportiert wurden – und all diese Transportmittel werden durch fossile Brennstoffe angetrieben und sind unter Verwendung fossiler Brennstoffe produziert worden.

Mit anderen Worten: Fossile Brennstoffe sind überall. Zum Beispiel Öl: Die Welt verbraucht jeden Tag über 15 Milliarden Liter davon. Wenn Sie einen Stoff in solchen Mengen verbrauchen, können Sie nicht einfach von einem Tag auf den anderen damit aufhören.

Davon abgesehen gibt es einen sehr guten Grund, warum fossile Brennstoffe uns überall begegnen – sie sind so billig. *Öl ist billiger als ein Softdrink.* Ich konnte es kaum glauben, als ich das zum ersten Mal hörte, aber es stimmt. Rechnen Sie einmal nach: Ein Barrel Öl enthält 159 Liter; 2021 betrug der Durchschnittspreis ungefähr 70 Dollar pro Barrel, das ergibt circa 0,44 Dollar pro Liter.[15] Im selben Jahr bot die Großhandelskette Costco 8 Liter Softdrinks für 6 Dollar an, was 0,75 Dollar pro Liter entspricht.

Selbst wenn wir die Schwankungen des Ölpreises berücksichtigen, kommen wir zu dem gleichen Ergebnis: Jeden Tag verbraucht die Menschheit über 15 Milliarden Liter eines Stoffs, der billiger ist als Cola Light.

Es ist kein Zufall, dass fossile Brennstoffe so billig sind. Sie sind im Überfluss vorhanden und leicht zu transportieren. Wir haben riesige globale Industrien aufgebaut, die sie fördern, verarbeiten und transportieren, und wir haben Innovationen entwickelt, um ihre Preise niedrig zu halten. Diese Preise reflektieren aber nicht den Schaden, den sie verursachen – die Faktoren, durch die sie zum Klimawandel beitragen, zu Treibhausgasemissionen und Umweltbelastungen, wenn sie gefördert und verbrannt werden. Auf dieses Problem werden wir in Kapitel 10 ausführlicher eingehen.

Es ist schwindelerregend, einfach nur über die Dimension dieses Problems nachzudenken – aber es muss nicht lähmend sein. Wenn wir die bereits vorhandenen sauberen und erneuerbaren Energiequellen ausbauen und zugleich Durchbrüche erzielen auf dem Weg zu einer CO_2-freien Energieversorgung, können wir Wege finden, unsere Netto-Emissionen auf null zu reduzieren. Der Schlüssel wird sein, den sauberen Ansatz genauso – oder fast so – billig zu machen, wie die heute vorhandene Technologie.

Allerdings müssen wir uns beeilen, weil …

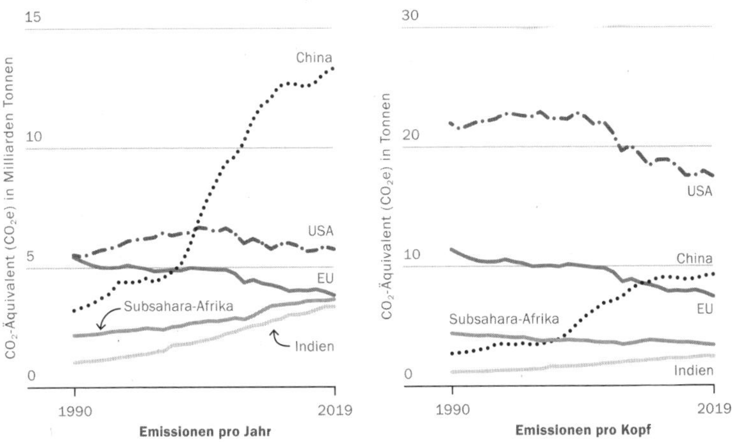

Wo die Emissionen herkommen. Die Emissionen wirtschaftlich entwickelter Gebiete wie Nordamerika oder Europa haben kaum noch zugenommen oder sind sogar zurückgegangen – doch in den Schwellenländern nehmen sie schnell zu. (UN Population Division; Rhodium Group)[16]

… es nicht nur um die reichen Länder geht. Fast überall auf der Welt leben die Menschen immer länger und gesünder. Die Lebensstandards steigen. Die Nachfrage nach Autos steigt, der Bedarf an Straßen, Gebäuden, Kühlschränken, Computern und Klimaanlagen – und der Bedarf an Energie, die das alles antreibt. Das führt dazu, dass der Pro-Kopf-Energieverbrauch steigen wird, und daher auch die Menge der Treibhausgase, die pro Kopf der Bevölkerung emittiert werden. Selbst durch die Schaffung der Infrastruktur, die wir brauchen werden, um all diese Energie zu erzeugen – die Windkraftanlagen, Solarmodule, Atomkraftwerke, Stromspeicheranlagen und so weiter –, werden weitere Treibhausgase freigesetzt werden.

Das Problem ist aber nicht nur, dass jeder Mensch mehr Energie verbrauchen wird – es werden auch immer mehr Menschen sein. Gegen Ende dieses Jahrhunderts wird die Weltbevölkerung die Marke von zehn Milliarden erreicht haben, und ein großer Teil dieses Wachstums vollzieht sich in Großstädten, die sehr CO_2-intensiv sind. Diese Städte wachsen in schwindelerregendem Tempo: Bis 2060 wird sich der weltweite Gebäudebestand – eine Kennzahl, welche die Zahl der Gebäude und ihre Größe erfasst – verdoppeln. Das ist ungefähr so, als würde vierzig Jahre lang jeden Monat eine Stadt von der Größe von New York City gebaut werden, und es ist vor allem auf das Wachstum in Schwellenländern wie China, Indien und Nigeria zurückzuführen.

Das ist eine gute Nachricht für all die Menschen, deren Leben besser wird, doch es ist eine schlechte Nachricht für das Klima, mit dem wir alle leben müssen. Bedenken Sie, dass fast 40 Prozent der weltweiten Emissionen von den reichsten 16 Prozent der Weltbevölkerung verursacht werden. (Und dabei sind die Emissionen durch Produkte, die anderswo hergestellt, aber in den reichen Ländern konsumiert werden, noch nicht einmal berücksichtigt.) Was wird passieren, wenn immer mehr Menschen wie die reichsten 16 Prozent leben? Bis 2050 wird der weltweite Energiebedarf um 50 Prozent steigen, und wenn sich nichts anderes ändert, werden die Treibhausgasemissionen fast ebenso

Weltweit wird in den nächsten vierzig Jahren jeden Monat das Äquivalent einer Stadt von der Größe von New York City gebaut werden.[17]

stark zunehmen. Selbst wenn die reichen Länder von heute auf morgen ihre Emissionen auf wundersame Weise auf null reduzieren könnten, würde die übrige Welt nach wie vor immer mehr emittieren.

Es wäre unmoralisch und nicht praktikabel zu versuchen, die Menschen, die weiter unten auf der wirtschaftlichen Leiter stehen, daran zu hindern, weiter nach oben zu klettern. Wir können nicht von armen Menschen erwarten, dass sie arm bleiben, nur weil die reichen Länder zu viel Treibhausgas emittiert haben, und selbst wenn wir das wollten, wäre es unmöglich, das zu

Viele Kleinbauern müssen auch heute noch mit altertümlichen Verfahren arbeiten, was einer der Gründe dafür ist, dass sie in Armut gefangen sind. Sie bräuchten moderne Geräte und Anbaumethoden – aber derzeit bedeutet der Einsatz solcher Werkzeuge, mehr Treibhausgase zu produzieren.[18]

erreichen. Stattdessen müssen wir es Menschen mit niedrigem Einkommen ermöglichen, die Leiter hinaufzuklettern, ohne den Klimawandel zu verschlimmern. Wir müssen auf null kommen – und dabei sogar noch mehr Energie produzieren als heute, ohne aber noch mehr Treibhausgas in die Atmosphäre zu schicken – und zwar so schnell wie möglich.

Leider …

… ist die Geschichte nicht auf unserer Seite. Wenn wir nur danach gehen, wie lange frühere Übergänge gedauert haben, liegt »so schnell wie möglich« noch ziemlich weit in der Zukunft. Wir haben solche Übergänge schon früher vollzogen – von einer Energiequelle auf eine andere umzusteigen –, aber sie haben jedes Mal viele Jahrzehnte gedauert. (Die besten Bücher, die ich zu diesem Thema gelesen habe, sind *Energy Transitions* [»Energiewenden«] und *Energy Myths and Realities* [»Energie: Mythen und Realitäten«] von Vaclav Smil, auf die ich mich hier stütze.)

Im größten Teil der Menschheitsgeschichte waren unsere wichtigsten Energiequellen die eigene Muskelkraft, jene von Tieren, die zum Beispiel einen Pflug zogen, sowie Pflanzen, die wir verbrannten. Bis Ende der 1890er-Jahre entfiel nicht einmal die Hälfte des weltweiten Energieverbrauchs auf fossile Brennstoffe. In China wurde diese Marke erst in den 1960er-Jahren überschritten. Es gibt Gegenden in Asien und Subsahara-Afrika, wo dieser Übergang bis heute nicht stattgefunden hat.[19]

Und bedenken Sie einmal, wie lang es gedauert hat, bis Öl zu einem großen Bestandteil unserer Energieversorgung wurde. Wir haben in den 1860er-Jahren begonnen, es kommerziell zu produzieren. Noch ein halbes Jahrhundert später entfielen nur etwa 10 Prozent der weltweiten Energieversorgung auf Öl, und es dauerte weitere dreißig Jahre, bis es 25 Prozent waren.[20]

Beim Erdgas war die Entwicklung ähnlich. Im Jahr 1900 entfiel 1 Prozent der weltweiten Energieversorgung auf Erdgas, und es brauchte siebzig Jahre, um 20 Prozent zu erreichen. Bei der Kernspaltung ging es schneller – sie legte in 27 Jahren von 0 auf 10 Prozent zu.[21]

Diese Grafik zeigt das Wachstum verschiedener Energiequellen über einen Zeitraum von sechzig Jahren ab ihrer Einführung. Von 1840 bis 1900 stieg der Anteil von Kohle an der weltweiten Energieversorgung von 5 auf fast 50 Prozent; in den sechzig Jahren von 1930 bis 1990 erreichte Erdgas dagegen nur einen Anteil von 20 Prozent. Kurz gesagt: Eine Energiewende braucht viel Zeit.

Energiequellen sind nicht das einzige Problem; es dauert auch sehr lange, Fahrzeuge mit einer anderen Antriebstechnik einzuführen. Der Verbrennungsmotor wurde in den 1880er-Jahren eingeführt. Wie lange dauerte es, bis die Hälfte aller in Städten lebenden Familien ein Auto hatte? In den Vereinigten Staaten waren es dreißig bis vierzig Jahre, in Europa siebzig bis achtzig Jahre.

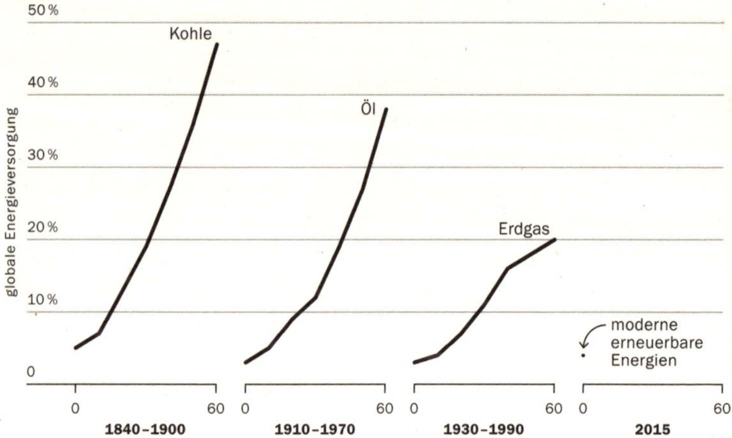

Es dauert sehr lange, auf neue Energiequellen umzusteigen. In sechzig Jahren stieg der Anteil von Kohle an der weltweiten Energieversorgung von 5 auf fast 50 Prozent. Erdgas erreichte dagegen in einem gleich langen Zeitraum nur einen Anteil von 20 Prozent. (Vaclav Smil, Energy Transitions)[22]

Darüber hinaus wird die Energiewende, die wir jetzt brauchen, durch eine Entwicklung notwendig gemacht, die früher nie eine Rolle gespielt hat. In der Vergangenheit sind wir von einem Energieträger auf einen anderen umgestiegen, weil der neue billiger und ergiebiger war. So haben wir zum Beispiel aufgehört, Feuerholz zu verwenden und sind auf Kohle umgestiegen, weil wir aus einem Kilo Kohle viel mehr Wärme und Licht erzeugen können als aus einem Kilo Holz.

Oder sehen wir uns ein jüngeres Beispiel aus den Vereinigten Staaten an: Wir nutzen mehr Erdgas und weniger Kohle, um elektrischen Strom zu erzeugen. Warum ist das so? Weil Erdgas durch neue Bohrtechniken billiger geworden ist – es zählten wirtschaftliche Gründe, nicht die Umwelt. Tatsächlich hängt die Antwort auf die Frage, ob Erdgas besser oder schlechter ist als Kohle, davon ab, wie CO_2-Äquivalente berechnet werden. Manche Wissenschaftler vertreten die Auffassung, dass Erdgas tatsächlich schlechter für das Klima sein kann als Kohle, je nachdem, wie viel davon durch Lecks austritt, während es verarbeitet wird.[23]

Nach und nach würden wir ganz von selbst anfangen, mehr erneuerbare Energien einzusetzen – doch wenn es dem freien Spiel der Kräfte überlassen bleibt, wird dieses Wachstum nicht annähernd schnell genug stattfinden. Und wie wir in Kapitel 4 sehen werden, wird dieses Wachstum ohne Innovationen nicht genügen, um uns bis hinunter auf null zu bringen. Wir müssen einen unnatürlich schnellen Übergang erzwingen. Dadurch entsteht – auf politischer und technologischer Ebene – ein Ausmaß an Komplexität, wie wir es noch nie zu bewältigen hatten.

Warum dauert eine Energiewende eigentlich so lange? Weil …

… Kohlekraftwerke nicht wie Computerchips sind. Wahrscheinlich haben Sie schon einmal vom Moore'schen Gesetz gehört – der 1965 von Gordon Moore getroffenen Vorhersage, dass die Leistung von integrierten Schaltkreisen sich alle zwei Jahre verdoppeln würde. Moores Vorhersage hat sich als richtig erwiesen, und das Moore'sche Gesetz ist einer der wichtigsten Gründe, warum sich die Computer- und Softwareindustrie so unglaublich entwickelt hat. Als die Prozessoren immer leistungsfähiger wurden, konnten wir immer bessere Software entwickeln, wodurch die Nachfrage nach Computern stieg, was wiederum die Hardwarehersteller motivierte, ihre Maschinen ständig zu verbessern, für die wir dann wieder bessere Programme schrieben, und so weiter und so fort, in einer sich selbst verstärkenden Rückkopplungsschleife.

Das Moore'sche Gesetz funktioniert, weil die Hardwarehersteller immer neue Verfahren entwickeln, um Transistoren – die winzigen Schalter, mit denen ein Computer rechnet – immer kleiner zu machen. Dadurch können sie immer mehr Transistoren auf einen Chip packen. Ein heute produzierter Computerchip enthält etwa eine Million mal mehr Transistoren als einer, der 1970 hergestellt wurde, wodurch er auch eine Million mal mehr Rechenleistung erbringen kann.

Manchmal werden Sie hören, dass jemand sich auf das

Moore'sche Gesetz beruft, um die Hoffnung zu rechtfertigen, dass wir auch in Bezug auf Energie exponentielle Fortschritte erzielen können. Wenn Computerchips so schnell so viel besser werden können, warum sollte das nicht auch für Autos und Solarmodule gehen?

Nein, das wird leider nicht gehen. Computerchips sind eine Ausnahme. Sie werden besser, weil wir uns neue Verfahren ausdenken, um immer mehr Transistoren auf einen Chip zu quetschen, aber beim Auto gibt es keinen äquivalenten Durchbruch, um den Benzinverbrauch um einen Faktor von einer Million zu senken. So hat zum Beispiel die erste Baureihe des »Model T«, die 1908 von Henry Fords Montageband lief, ganze 11,2 Liter auf 100 Kilometer verbraucht. Während ich dies schreibe, verbraucht das beste Hybridfahrzeug auf dem Markt nur noch 4 Liter auf 100 Kilometer. In über einem Jahrhundert wurde der Benzinverbrauch um nicht mal den Faktor 3 gesenkt.

Auch Solarmodule sind nicht eine Million mal besser geworden. Als in den 1970er-Jahren Solarzellen aus kristallinem Silizium auf den Markt kamen, wandelten sie etwa 15 Prozent des Sonnenlichts, das sie auffingen, in elektrischen Strom um. Heute schaffen sie etwa 25 Prozent. Das ist zwar ein ganz guter Fortschritt, aber wohl kaum das, was das Moore'sche Gesetz erwarten ließe.

Technologie ist nur einer der Gründe, warum die Energiebranche sich nicht so schnell verändern kann wie die Computerbranche. Ein anderer ist ihre Größe. Die Energieindustrie ist einfach riesenhaft – mit etwa 5 Billionen Dollar Jahresumsatz ist sie einer der größten Wirtschaftssektoren der Welt. Alles, was dermaßen groß und komplex ist, wird sich jeder Veränderung widersetzen. Und wir haben, sei es bewusst oder unbewusst, eine Menge Trägheit in den Energiesektor eingebaut.

Um das im Zusammenhang zu betrachten, überlegen Sie einmal, wie es in der Softwarebranche läuft. Es gibt keine Zulassungsbehörde, die Ihre Produkte genehmigen muss. Selbst wenn Sie eine Anwendung auf den Markt bringen, die nicht perfekt ist, werden sich trotzdem manche Ihrer Kunden dafür begeistern und Ihnen Feedback liefern, wie Sie das Programm verbessern können, solange der von Ihnen gelieferte Nettonutzen groß genug ist. Und beinahe Ihre gesamten Kosten entstehen im Voraus – sobald Sie ein Produkt fertig entwickelt haben, tendieren die Grenzkosten für die Herstellung weiterer Exemplare gegen null.

Vergleichen Sie das einmal mit der Pharma- und Impfstoffindustrie. Es ist wesentlich schwieriger, ein neues Medikament auf den Markt zu bringen als ein neues Softwareprodukt. Das ist ja auch richtig so, da ein Medikament, das Menschen krank macht, wesentlich schädlicher ist als ein Programm, das ein paar Fehler hat. Bevor ein neues Medikament den Patienten erreicht, vergehen etliche Jahre, um Grundlagenforschung zu betreiben, das Medikament zu entwickeln, Anwendungstests genehmigt zu bekommen und all die anderen notwendigen Schritte zu erledigen. Aber sobald erst einmal eine Pille da ist, die wirkt wie gewünscht, ist es sehr billig, mehr davon zu produzieren.

Vergleichen wir jetzt einmal diese beiden Branchen mit der Energiewirtschaft. Erstens haben Sie dort riesige Investitionskosten, die mit der Zeit nicht geringer werden. Wenn Sie 1 Milliarde Dollar ausgeben, um ein Kohlekraftwerk zu bauen, wird das nächste Kraftwerk, das Sie bauen, auch nicht billiger werden. Und Ihre Geldgeber investieren dieses Geld, weil sie erwarten, dass das Kraftwerk dreißig Jahre oder länger laufen wird. Wenn jemand zehn Jahre später mit einer besseren Technologie auf den Markt kommt, werden Sie das alte Kraftwerk nicht einfach stilllegen und ein neues bauen. Zumindest nicht ohne einen sehr guten Grund – etwa eine hohe finanzielle Abfindung oder gesetzliche Vorschriften, die Sie dazu zwingen.

Hinzu kommt, dass unsere Gesellschaft im Energiegeschäft im Hinblick auf die Betriebssicherheit kaum Risiken toleriert, was nur verständlich ist. Wir erwarten eine zuverlässige Stromversorgung – jedes Mal, wenn ein Kunde den Lichtschalter betätigt, muss das Licht angehen. Außerdem wollen wir vor Katastrophen geschützt sein. Tatsächlich werden heutzutage in den Vereinigten Staaten aufgrund von Sicherheitsbedenken so gut wie keine neuen Atomkraftwerke mehr gebaut. Seit den Unfällen von Three Mile Island (1979) und Tschernobyl (1986) wurden in den USA nur zwei neue Atomkraftwerke in Angriff genommen – obwohl in einem einzigen Jahr mehr Menschen wegen Luftverschmutzung durch Kohlekraftwerke sterben, als bei allen Atomunfällen insgesamt ums Leben kamen.

Wir haben starke und nachvollziehbare Anreize, bei dem zu bleiben, was wir kennen, selbst wenn es uns umbringt. Daher müssen wir diese Anreize verändern, um ein Energiesystem aufbauen zu können, das all die Eigenschaften hat, die wir uns wünschen (Zuverlässigkeit, Betriebssicherheit), und keine der Eigenschaften, die wir nicht wollen (Abhängigkeit von fossilen Brennstoffen). Aber das wird nicht einfach sein, weil …

… unsere Gesetze und Vorschriften hoffnungslos veraltet sind. Der Begriff »Regierungspolitik« löst nicht gerade Begeisterung aus. Doch politisches Handeln – das umfasst alles von der Steuergesetzgebung bis hin zu Umweltschutzvorschriften – hat enormen Einfluss auf das Verhalten von Menschen und Unternehmen. Wir werden nicht auf null kommen, wenn wir dieses Problem nicht lösen, und davon sind wir noch weit entfernt. (Ich spreche hier von den Vereinigten Staaten, aber es gilt auch für viele andere Länder.)

Ein Problem ist, dass viele der heute geltenden Umweltschutzgesetze und -vorschriften nicht vor dem Hintergrund des Klimawandels konzipiert wurden. Sie wurden eingeführt, um andere Probleme zu lösen, und heute ziehen wir sie heran, um zu versuchen, Emissionen zu reduzieren. Wir könnten ebenso gut versuchen, künstliche Intelligenz auf einem Mainframe-Computer der 1960er-Jahre zu entwickeln.

Zum Beispiel werden in dem bekanntesten US-Gesetz zur Luftreinhaltung, dem Clean Air Act, Treibhausgase kaum einmal erwähnt. Das ist auch kein Wunder, da dieses Gesetz ursprünglich 1970 verabschiedet wurde, um die Risiken durch lokale Luftverschmutzung zu reduzieren, und nicht, um steigende Temperaturen in den Griff zu bekommen.

Ein anderes Beispiel: die Grenzwerte für den durchschnittlichen Treibstoffverbrauch von Autoherstellerflotten, die als CAFE bekannt sind (Corporate Average Fuel Economy). Sie wurden in den 1970er-Jahren eingeführt, weil die Ölpreise durch die Decke gingen und die US-Bürger sparsamere Autos haben wollten. Ein niedriger Benzinverbrauch ist prima, aber heute müssen wir mehr Elektroautos auf die Straße bringen, und die CAFE-Grenzwerte haben dabei kaum geholfen, weil sie dafür nicht konzipiert wurden.

Überholte Vorschriften sind aber nicht das einzige Problem. Unsere Klima- und Energiepolitik ändert sich mit jedem Regierungswechsel. Alle vier bis acht Jahre kommt in Washington eine neue Regierung ins Amt und bringt ihre eigenen Energie-Prioritäten mit. Es ist nichts grundsätzlich falsch daran, wenn Prioritäten sich ändern – das passiert ja nach jedem Regierungswechsel im gesamten Staatsapparat –, aber es ist eine Belastung für Forscher, die auf staatliche Forschungsgelder angewiesen sind, und für Unternehmer, die sich auf steuerliche Anreize verlassen. Es ist schwierig, echte Fortschritte zu erzielen, wenn Sie alle paar Jahre die Arbeit an einem Projekt einstellen und mit etwas anderem ganz von vorne anfangen müssen.

Davon abgesehen schafft der Wahlzyklus Unsicherheiten im privaten Sektor. Der Staat bietet diverse Steuervergünstigungen an, die mehr Unternehmen motivieren sollen, im Bereich saubere Energie zu forschen. Der Nutzen solcher Anreize hält sich jedoch in Grenzen, da Durchbrüche im Bereich Energie so schwierig zu erreichen sind und es Jahrzehnte dauern kann, bis sie Realität werden. Es kann passieren, dass Sie jahrelang an einer Idee arbeiten, nur um dann feststellen zu müssen, dass eine andere Regierung das Ruder übernimmt und den Anreiz streicht, auf den Sie sich verlassen hatten.

In letzter Konsequenz bedeutet das, dass unsere jetzige Energiepolitik nur einen vernachlässigbaren Einfluss auf künftige

Emissionen haben wird. Ihre Gesamtwirkung lässt sich abschätzen, indem man aufaddiert, inwieweit die Emissionen durch die aktuellen Steuerungsinstrumente des Bundes und der Bundesstaaten bis 2030 jeweils zurückgehen werden. Insgesamt kommen dabei etwa 300 Millionen Tonnen heraus, was etwa 5 Prozent der für 2030 prognostizierten US-Emissionen entspricht.[24] Das ist zwar durchaus beachtlich, wird aber nicht genügen, um uns in die Nähe von null zu bringen.

Was nicht heißen soll, dass wir nicht zu politischen Maßnahmen kommen können, die zu einer deutlichen Senkung der Emissionen führen. Die CAFE-Grenzwerte und der Clean Air Act haben das erreicht, wofür sie konzipiert wurden: Die Autos wurden sparsamer im Verbrauch, und die Luft wurde sauberer. Und schon heute gibt es einige wirkungsvolle Vorschriften in Bezug auf Emissionen, die allerdings nicht koordiniert sind und insgesamt nicht genug Wirkung entfalten, um für das Klimaproblem einen echten Unterschied auszumachen.

Ich glaube, dass wir dieses Problem lösen können, aber es wird schwierig sein. Erstens ist es wesentlich einfacher, an bereits existierenden Gesetzen herumzubasteln, als eine große neue Initiative auf den Weg zu bringen. Es braucht seine Zeit, eine neue Gesetzesvorlage zu formulieren, sie öffentlich zur Debatte zu stellen, sie im Fall von Klagen durch Gerichte prüfen zu lassen und sie schließlich in die Praxis umzusetzen. Ganz abgesehen davon, dass …

… der Klimakonsens nicht so einmütig ist, wie Sie vielleicht denken. Ich rede hier nicht von den 97 Prozent aller Wissenschaftler, die sich darüber einig sind, dass das Klima sich durch menschliche Aktivitäten verändert. Nein, davon abgesehen gibt es immer noch kleine, aber lautstarke – und in manchen Fällen politisch einflussreiche – Gruppen, die sich von wissenschaftlichen Erkenntnissen nicht überzeugen lassen. Aber selbst wenn Sie die Tatsache akzeptieren, dass das Klima sich verändert, werden Sie nicht unbedingt dafür sein, dass wir große Summen investieren sollten, um zu erforschen, was wir dagegen tun können.

So ist zum Beispiel manchmal zu hören: *Ja, das Klima verändert sich, aber es lohnt sich nicht, viel Geld für Versuche auszugeben, diese Entwicklung aufzuhalten oder uns an sie anzupassen. Vielmehr sollten wir uns vorrangig um andere Dinge kümmern, die für die Gesellschaft wichtiger sind, zum Beispiel Gesundheit und Bildung.*

Hier ist meine Antwort auf diese Argumentation: Wenn wir uns nicht schnell in Richtung null bewegen, werden (wahrscheinlich viele) schlimme Dinge passieren, und zwar noch innerhalb der Lebenszeit der meisten heute lebenden Menschen, und der nächsten Generation werden *sehr* schlimme Dinge widerfahren. Selbst wenn der Klimawandel nicht als existenzielle Bedrohung für die Menschheit eingestuft wird, so wird er doch negative Folgen für den Großteil der Weltbevölkerung nach sich ziehen und die Ärmsten noch ärmer machen. Die Klimaveränderung wird immer schlimmer werden, bis wir aufhören, zusätzliche Treibhausgase in die Atmosphäre zu blasen, und sie verdient es, ebenso wichtig genommen zu werden wie Gesundheit und Bildung.

Ein anderes häufig zu hörendes Argument geht so: *Ja, der Klimawandel ist real, er wird schlimme Folgen haben, und wir haben alles, was wir brauchen, um ihn zu stoppen. Wir haben Sonnenenergie, Wind- und Wasserkraft und noch ein paar andere Tools, also wird alles gut. Es ist nur eine Frage des Willens, diese Tools einzusetzen.*

In den Kapiteln 4 bis 8 erkläre ich, warum ich das anders sehe. Ja, wir haben einiges von dem, was wir brauchen, aber bei Weitem nicht alles.

Es gibt noch eine weitere Hürde auf dem Weg zu einem Klimakonsens: Weltweite Zusammenarbeit ist notorisch schwierig zu erreichen. Es ist ein dornenreicher Weg, alle Länder dieser Welt dazu zu bewegen, sich zu einigen – vor allem, wenn sie aufgefordert werden, ihren Bürgern neue Kosten aufzuerlegen, die zum Beispiel entstehen, wenn Treibhausgasemissionen eingedämmt werden sollen. Kein Land will zahlen, um seine Emissionen zu senken, solange nicht auch alle anderen dazu bereit sind. Das ist der Grund, warum das Pariser Übereinkommen, mit dem sich über 190 Länder verpflichteten, über kurz oder lang ihre Emissionen zu begrenzen, ein solcher Erfolg war. Und das nicht etwa, weil die damit eingegangenen Verpflichtungen die Emissionen deutlich senken würden – wenn alle Länder sie einhalten, werden bis 2030 die jährlichen Emissionen um 3 bis 6 Milliarden Tonnen gesenkt werden, weniger als 12 Prozent der heutigen Gesamtemissionen –, sondern weil es ein Anfang ist, der beweist, dass globale Zusammenarbeit durchaus möglich ist. Der Rückzug der Vereinigten Staaten aus dem 2015 geschlossenen Pariser Übereinkommen – ein Schritt, den der designierte US-Präsident Joe Biden versprach rückgängig zu machen – zeigt, dass es ebenso schwierig ist, eine globale Vereinbarung intakt zu halten, wie es schwierig ist, sie überhaupt erst zustande zu bringen.

Um es zusammenzufassen: Wir müssen etwas Gigantisches erreichen, das wir noch nie zuvor versucht haben, und das auch noch viel schneller als alles Vergleichbare, was wir jemals geschafft haben. Auf diesem Weg wird die Arbeit von Wissenschaftlern und Ingenieuren eine Menge Durchbrüche brauchen. Wir müssen einen Konsens aufbauen, den es derzeit nicht gibt, und wir müssen auf politischer Ebene einen Übergang vorantreiben, der sonst nicht stattfinden würde. Wir müssen erreichen, dass die Energiewirtschaft mit all den Dingen aufhört, die wir nicht wollen, und mit all den Dingen weitermacht, die wir uns wünschen – mit anderen Worten: dass sie sich völlig neu erfindet, sich dabei aber auch bestimmte Eigenschaften bewahrt.

Aber lassen Sie sich nicht entmutigen. Wir können es schaffen. Da draußen gibt es eine Menge Ideen, wie wir es schaffen können, einige von ihnen vielversprechender als andere. Im nächsten Kapitel werde ich beschreiben, wie ich die Ersteren von den Letzteren zu unterscheiden versuche.

KAPITEL 3

Fünf Fragen, die bei jedem Gespräch übers Klima gestellt werden sollten

Als ich anfing, mich über den Klimawandel zu informieren, stieß ich immer wieder auf Fakten, die schwer zu begreifen waren. Zum Beispiel waren die Zahlen so groß, dass ich Schwierigkeiten hatte, sie in Relation zu setzen. Wer weiß denn schon, wie 52 Milliarden Tonnen Gas aussehen?

Ein anderes Problem war, dass den Daten, die ich zu sehen bekam, häufig jeder Kontext fehlte. In einem Artikel hieß es, dass durch den Emissionsrechtehandel in Europa der CO_2-Fußabdruck des europäischen Luftverkehrssektors um 17 Millionen Tonnen pro Jahr verkleinert worden sei. Das klingt sicherlich wie eine ganze Menge, aber ist es das tatsächlich? Welchen Anteil an den Gesamtemissionen stellt es dar? Dazu schwieg sich der Artikel aus, und über solche Lücken stolperte ich erstaunlich oft.

Schließlich baute ich mir einen gedanklichen Rahmen auf für die Dinge, die ich erfuhr. Er gab mir ein Gefühl dafür, wie viel »eine Menge« ist und wie viel »eher wenig« ist, und wie teuer etwas sein könnte. Das half mir, die vielversprechendsten Ideen besser beurteilen zu können. Ich habe festgestellt, dass diese Strategie mir bei fast jedem neuen Thema hilft, in das ich mich vertiefe: Zuerst versuche ich, das Gesamtbild zu erfassen, weil es mir den Kontext liefert, um neue Informationen besser einordnen und sie leichter behalten zu können.

Dieses von mir entwickelte Gerüst aus fünf Fragen leistet mir nach wie vor gute Dienste, ganz gleich, ob mir nun eine Energiefirma eine finanzielle Beteiligung anträgt oder ich mich beim Grillen im Garten mit einem Freund unterhalte. Vielleicht werden Sie demnächst einen Leitartikel lesen, in dem eine Lösung für das Klimaproblem vorgeschlagen wird, oder Sie hören, dass eine politische Partei ihre Pläne für den Klimawandel anpreist. Dies sind komplexe Themen, die verwirrend sein können, und der folgende Rahmen kann Ihnen helfen, das Durcheinander zu entwirren und zum Kern der Sache vorzudringen.

1. Um welchen Anteil dieser 52 Milliarden Tonnen geht es?

Wann immer ich etwas lese, worin eine bestimmte Menge an Treibhausgasen erwähnt wird, rechne ich rasch aus, welchem Prozentsatz an den Gesamtemissionen von 52 Milliarden Tonnen pro Jahr das entspricht. Für mich ist das nachvollziehbarer als andere Vergleiche, wie man sie oft sieht, etwa: »Soundso viele Tonnen bedeuten, soundso viele Autos aus dem Verkehr zu ziehen.« Wer weiß denn schon, wie viele Autos überhaupt im Verkehr sind? Oder wie viele Autos wir aus dem Verkehr ziehen müssten, um mit der Erderwärmung fertigzuwerden?

Ich finde es klarer, solche Angaben stets auf das Hauptziel zu beziehen, nämlich, 52 Milliarden Tonnen pro Jahr zu eliminieren. Nehmen wir das oben erwähnte Beispiel, den Emissionsrechtehandel, durch den die europäischen Fluglinien 17 Millionen Tonnen pro Jahr einsparen können. Teilen Sie diese Zahl durch 52 Milliarden und drücken Sie das Ergebnis als Prozentsatz aus: Es entspricht einer Reduzierung der globalen Treibhausgasemissionen pro Jahr um etwa 0,03 Prozent.

Ist das ein nennenswerter Beitrag? Das hängt von der Antwort auf diese Frage ab: Wird diese Zahl wahrscheinlich steigen oder auf dem gleichen Niveau bleiben? Wenn das System bei 17 Millionen Tonnen anfängt, aber das Potenzial hat, deutlich höhere Reduzierungen zu erreichen, ist das eine Sache. Wenn es dagegen immer bei 17 Millionen Tonnen bleiben wird, ist das eine andere Sache. Leider ist die Antwort nicht immer offensichtlich. (Sie war für mich nicht offensichtlich, als ich über den Emissionsrechtehandel im Flugverkehr las.) Aber es ist eine wichtige Frage, die gestellt werden muss.

Bei Breakthrough Energy investieren wir nur in Technologien, die mindestens 500 Millionen Tonnen pro Jahr einsparen können, wenn sie erfolgreich sind und vollständig umgesetzt werden. Das entspricht ungefähr 1 Prozent der globalen Emissionen. Technologien, die nie über dieses 1 Prozent hinauskommen werden, sollten nicht um die begrenzten Ressourcen konkurrieren, die uns zur Verfügung stehen, um auf null zu kommen. Es mag andere gute Gründe geben, sie voranzutreiben, aber eine deutliche Reduzierung der Emissionen wird keiner davon sein.

Übrigens haben Sie vielleicht schon gesehen, dass hin und wieder in Bezug auf Treibhausgase von »Gigatonnen« gesprochen wird. Eine Gigatonne entspricht einer Milliarde Tonnen (oder 10^9 Tonnen, wenn Sie die Exponentialschreibweise vorziehen). Ich vermute, dass die meisten Menschen keine intuitive Vorstellung davon haben, was eine Gigatonne eines Gases ist, und davon abgesehen klingt es einfacher, 52 Gigatonnen zu eliminieren als 52 Milliarden Tonnen, obwohl es das Gleiche ist. Daher werde ich bei »Milliarden Tonnen« bleiben.

Tipp: Wenn Sie in Bezug auf Treibhausgase eine Mengenangabe in Tonnen sehen, rechnen Sie sie in einen Prozentsatz von 52 Milliarden um; das ist die aktuelle Gesamtmenge der weltweiten Emissionen (in CO_2-Äquivalenten).

2. Welchen Plan haben Sie für Zement?

Wenn Sie über eine Gesamtstrategie zur Bekämpfung des Klimawandels reden, müssen Sie sämtliche menschliche Aktivitäten berücksichtigen, die Treibhausgasemissionen verursachen. Über einige davon, etwa Stromerzeugung und Autos, wird eine Menge geredet, aber sie sind nur der Anfang. Pkws erzeugen weniger als die Hälfte der Emissionen des gesamten Personen- und Güterverkehrs, auf den wiederum 16 Prozent der gesamten weltweiten Emissionen entfallen.

Unterdessen macht die Stahl- und Zementherstellung allein etwa 10 Prozent aller Emissionen aus. Also ist die Frage »Welchen Plan haben Sie für Zement?« nur eine stichwortartige Erinnerung daran, dass Sie an wesentlich mehr als nur Stromerzeugung und Autos denken müssen, wenn Sie zu einer Gesamtstrategie zur Bekämpfung des Klimawandels kommen wollen.

Hier ist eine Aufschlüsselung aller menschlichen Aktivitäten, die Treibhausgase erzeugen. Es werden nicht immer genau diese Kategorien verwendet, aber diese Gliederung finde ich am nützlichsten, und sie wird auch vom Team bei Breakthrough Energy verwendet.*

---

* Diese Prozentsätze entsprechen den globalen Treibhausgasemissionen. Wenn wir Emissionen aus verschiedenen Quellen kategorisieren wollen, ist eine der Fragen, die entschieden werden müssen, wie Produkte gezählt werden sollen, die sowohl bei der Herstellung als auch bei ihrer Verwendung Emissionen verursachen. Zum Beispiel produzieren wir Treibhausgase, wenn wir Rohöl zu Benzin raffinieren, und dann wieder, wenn wir das Benzin verbrennen. In diesem Buch habe ich sämtliche Emissionen, die bei der Herstellung entstehen, in dem Kapitel »Industrieproduktion« berücksichtigt, und alle Emissionen, die bei ihrer Verwendung ausgestoßen werden, im Kapitel »Transport und Verkehr«. Das Gleiche gilt für Dinge wie Autos, Flugzeuge und Schiffe: Die Metalle, aus denen sie hergestellt werden, laufen unter »Industrieproduktion«, während die Emissionen aus den Treibstoffen, die sie verbrennen, unter »Transport und Verkehr« berücksichtigt werden.

Auf null zu kommen bedeutet, jede einzelne dieser Kategorien auf null zu bringen:

Wie viel Treibhausgas wird durch unsere Aktivitäten emittiert?

Industrieproduktion (Zement, Stahl, Kunststoffe)	**29** %
Stromversorgung	**26** %
Landwirtschaft (Anbau von Nutzpflanzen, Tierhaltung)	**22** %
Transport und Verkehr (Flugzeuge, LKW, Schiffe)	**16** %
Kühlen und Heizen	**7** %

Vielleicht werden Sie sich wundern, dass nur gut ein Viertel aller Emissionen auf die Stromerzeugung entfällt. Jedenfalls habe ich gestaunt, als ich das erfuhr: Da es in den meisten Artikeln, die ich zum Thema Klimawandel lese, um Stromerzeugung geht, war ich davon ausgegangen, dass sie der Hauptschuldige sein müsse.

Die gute Nachricht ist, dass elektrischer Strom, obwohl er nur 26 Prozent des Problems ausmacht, zu wesentlich mehr als 26 Prozent der Lösung beitragen könnte. Wenn wir sauberen Strom hätten, könnten wir aufhören, Kohlenwasserstoffe als Treibstoff zu verbrennen (wobei CO_2 emittiert wird): Denken Sie an Elektroautos und -busse, an elektrisch betriebene Heizungen und Klimaanlagen in unseren Häusern, Wohnungen und Büros, und an Fabriken, die bei der energieintensiven Herstellung ihrer Produkte Strom statt Erdgas einsetzen. Sauberer Strom allein kann uns nicht auf null bringen, aber er wird ein entscheidender Schritt auf dem Weg dorthin sein.

► *Tipp: Denken Sie daran, dass Emissionen von fünf verschiedenen Aktivitäten verursacht werden und dass wir Lösungen für jede von ihnen brauchen.*

3. Von wie viel Leistung reden wir?

Diese Frage taucht meist in Artikeln über Stromerzeugung auf. Vielleicht lesen Sie, dass irgendein neues Kraftwerk 500 Megawatt erzeugen wird. Ist das viel? Und was ist überhaupt ein »Megawatt«?

Ein Megawatt sind eine Million Watt, und ein Watt ist ein Joule pro Sekunde. Für unsere Zwecke ist es nicht so wichtig, was genau ein Joule ist, abgesehen davon, dass es ein bisschen Energie ist. Wir müssen uns nur merken, dass ein Watt ein bisschen Energie pro Sekunde ist. Stellen Sie es sich so vor: Wenn Sie messen wollen, wie viel Wasser aus dem Hahn in der Küche fließt, könnten Sie zählen, wie viele Tassen pro Sekunde herausfließen. Wenn Sie Leistung messen wollen, ist es ganz ähnlich, nur dass Sie messen, wie viel Energie fließt statt Wasser – die Maßeinheit »Watt« entspricht dabei sinngemäß den »Tassen pro Sekunde«.

Ein Watt ist ziemlich wenig. Eine kleine Glühbirne verbraucht vielleicht 40 Watt, ein Haartrockner 1500 Watt. Ein Kraftwerk kann Hunderte von Millionen Watt erzeugen. Das größte Kraftwerk der Welt, die Drei-Schluchten-Talsperre in China, kann 22 Milliarden Watt erzeugen. (Denken Sie daran, dass die Definition von Watt schon »pro Sekunde« enthält – also gibt es »Watt pro Sekunde« oder »Watt pro Stunde« nicht, sondern einfach nur »Watt«.)

Da solche Zahlen schnell sehr groß werden, empfiehlt es sich, dafür eine Kurzschreibweise zu verwenden. Ein Kilowatt sind tausend Watt, ein Megawatt sind eine Million Watt, und ein Gigawatt sind eine Milliarde Watt. Diese Kurzworte werden Sie oft in den Nachrichten hören oder lesen, und daher werde ich sie auch hier verwenden.

Hier sind ein paar grobe Vergleiche, die mir helfen, mir das alles zu merken:

Stromverbrauch[25]	
Die Welt	**5.000 Gigawatt**
Die Vereinigten Staaten	**1.000 Gigawatt**
Eine mittelgroße Stadt	**1 Gigawatt**
Eine Kleinstadt	**1 Megawatt**
Ein durchschnittliches US-Einfamilienhaus	**1 Kilowatt**

Natürlich gibt es innerhalb dieser Kategorien eine ganze Menge Schwankungen, je nach Tages- und Jahreszeit. Manche Häuser und Wohnungen verbrauchen mehr Strom als andere. New York City verbraucht über 12 Gigawatt, je nach Jahreszeit; Tokio hat mehr Einwohner als New York und verbraucht im Durchschnitt etwa 23 Gigawatt, was aber im Sommer auf Bedarfsspitzen von bis zu 50 Gigawatt steigen kann.

Nehmen wir also an, Sie wollten eine mittelgroße Stadt, die 1 Gigawatt braucht, mit Strom versorgen. Könnten Sie dafür einfach ein Kraftwerk mit 1 Gigawatt Leistung bauen und damit dieser Stadt garantieren, dass sie immer genug Strom hat? Nicht unbedingt. Die Antwort hängt davon ab, welche Energiequelle Sie nutzen wollen, weil einige davon unbeständiger sind als andere. Ein Atomkraftwerk läuft rund um die Uhr und wird nur heruntergefahren, wenn es gewartet oder mit neuen Brennstäben versorgt werden soll. Aber der Wind bläst nicht immer, und die Sonne scheint nicht immer, sodass mit Wind- oder Solarenergie betriebene Kraftwerke auf eine effektive Kapazität von vielleicht 30 Prozent oder weniger kommen. Im Durchschnitt werden sie etwa 30 Prozent der Leistung von 1 Gigawatt erzeugen, die Sie brauchen. Das bedeutet, dass Sie Wind und Sonne mit anderen Energiequellen ergänzen müssen, um zuverlässig 1 Gigawatt erzeugen zu können.

► *Tipp: Wenn Sie »Kilowatt« hören, denken Sie an ein »Haus«. Bei »Gigawatt« denken Sie an eine »Stadt«; bei 100 oder mehr Gigawatt denken Sie an ein »großes Land«.*

4. Wie viel Platz braucht das?

Manche Energiequellen brauchen mehr Platz als andere. Das spielt aus dem offensichtlichen Grund eine Rolle, dass es ja nur begrenzte Flächen an Land und Wasser gibt. Der Platzbedarf ist natürlich bei Weitem nicht das Einzige, was bedacht werden muss, aber er ist wichtig, und wir sollten öfter darüber reden, als wir es bisher tun.

Die Zahl, auf die es hier ankommt, ist die *Leistungsdichte*. Sie sagt uns, wie viel Leistung wir aus verschiedenen Energiequellen bekommen können, auf einer bestimmten Fläche Land (oder Wasser, wenn es um Windkraftanlagen im Meer geht). Sie wird in Watt pro Quadratmeter gemessen. Hier sind ein paar Beispiele:

Wie viel Strom können wir pro Quadratmeter erzeugen?

Energiequelle	Watt pro Quadratmeter
Fossile Energieträger	**500–10.000**
Atomkraft	**500–1.000**
Solarenergie*	**5–20**
Wasserkraft (Staudämme)	**5–50**
Windenergie	**1–2**
Holz und andere Biomasse	**Weniger als 1**

ANMERKUNG: Die Leistungsdichte von Solarenergie könnte theoretisch 100 Watt pro Quadratmeter erreichen, doch das hat bisher noch niemand geschafft.

Wie Sie sehen, kann die Leistungsdichte von Solarenergie wesentlich höher sein als jene von Windenergie. Das bedeutet, dass Sie sehr viel mehr Fläche brauchen, wenn Sie Wind- statt

Solarenergie nutzen wollen und alles andere gleich bleibt. Das soll keineswegs heißen, dass Windenergie schlecht ist und Solarenergie gut, sondern einfach nur, dass sie unterschiedliche Anforderungen haben, die in der Debatte berücksichtigt werden sollten.

► *Tipp: Wenn Ihnen jemand sagt, eine bestimmte Energiequelle (Wind-, Solar-, Atomenergie, was auch immer) könne den gesamten weltweiten Energiebedarf decken, dann fragen Sie, wie viel Platz denn gebraucht würde, um so viel Energie zu erzeugen.*

5. Wie viel wird das kosten?

Der Grund, warum die Menschheit so viel Treibhausgas emittiert, liegt darin, dass unsere jetzigen Energieerzeugungstechnologien – solange wir die langfristigen Schäden ignorieren, die sie anrichten – im Großen und Ganzen die billigsten sind, die uns zur Verfügung stehen. Wenn wir also unsere riesige Energiewirtschaft von »schmutzigen«, CO_2-emittierenden Technologien auf solche ohne Emissionen umstellen wollen, wird das Geld kosten.

Aber wie viel? In manchen Fällen können wir den Kostenunterschied direkt feststellen. Wenn wir eine schmutzige und eine saubere Quelle für etwas haben, das im Wesentlichen die gleiche Sache ist, können wir einfach die jeweiligen Kosten vergleichen.

Heute sind die meisten dieser CO_2-freien Lösungen teurer als ihre auf fossilen Brennstoffen basierenden Entsprechungen. Das liegt unter anderem daran, dass die Preise von fossilen Brennstoffen die Umweltschäden, die sie anrichten, nicht widerspiegeln. Also scheinen sie billiger zu sein als die Alternativen. (Auf dieses Problem der CO_2-Bepreisung werde ich in Kapitel 10 zurückkommen.) Diese zusätzlichen Kosten nenne ich *Green Premiums* – zu Deutsch: *Ökozuschläge.**

Bei jedem Gespräch, das ich über den Klimawandel führe, habe ich diese Ökozuschläge im Hinterkopf. In den folgenden Kapiteln werde ich mehrfach auf dieses Konzept zurückkommen, und daher möchte ich mir an dieser Stelle einen Moment Zeit nehmen, um zu erklären, was es bedeutet.

Es gibt nicht nur einen einzigen Ökozuschlag, sondern ganz viele: Einige für elektrischen Strom, andere für diverse Treibstoffe, wieder andere für Zement und so weiter. Die Höhe des Ökozuschlags hängt davon ab, was Sie ersetzen wollen und wodurch. So ist zum Beispiel der Ökozuschlag für CO_2-freies Flugbenzin nicht der gleiche wie für Solarstrom. Ich möchte Ihnen mit einem Beispiel zeigen, wie Ökozuschläge in der Praxis funktionieren.

Der durchschnittliche Abgabepreis für einen Liter Kerosin lag in den vergangenen paar Jahren bei 0,59 Dollar pro Liter. Biokraftstoffe der zweiten Generation für Düsenflugzeuge, soweit sie denn zu bekommen sind, kosten im Durchschnitt 1,41 Dollar pro Liter. Der Ökozuschlag für CO_2-freien Kraftstoff ist demnach die Differenz aus diesen beiden Preisen, also 0,82 Dollar. Das ist ein Zuschlag von fast 140 Prozent. (In Kapitel 7 werde ich das alles etwas ausführlicher erklären.)

In seltenen Fällen kann der Ökozuschlag negativ sein – das heißt, eine umweltfreundliche Alternative kann sogar *billiger* sein, als bei fossilen Brennstoffen zu bleiben. So werden Sie zum Beispiel unter Umständen – je nachdem, wo Sie leben – Ihre Kosten senken können, wenn Sie Ihre Erdgas-Heizungsanlage

* Zum Thema Green Premium (Ökozuschlag) habe ich mich von zahlreichen Experten beraten lassen, unter anderem von der Rhodium Group, von Evolved Energy Research sowie dem Klimaforscher Dr. Ken Caldeira. Nähere Informationen zur Berechnung der Ökozuschläge in diesem Buch finden Sie unter https://www.breakthroughenergy.org.

und Ihre Klimaanlage durch eine elektrische Wärmepumpe ersetzen. In Oakland würden Sie dadurch 14 Prozent Ihrer Heiz- und Kühlkosten einsparen können, während es in Houston sogar 17 Prozent wären.

Man könnte denken, dass eine Technologie mit einem negativen Ökozuschlag schon in aller Welt eingeführt worden wäre. Im Großen und Ganzen ist das auch so, aber normalerweise dauert es nach der Vorstellung einer neuen Technologie eine Weile, bis sie flächendeckend eingesetzt wird – vor allem, wenn es um Dinge wie Heizungsanlagen geht, die ja nicht allzu häufig ersetzt werden.

Sobald wir die Ökozuschläge für all die großen emissionsfreien Optionen ausgerechnet haben, können wir uns ernsthaft über die notwendigen Kompromisse unterhalten. Wie viel sind wir bereit, für ökologische Alternativen auszugeben? Werden wir Biokraftstoffe der zweiten Generation einsetzen, wenn sie doppelt so teuer sind wie Kerosin? Werden wir Ökozement kaufen, wenn er doppelt so viel kostet wie der konventionelle Baustoff?

Übrigens: Wenn ich frage, wie viel wir zu zahlen bereit sind, meine ich »wir« in einem globalen Sinne. Die Frage ist ja nicht nur, was Nordamerikaner und Europäer sich leisten können. Es sind ja durchaus Ökozuschläge denkbar, die so hoch sind, dass zwar die Vereinigten Staaten willens und in der Lage sind, sie zu zahlen, Indien, China, Nigeria und Mexiko aber nicht. Wir müssen erreichen, dass die Zuschläge so niedrig sind, dass alle Länder der Welt emissionsfrei werden können.

Ein Problem ist zugegebenermaßen, dass es schwierig ist, Ökozuschläge zu berechnen. Um sie realistisch zu schätzen, müssen eine Menge Randbedingungen festgelegt werden; für dieses Buch habe ich die Annahmen getroffen, die ich für vernünftig halte, aber andere wohlinformierte Menschen würden vielleicht von anderen Annahmen ausgehen und zu anderen Zahlen kommen. Freilich kommt es weniger auf die genauen Kosten an, als vielmehr darauf, ob eine bestimmte saubere Technologie zumindest annähernd so billig ist wie ihr konventionelles, auf fossilen

Brennstoffen basierendes Gegenstück – und bei denen, wo das nicht der Fall ist, gilt es, darüber nachzudenken, wie ihre Kosten durch Innovation gesenkt werden können.

Ich hoffe, dass die Ökozuschläge in diesem Buch der Anfang einer längeren Diskussion über die Kosten sein werden, die auf dem Weg zur Null zu erwarten sind. Ich hoffe, dass andere ihre eigenen Berechnungen anstellen werden, und würde mich besonders freuen zu hören, dass einige der Zuschläge nicht so hoch sind, wie ich meine. Die von mir für dieses Buch berechneten Ökozuschläge sind kein perfektes Tool, um Kosten zu vergleichen, aber sie sind besser als gar kein Tool.

Vor allem sind Ökozuschläge ein fantastisches Kriterium, um Entscheidungen zu treffen. Sie helfen uns, unsere Zeit, Aufmerksamkeit und finanziellen Mittel optimal einzusetzen. Aufgrund der unterschiedlichen Zuschläge können wir entscheiden, welche bereits vorhandenen CO_2-freien Lösungen wir jetzt umsetzen sollten und wo wir technologische Durchbrüche vorantreiben müssen, weil die sauberen Alternativen nicht billig genug sind. Ökozuschläge helfen uns, Fragen wie diese zu beantworten:

Welche CO_2-freien Optionen sollten wir jetzt umsetzen?
Antwort: Die mit dem niedrigsten oder gar keinem Ökozuschlag. Wenn wir diese Lösungen nicht schon jetzt umsetzen, ist das ein Zeichen dafür, dass es nicht die Kosten sind, die im Wege stehen. Es muss etwas anderes sein – etwa überholte gesetzliche Vorschriften oder mangelndes öffentliches Bewusstsein –, was uns daran hindert, sie im großen Stil umzusetzen.

Auf welche Bereiche müssen wir unsere Forschungs- und Entwicklungsetats, unsere Risikokapitalgeber und unsere besten Erfinder fokussieren?
Antwort: Auf alle Bereiche, in denen wir die Ökozuschläge zu hoch finden. Dort werden uns die zusätzlichen Kosten davon abhalten, CO_2-frei zu werden – und dort werden sich Möglichkeiten für neue Technologien, Unternehmen

und Produkte eröffnen, um die Kosten ökologischer Alternativen zu senken. Länder, die in Forschung und Entwicklung führend sind, können neue Produkte entwickeln, sie erschwinglicher machen und dann in Regionen exportieren, welche die aktuellen Zuschläge nicht zahlen können. Dann wird niemand darüber streiten müssen, ob jedes Land seinen fairen Beitrag dazu leistet, eine Klimakatastrophe zu verhindern – stattdessen werden alle Länder und Unternehmen darum konkurrieren, die erschwinglichen Innovationen zu entwickeln und zu vermarkten, welche die Menschheit auf ihrem Weg zur Null voranbringen können.

Darüber hinaus hat das Ökozuschlag-Konzept einen letzten Vorteil: Es kann genutzt werden, um quantitativ zu erfassen, wie weit wir vorankommen auf dem Weg, den Klimawandel aufzuhalten.

In dieser Hinsicht erinnern mich Ökozuschläge an ein Problem, das sich Melinda und mir stellte, als wir anfingen, uns im Bereich globale Gesundheit zu engagieren. Die Experten konnten uns zwar sagen, wie viele Kinder jedes Jahr auf der Welt starben – aber sie konnten uns nicht viel über die Ursachen dieser Todesfälle sagen. Wir wussten, dass ein bestimmter Anteil dieser Kinder gestorben war, weil sie Durchfall hatten, aber wir wussten nicht, was den Durchfall überhaupt verursacht hatte. Wie konnten wir in Erfahrung bringen, welche Innovationen solchen Kindern möglicherweise das Leben retten könnten, solange wir nicht wussten, woran sie starben?

Also haben wir in Zusammenarbeit mit Partnern in aller Welt diverse Studien finanziert, um herauszufinden, woran diese Kinder gestorben waren. Über kurz oder lang gelang es uns, wesentlich detailliertere Daten über solche Todesfälle zu erfassen, und diese Daten zeigten uns den Weg zu großen Durchbrüchen. So fanden wir zum Beispiel heraus, dass sehr viele Kinder an Lungenentzündung starben. Zwar gab es bereits einen Impfstoff gegen Lungenentzündung, doch er war so teuer, dass die armen Länder ihn nicht kauften. (Sie waren dazu auch kaum motiviert, weil sie keine Ahnung hatten, wie viele Kinder an Lungenentzündung sterben.) Sobald sie jedoch die Daten gesehen hatten – und Spender bereit waren, den größten Teil der Kosten zu decken –, begannen diese Länder, den Impfstoff in ihre Gesundheitsvorsorgeprogramme aufzunehmen. Zu guter Letzt gelang es uns, die Produktion eines wesentlich billigeren Impfstoffs zu fördern, der heute in vielen Ländern rings um die Erde eingesetzt wird.

Im Hinblick auf Treibhausgasemissionen können Ökozuschläge etwas Ähnliches erreichen. Sie liefern uns mehr Informationen als nur die einfache Menge der Emissionen, die uns zwar zeigt, wie weit wir noch von der Null entfernt sind, uns aber nichts darüber sagen kann, wie schwierig es sein wird, *die Null zu erreichen*. Was würde es kosten, die CO_2-freien Tools einzusetzen, die wir schon jetzt haben? Welche Innovationen werden den größten Effekt auf Emissionen entfalten? Ökozuschläge beantworten diese Fragen, sie erfassen Branche für Branche, wie teuer es wird, auf null zu kommen, und zeigen, wo wir Innovationen vorantreiben müssen – ganz so, wie uns die Daten zeigten, dass wir uns auf einen erschwinglichen Impfstoff gegen Lungenentzündung konzentrieren mussten.

In manchen Fällen, etwa bei dem oben erwähnten Beispiel »Kerosin«, ist das direkte Verfahren zur Einschätzung des Ökozuschlags einfach. Wenn wir es jedoch allgemein anwenden wollen, haben wir ein Problem: Derzeit gibt es nicht in allen Fällen ein direktes umweltfreundliches Äquivalent. So etwas wie CO_2-freien Zement gibt es nicht (jedenfalls noch nicht). Wie können wir also auch in solchen Fällen ein Gefühl für die Kosten einer umweltverträglichen Lösung bekommen?

Mithilfe dieses Gedankenexperiments: »Wie viel würde es kosten, das emittierte CO_2 einfach wieder direkt aus der Atmosphäre zu saugen?« Diese Idee hat einen Namen – sie ist als *Direct Air Capture* (DAC) bekannt. (Dabei wird Luft über ein Gerät geblasen, das CO_2 absorbiert, und dann wird das CO_2 permanent eingelagert.) DAC ist eine teure und bisher weitgehend unerprobte Technologie, die jedoch, wenn sie im großen Maßstab funktionieren kann, uns in die Lage versetzen würde, CO_2 wieder einzufangen – ganz gleich, wann und wo es freigesetzt wurde. Die einzige DAC-Anlage, die derzeit in Betrieb ist, befindet sich in der Schweiz, und vielleicht absorbiert sie gerade in diesem Moment Gas, das vor zehn Jahren von einem texanischen Kohlekraftwerk ausgespuckt wurde.

Um abzuschätzen, wie viel dieser Lösungsansatz kosten würde, brauchen wir nur zwei Zahlen: die Gesamtmenge der weltweiten Emissionen und die Kosten der Absorption von Emissionen durch DAC.

Die erste Zahl kennen wir schon: Es sind 52 Milliarden Tonnen pro Jahr. Was es kostet, per DAC eine Tonne CO_2 aus der Atmosphäre zu entnehmen, ist noch nicht endgültig klar, aber es dürften wohl mindestens 200 Dollar pro Tonne sein. Mit einigen Innovationen sollten wir realistischerweise in der Lage sein, das auf 100 Dollar pro Tonne zu drücken, und daher werde ich hier diese Zahl verwenden.

Das ergibt folgende Rechnung:

52 Milliarden Tonnen/Jahr x 100 Dollar/Tonne =
5,2 Billionen Dollar/Jahr

Mit anderen Worten: Wenn wir den DAC-Ansatz verfolgen wollen, um das Klimaproblem zu lösen, würde das etwa 5,1 Billionen Dollar pro Jahr kosten – jedes Jahr, solange wir Emissionen produzieren. Das entspricht etwa 6 Prozent der globalen Wirtschaftsleistung. (Das ist ein enormer Betrag, aber dennoch wäre diese theoretische DAC-Technologie weit billiger als der Versuch, bestimmte Sektoren der Wirtschaft stillzulegen, wie es während der COVID-19-Pandemie gemacht wurde. Laut Daten der Rhodium Group verursachte der Lockdown in den Vereinigten Staaten Kosten für die US-Wirtschaft zwischen 2600 und 3300 Dollar pro Tonne Treibhausgas;[26] in der Europäischen

Union waren es über 4000 Dollar pro Tonne. Mit anderen Worten: Der Lockdown kostete das 25- bis 40-Fache der 100 Dollar pro Tonne, die wir eines Tages zu erreichen hoffen.)

Wie gesagt ist der DAC-basierte Lösungsansatz eigentlich nur ein Gedankenexperiment. Tatsächlich ist die DAC-Technologie noch nicht ausgereift genug, um global eingesetzt zu werden, und selbst wenn, wäre sie eine extrem ineffiziente Methode, das CO_2-Problem der Menschheit zu lösen. So ist zum Beispiel keineswegs klar, ob wir Hunderte von Milliarden Tonnen CO_2 irgendwo sicher einlagern könnten. Und es gibt keine praktikable Methode, um jedes Jahr 5,1 Billionen Dollar einzusammeln oder sicherzustellen, dass alle ihren fairen Anteil zahlen (und schon das Festlegen dieses Anteils für jedes Land würde zu erbitterten politischen Grabenkämpfen führen). Nur um die Emissionen in den Griff zu bekommen, die wir heute produzieren, müssten wir weltweit über 50 000 DAC-Anlagen bauen. Hinzu kommt, dass DAC für Methan und andere Treibhausgase nicht funktioniert, sondern nur für CO_2. Und wahrscheinlich wäre es die teuerste Lösung – in vielen Fällen wird es billiger sein, die Treibhausgase gar nicht erst freizusetzen.

Selbst wenn DAC eines Tages so weit sein sollte, um im globalen Maßstab eingesetzt zu werden – und das sage ich, obwohl ich ein unverbesserlicher Optimist bin, wenn es um Technologie geht –, würde es mit an Sicherheit grenzender Wahrscheinlichkeit nicht schnell genug entwickelt und eingesetzt werden können, um massive Umweltschäden zu verhindern. Leider können wir nicht einfach auf eine zukünftige Technologie wie DAC warten, um gerettet zu werden – wir müssen schon heute anfangen, uns selbst zu retten.

► *Tipp: Behalten Sie die Ökozuschläge im Hinterkopf, und fragen Sie, ob sie so niedrig sind, dass auch Länder mit mittleren Einkommen sie zahlen können.*

Hier ist eine Zusammenfassung aller fünf Tipps:

1. Rechnen Sie in Tonnen angegebene Emissionen in einen Prozentsatz von 52 Milliarden um.
2. Denken Sie daran, dass wir Lösungen finden müssen für alle fünf Bereiche, aus denen Emissionen kommen: Industrieproduktion, Stromerzeugung, Landwirtschaft, Transport und Verkehr sowie Kühlen und Heizen.
3. Kilowatt = Haus. Gigawatt = mittelgroße Stadt. Hunderte Gigawatt = großes, reiches Land.
4. Bedenken Sie, wie viel Platz für einen Lösungsansatz gebraucht würde.
5. Behalten Sie die Ökozuschläge im Hinterkopf, und fragen Sie, ob sie so niedrig sind, dass auch Länder mit mittleren Einkommen sie zahlen können.

KAPITEL 4

Stromerzeugung

26 Prozent von 52 Milliarden Tonnen pro Jahr

Wir haben eine Liebesaffäre mit Strom, doch die meisten von uns sind sich dessen gar nicht bewusst. Strom ist immer für uns da, wenn wir ihn brauchen: Er sorgt dafür, dass unsere Straßenlaternen, Klimaanlagen, Computer und Fernseher immer funktionieren. Er liefert die Energie für alle möglichen industriellen Prozesse, über welche die meisten von uns lieber nicht nachdenken wollen. Aber wie es ja manchmal so ist im Leben, erkennen wir nicht, wie viel er uns bedeutet, bis er nicht mehr da ist. In den USA sind Stromausfälle so selten, dass die Menschen sich auch zehn Jahre später noch an das eine Mal erinnern, als die Lichter ausgingen und sie im Fahrstuhl stecken blieben.

Auch mir war nicht immer bewusst, wie sehr wir auf elektrischen Strom angewiesen sind, doch im Laufe der Jahre habe ich allmählich begriffen, wie unentbehrlich er ist. Und heute weiß ich zu würdigen, was alles gebraucht wird, um dieses Wunder der Technik zu vollbringen. Tatsächlich kann ich sagen, dass ich von Ehrfurcht erfüllt bin angesichts all der physischen Infrastruktur, die notwendig ist, um elektrischen Strom so billig, flächendeckend und zuverlässig zur Verfügung zu stellen. Es grenzt an Zauberei, dass wir heute beinahe überall in jedem wohlhabenden Land einen Schalter anknipsen und erwarten können, dass für Bruchteile eines Cents das Licht angeht. Und zwar buchstäblich: In den USA kostet es etwa einen halben Cent, eine 40-Watt-Glühbirne eine Stunde lang brennen zu lassen.

Nach einem Familienausflug an den Vulkan Þríhnúkagígur in Island im Jahr 2015 haben Rory und ich uns das Erdwärmekraftwerk in dessen Nähe angesehen.[27]

Ich bin nicht der einzige in unserer Familie, der so über Strom denkt: Früher haben mein Sohn Rory und ich uns hin und wieder ein Kraftwerk angesehen, aus reinem Interesse, nur um zu sehen, wie es funktioniert.

Ich bin froh, dass ich so viel Zeit investiert habe, um mehr über elektrischen Strom zu erfahren. Zum einen war es eine großartige Vater-Sohn-Aktivität. (Im Ernst.) Und außerdem ist der wichtigste einzelne Schritt, den wir machen müssen, um eine Klimakatastrophe aufzuhalten, dass wir herausfinden, wie wir all die Vorteile von billigem und zuverlässigem Strom nutzen können, ohne Treibhausgase zu produzieren. Einerseits, weil die Stromerzeugung eine der Hauptursachen der Klimaveränderung ist, und andererseits, weil wir mithilfe von CO_2-freiem Strom eine Menge anderer Aktivitäten von Emissionen befreien kön-

Etwa 860 Millionen Menschen haben keinen zuverlässigen Zugang zu elektrischem Strom. In Subsahara-Afrika ist nicht einmal die Hälfte der Bevölkerung an das Stromnetz angeschlossen. (IEA)[28]

nen – etwa Verkehr und Industrieproduktion. Die Energie, die wir aufgeben, wenn wir keine Kohle, kein Erdgas und Öl mehr verwenden, muss irgendwo herkommen, und hauptsächlich wird sie durch sauberen Strom geliefert werden. Aus diesem Grund schreibe ich zuerst über die Stromerzeugung, obwohl die Industrieproduktion für mehr Emissionen verantwortlich ist.

Davon abgesehen sollten *mehr* Menschen elektrischen Strom bekommen und nutzen können. In Subsahara-Afrika hat über die Hälfte der Bevölkerung keine zuverlässige Stromversorgung zu Hause. Und wenn Sie überhaupt keinen Zugang zu Strom haben, wird selbst eine scheinbar so einfache Aufgabe wie das Aufladen des Handy-Akkus schwierig und teuer: Sie müssen zu Fuß zum nächsten Kiosk gehen und 25 Cent oder mehr zahlen, um Ihr Handy einstöpseln zu dürfen – ein Vielhundertfaches dessen, was Strom in entwickelten Ländern kostet.

Ich erwarte ja keineswegs, dass jeder Mensch Stromnetze und Trafos genauso spannend findet wie ich. (Sogar ich kann erkennen, dass jemand ein ziemlich großer Nerd sein muss, um so einen Satz zu schreiben: »Ich bin von Ehrfurcht erfüllt angesichts all der physischen Infrastruktur.«) Doch ich glaube, wenn wir alle einmal darüber nachdenken würden, was eigentlich notwendig ist, um diesen Service bereitzustellen, den wir heute für selbstverständlich halten, würden wir das mehr zu schätzen wissen. Alle Verfahren, mit denen wir in Zukunft CO_2-freien

Strom erzeugen wollen, werden ebenso zuverlässig und fast so erschwinglich sein müssen wie die, die wir heute einsetzen.

In diesem Kapitel möchte ich erklären, was nötig sein wird, damit wir die Eigenschaften, die wir am Strom schätzen – dass er billig und immer verfügbar ist –, auch in Zukunft bekommen und noch mehr Menschen zur Verfügung stellen können, ohne dabei Treibhausgase zu emittieren. Die Geschichte fängt damit an, wie wir dorthin gekommen sind, wo wir heute stehen, und wohin wir von hier aus gehen.

Wenn man bedenkt, wie allgegenwärtig elektrischer Strom heute ist, vergisst man leicht, dass er erst ein paar Jahrzehnte nach Beginn des 20. Jahrhunderts zu einem wichtigen Faktor im Leben der meisten US-Bürger wurde. Eine der wichtigsten frühen Stromquellen war keine von denen, an die wir heute zuerst denken – Kohle, Öl oder Erdgas –, sondern Wasser, und zwar in Form von Wasserkraft.

Wasserkraft hat einen großen Vorteil – sie ist relativ billig –, aber auch ein paar große Nachteile. Wenn ein Stausee angelegt wird, müssen die örtlichen Gemeinden und Wildtiere weichen. Wenn Böden, die viel Kohlenstoff enthalten, mit Wasser bedeckt werden, wird aus diesem Kohlenstoff letzten Endes Methan, das in die Atmosphäre aufsteigt. Einschlägige Studien haben gezeigt, dass aus diesem Grund ein Staudamm – je nachdem, wo er gebaut wurde – über einen Zeitraum von fünfzig bis hundert Jahren betrachtet tatsächlich für mehr Emissionen verantwortlich sein kann als ein Kohlekraftwerk; erst dann hat er all die Methanemissionen wettgemacht, die durch seinen Bau verursacht wurden.* [29] Zudem hängt die Energiemenge, die

* Diese Berechnungen stammen aus einer Lebenszyklusanalyse von Staudämmen. Die *Lebenszyklusanalyse* (auch als *Ökobilanz* bekannt) ist ein interessantes Verfahren, bei dem alle Treibhausgasemissionen dokumentiert werden, die ein bestimmtes Produkt von seiner Herstellung bis zum Ende seiner Nutzungsdauer verursacht. Eine solche Ökobilanz ist eine

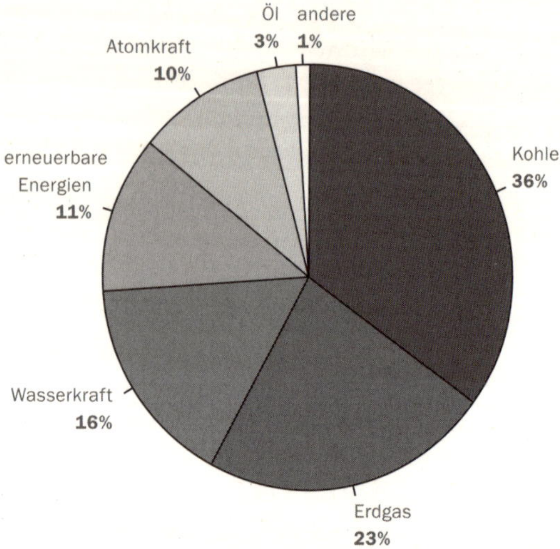

Es wird nicht einfach sein, den weltweiten Strombedarf aus sauberen Energiequellen zu decken. Heute entfallen etwa zwei Drittel des weltweit erzeugten Stroms auf fossile Brennstoffe. (bp Statistical Review of World Energy, 2021)[30]

ein Wasserkraftwerk erzeugen kann, von der Jahreszeit ab, da es auf Bäche und Flüsse angewiesen ist, die aus Niederschlägen gespeist werden. Und natürlich kann ein Wasserkraftwerk nicht irgendwo gebaut werden, sondern nur dort, wo es einen geeigneten Fluss gibt.

Für fossile Brennstoffe gilt diese Einschränkung nicht. Kohle, Öl und Erdgas können aus dem Boden geholt und dorthin transportiert werden, wo das Kraftwerk steht. Dort werden sie verbrannt, mit der Hitze wird Wasser zum Kochen gebracht, und

nützliche Methode, um die Klimafolgen diverser Technologien zu analysieren; da sie aber auch ziemlich kompliziert ist, werde ich mich in diesem Buch auf direkte Emissionen konzentrieren, da sie leichter zu erklären sind und meist ohnehin zu den gleichen Schlussfolgerungen führen.

mit dem dadurch entstehenden Dampf eine Turbine angetrieben, die elektrischen Strom erzeugt.

Aufgrund all dieser Vorteile haben wir in den USA den nach dem Ende des Zweiten Weltkriegs rapide steigenden Strombedarf durch fossile Brennstoffe gedeckt. Sie lieferten den Großteil der in der zweiten Hälfte des 20. Jahrhunderts neu errichteten Kraftwerkskapazitäten – etwa 700 Gigawatt, das 60-Fache dessen, was vor dem Krieg installiert gewesen war.

Im Laufe der Zeit ist Strom außerordentlich billig geworden. Eine einschlägige Studie kam zu dem Ergebnis, dass er im Jahr 2000 mindestens 200-mal erschwinglicher war als 1900.[31] Heute geben die USA nur 2 Prozent ihres BIPs für elektrischen Strom aus, einen erstaunlich niedrigen Anteil, wenn man bedenkt, wie sehr wir auf Strom angewiesen sind.

Er ist vor allem deswegen so billig, weil fossile Brennstoffe billig sind – sie sind reichlich vorhanden, und wir haben immer bessere und effizientere Verfahren entwickelt, um sie abzubauen und zu verstromen. Zudem sind viele Regierungen sehr darum bemüht, die Preise von fossilen Brennstoffen niedrig zu halten und ihre Produktion zu fördern.

In den Vereinigten Staaten haben wir das seit den ersten Tagen der Republik so gehalten: Schon 1789 verabschiedete der Kongress den ersten Schutzzoll auf Importkohle. Als die US-Bundesstaaten Anfang des 19. Jahrhunderts erkannten, wie wichtig Kohle für die Eisenbahngesellschaften war, begannen sie, die Branche von bestimmten Steuerarten zu befreien, und schufen darüber hinaus andere Anreize, um den Kohlebergbau zu fördern. Als 1913 die Körperschaftsteuer eingeführt wurde, erhielten Öl- und Gasproduzenten das Recht, bestimmte Ausgaben von der Steuer abzusetzen, auch ihre Bohrkosten. Insgesamt entsprachen diese Steuervergünstigungen in der Zeit von 1950 bis 1978 Subventionen in Höhe von etwa 42 Milliarden Dollar (umgerechnet in heutige Dollar) für Kohle- und Erdgasproduzenten, und sie sind auch heute noch geltendes Recht.[32] Davon abgesehen profitieren Kohle- und Erdgasproduzenten von

Dieser Flyer, der ein Kohlebergwerk in Connellsville, Pennsylvania zeigt, stammt aus der Zeit um 1900.[33]

günstigen Pachtbedingungen für Land, das sich im Besitz der Bundesregierung befindet.

Mit dieser Politik stehen die Vereinigten Staaten nicht allein. Die meisten Länder greifen zu diversen Maßnahmen, um fossile Brennstoffe billig zu halten. Laut einer Schätzung der Internationalen Energieagentur (IEA) summierten sich 2018 die staatlichen Subventionen für den Verbrauch fossiler Brennstoffe auf 400 Milliarden Dollar[34] – was einer der Gründe dafür ist, dass sie ein so beständiger Teil unserer Stromversorgung sind. Der Anteil der weltweiten Stromerzeugung, der auf Kohleverstromung entfällt (etwa 40 Prozent), hat sich seit dreißig Jahren nicht geändert. Öl und Erdgas liegen zusammengenommen seit dreißig Jahren bei etwa 26 Prozent. Alles in allem liefern fossile Brennstoffe zwei Drittel des weltweiten Strombedarfs, während Solar- und Windenergie auf 6 Prozent kommen.

Mitte 2019 waren rings um die Welt Kohlekraftwerke mit einer Gesamtkapazität von etwa 236 Gigawatt im Bau. Heute sind Kohle und Erdgas die bevorzugten Energieträger der Entwicklungsländer, deren Strombedarf in den vergangenen paar Jahrzehnten in die Höhe geschossen ist. Von 2000 bis 2018 hat China die Menge der aus Kohle erzeugten Energie, die es verbraucht, verdreifacht – das ist mehr als in den USA, Mexiko und Kanada zusammengenommen!

Können wir diese Entwicklung umkehren und all den elektrischen Strom, den wir brauchen werden, ohne Treibhausgasemissionen erzeugen?

Das kommt darauf an, wer mit »wir« gemeint ist. Die Vereinigten Staaten können diesem Ziel ziemlich nahekommen, wenn sie den Ausbau von Wind- und Solarenergie mit der richtigen Politik fördern und bestimmte Innovationen energisch vorantreiben. Aber kann die ganze Welt auf CO_2-freien Strom umsteigen? Das wird wesentlich schwieriger werden.

Fangen wir mit den Ökozuschlägen für elektrischen Strom in den Vereinigten Staaten an. Eigentlich ist es eine gute Nachricht: Wir können unsere Emissionen mit einem nur geringen Ökozuschlag eliminieren.

Beim Strom setzt sich der Zuschlag aus den zusätzlichen Kosten zusammen, die entstehen, wenn wir unseren gesamten Strom aus emissionsfreien Quellen wie Wind-, Solar- und Kernenergie erzeugen und Kohle- und Erdgaskraftwerke mit Geräten nachrüsten, die das produzierte CO_2 abscheiden. (Bedenken Sie, dass das Ziel nicht ist, ausschließlich erneuerbare Energien wie Wind- und Solarenergie zu verwenden; das Ziel ist vielmehr, die Emissionen auf null zu bringen. Darum beziehe ich auch diese anderen CO_2-freien Optionen mit ein.)

Wie hoch ist der Zuschlag? Würde die gesamte US-Stromversorgung auf CO_2-freie Quellen umgestellt, dann würde dadurch der durchschnittliche Endverbraucher-Strompreis um etwa 1,3 bis 1,7 US-Cent pro Kilowattstunde steigen; das wären etwa 15 Prozent mehr, als die meisten US-Bürger heute zahlen. Das läuft auf einen Ökozuschlag von 18 Dollar pro Monat für einen durchschnittlichen Haushalt hinaus – ziemlich erschwinglich für die meisten US-Bürger, wenn auch möglicherweise nicht für Geringverdiener, die schon heute ein Zehntel ihres Einkommens für Energie ausgeben.

(Wahrscheinlich sind Sie mit »Kilowattstunden« vertraut, wenn Sie Stromrechnungen bezahlen, da sie die Abrechnungseinheit für Stromverbrauch sind. Jedenfalls ist eine Kilowattstunde eine Maßeinheit dafür, wie viel Strom Sie in einem bestimmten Zeitraum verbrauchen. Wenn Sie eine Stunde lang ein Kilowatt Strom verbrauchen, dann haben Sie eine Kilowattstunde verbraucht. Der typische US-Haushalt verbraucht 29 Kilowattstunden pro Tag. Im Durchschnitt über alle Kundenkategorien und alle US-Bundesstaaten kostet eine Kilowattstunde Strom etwa 10 US-Cent; in manchen Gegenden kann es allerdings mehr als das Dreifache sein.)

Es ist erfreulich, dass die Ökozuschläge in den USA so niedrig sein könnten. Europa ist in einer ähnlich günstigen Lage; eine Studie eines europäischen Branchenverbands kommt zu dem Ergebnis, dass durch die Dekarbonisierung des europäischen Stromnetzes um 90 bis 95 Prozent die Strompreise im Durchschnitt um etwa 20 Prozent steigen würden.[35] (Diese Studie verwendet bei der Berechnung des Ökozuschlags eine andere Methodik als ich für die USA.)

Leider sind nur wenige andere Länder in einer so glücklichen Lage. Die Vereinigten Staaten haben ein großes Potenzial an erneuerbaren Energien, unter anderem Wasserkraft im Pazifischen Nordwesten, starken Wind im Mittleren Westen sowie rund ums Jahr Solarenergie im Südwesten des Landes und in Kalifornien. Andere Länder haben vielleicht etwas Sonne, aber keinen Wind, oder etwas Wind, aber wenig Sonne rund ums Jahr, oder sie haben von beidem nicht viel. Und vielleicht haben sie eine geringe Kreditwürdigkeit, wodurch es für sie schwierig wird, große Investitionen in neue Kraftwerke zu finanzieren.

Afrika und Asien sind in der schwierigsten Lage. Im Laufe der vergangenen Jahrzehnte hat China eine der größten Leistungen der Menschheitsgeschichte vollbracht – nämlich, Hunderte von Millionen Menschen aus ihrer Armut zu befreien. Das ist unter anderem dadurch gelungen, dass Kohlekraftwerke sehr kostengünstig gebaut wurden. Die chinesischen Kraftwerksbauer haben es geschafft, die Kosten der Errichtung eines Kohlekraftwerks um erstaunliche 75 Prozent zu senken. Und jetzt wünschen sie sich verständlicherweise mehr Kunden und machen viel Wirbel, um die nächste Welle der Entwicklungsländer anzulocken: Indien, Indonesien, Vietnam, Pakistan und zahlreiche Staaten in ganz Afrika.

Was werden diese potenziellen neuen Kunden tun? Werden sie Kohlekraftwerke bauen oder einen sauberen Weg einschlagen? Das kommt auf ihre Ziele und Optionen an. Kleine Solaranlagen können eine Option für Menschen in armen, ländlichen Gegenden sein, die ihre Smartphones laden und nachts ein bisschen Licht haben wollen. Aber solche Lösungen werden nie die enormen Mengen an billigem, rund um die Uhr verfügbarem Strom liefern können, die solche Länder brauchen, um ihre wirtschaftliche Entwicklung anzuschieben. Sie werden versuchen, dem chinesischen Beispiel zu folgen, und das Wachstum der Wirtschaft fördern, indem sie Fertigungsbetriebe und Callcenter anlocken – die Art von Unternehmen, die viel mehr (und viel zuverlässigeren) Strom brauchen, als kleine Anlagen für erneuerbare Energien heute liefern können.

Wenn solche Länder sich für Kohlekraftwerke entscheiden – wie China und alle reichen Länder es getan haben –, wird das eine Katastrophe fürs Klima sein. Aber zum jetzigen Zeitpunkt ist das ihre wirtschaftlichste Option.

Es ist nicht auf den ersten Blick klar, warum es überhaupt so etwas wie einen Ökozuschlag geben muss. Gaskraftwerke müssen Erdgas kaufen, solange sie in Betrieb sind; Solarfarmen, Windparks und Wasserkraftwerke bekommen dagegen ihre

Energie kostenlos. Und dann gibt es ja noch die Binsenweisheit, dass eine Technologie billiger wird, wenn sie im großen Maßstab eingesetzt wird. Warum soll es also mehr kosten, CO_2-frei zu werden?

Ein Problem ist, dass fossile Brennstoffe so billig sind. Da ihre Preise nicht die wirklichen Kosten des Klimawandels reflektieren – die wirtschaftlichen Schäden, die sie anrichten, indem sie den Planeten erwärmen –, ist es schwieriger für saubere Energiequellen, sich im Wettbewerb gegen sie durchzusetzen. Und wir haben viele Jahrzehnte damit verbracht, ein System aufzubauen, um fossile Brennstoffe aus dem Boden zu holen, Energie aus ihnen zu erzeugen und dorthin zu liefern, wo sie gebraucht wird – und das alles sehr billig.

Ein weiterer Grund ist, dass es wie gesagt in einigen Regionen der Welt einfach keine brauchbaren erneuerbaren Ressourcen gibt. Um in die Nähe von 100 Prozent zu kommen, müssten wir eine Menge sauberer Energie vom Ort ihrer Erzeugung (in sonnigen Gegenden, am besten in Äquatornähe, und in windigen Regionen) dorthin bringen, wo sie gebraucht wird (in windstillen, bewölkten Landstrichen). Das würde es notwendig machen, neue Überlandleitungen zu bauen, ein kostspieliges und zeitaufwendiges Unterfangen – zumal, wenn es über Landesgrenzen hinweggeht –, und je mehr Stromleitungen wir bauen, desto teurer wird der Strom. Tatsächlich entfällt über ein Drittel des Strom-Endpreises auf die Übertragungs- und Verteilungskosten.* Und viele Länder wollen für ihre Stromversorgung nicht von anderen Ländern abhängig sein.

Billiges Öl und teure Überlandleitungen sind jedoch nicht die größten Kostentreiber des Strom-Ökozuschlags. Die Haupt-

* Stellen Sie sich die »Übertragung« als die Autobahn und die »Verteilung« als die örtliche Straße vor. Wir nutzen Hochspannungsleitungen, um Strom vom Kraftwerk in die Stadt zu übertragen. Dann fließt der Strom in das lokale, niederspannigere Verteilnetz – die Stromleitungen, die Sie in Ihrer Nachbarschaft sehen.

schuldigen sind vielmehr unsere Forderung nach Zuverlässigkeit und der Fluch der Intermittenz (Unbeständigkeit).

Sonne und Wind sind intermittente Energiequellen, was bedeutet, dass sie nicht rund um die Uhr und an 365 Tagen im Jahr Strom erzeugen können. Unsere Nachfrage nach Strom ist dagegen keineswegs unbeständig: Wir wollen immer welchen zur Verfügung haben. Wenn also Solar- und Windenergie einen großen Teil unseres Strommixes ausmachen und wir größere Stromausfälle vermeiden wollen, müssen wir auf andere Optionen zurückgreifen, wenn die Sonne nicht scheint und der Wind nicht weht. Entweder müssen wir überschüssige elektrische Leistung in Batterien speichern (was, wie ich gleich erklären werde, unerschwinglich teuer wäre), oder wir müssen andere Energiequellen hinzuziehen, die fossile Brennstoffe nutzen, wie etwa Gaskraftwerke, die nur laufen, wenn sie gebraucht werden. In beiden Fällen entstehen höhere Kosten. Je näher wir dem Ziel von 100 Prozent sauberem Strom kommen, desto größer und teurer wird das Problem der Intermittenz.

Das beste Beispiel für Intermittenz ist, wenn die Sonne abends untergeht und die Versorgung mit Solarstrom unterbricht. Nehmen wir an, wir wollten dieses Problem dadurch lösen, dass wir eine Kilowattstunde überschüssiger elektrischer Energie, die im Laufe des Tages generiert wurde, speichern und sie dann nachts verwenden. (Man würde natürlich viel mehr brauchen, aber ich nehme hier eine Kilowattstunde, damit es sich leichter rechnen lässt.) Um wie viel höher würde unsere Stromrechnung dadurch ausfallen?

Das hängt von zwei Faktoren ab: Wie teuer die Batterie ist, und wie lange sie hält, bevor wir sie ersetzen müssen. Was den Preis angeht, wollen wir annehmen, wir könnten eine Batterie mit einer Kilowattstunde Kapazität für 100 Dollar kaufen. (Das ist eine konservative Schätzung, und ich ignoriere hier erst einmal, was passiert, wenn wir für diese Batterie einen Kredit aufnehmen müssen.) Und was die Haltbarkeit der Batterie angeht, wollen wir annehmen, dass sie auf 1000 Lade- und Entladezyklen ausgelegt ist.

Also verteilen sich die Kapitalkosten dieser Kilowattstunden-Batterie in Höhe von 100 Dollar über 1000 Ladezyklen, was 10 Cent pro Kilowattstunde ergibt. Das kommt zu den Kosten der eigentlichen Stromerzeugung dazu, was im Fall von Solarstrom ungefähr 5 Cent pro Kilowattstunde ausmacht. Mit anderen Worten: Die Kilowattstunde, die wir für den nächtlichen Bedarf speichern, wird *drei Mal* so teuer sein wie Tagstrom – 5 Cent für die Stromerzeugung und 10 Cent für die Speicherung, also insgesamt 15 Cent.

Ich kenne Forscher, die meinen, sie könnten eine Batterie entwickeln, die fünfmal länger hält als jene, die ich hier beschrieben habe. Sie haben es noch nicht geschafft, aber falls es ihnen gelingt, würde das den Zuschlag von 10 auf 2 Cent drücken, was deutlich niedriger ist. Auf jeden Fall ist das Problem der nächtlichen Stromversorgung schon heute lösbar, wenn man bereit ist, einen hohen Zuschlag zu zahlen, und ich bin zuversichtlich, dass wir diesen Zuschlag durch Innovation drücken können.

Leider ist Nacht-Intermittenz nicht das schwierigste Problem, das gelöst werden muss. Die jahreszeitlich bedingten Schwankungen zwischen Sommer und Winter sind eine noch größere Herausforderung. Dafür gibt es verschiedene Lösungsansätze – zum Beispiel Zuspeisung von Strom aus Atomkraftwerken oder aus Gaskraftwerken, die mit einem Gerät ausgestattet sind, das ihre Emissionen absorbiert –, und jedes realistische Szenario wird solche Optionen berücksichtigen. Ich werde weiter unten in diesem Kapitel auf sie zurückkommen, doch zunächst möchte ich der Einfachheit halber das Problem jahreszeitlicher Schwankungen anhand von Batterien beschreiben.

Nehmen wir an, wir wollten eine Kilowattstunde nicht nur einen Tag lang, sondern über eine ganze Jahreszeit speichern. Wir werden sie im Sommer generieren und im Winter verbrauchen, um damit einen Heizlüfter zu betreiben. Diesmal ist der Lebenszyklus der Batterie kein Problem, da wir sie nur einmal im Jahr aufladen.

Aber nehmen wir an, wir müssten den Kauf der Batterie

finanzieren. Jetzt haben wir 100 Dollar an Kapital gebunden. (Natürlich würden Sie keine Batterie für 100 Dollar fremdfinanzieren, aber wenn Sie genug Batterien kaufen wollen, um mehrere Gigawattstunden zu speichern, würden Sie vielleicht einen Kredit brauchen. Und die Rechnung ist die gleiche.) Wenn wir auf das Kapital 5 Prozent Zinsen zahlen und die Batterie 100 Dollar kostet, sind das weitere 5 Dollar an Kosten, um unsere Kilowattstunde zu speichern. Und bedenken Sie dabei, was wir tagsüber für Solarstrom zahlen: nur 5 Cent. Wer würde denn 5 Dollar zahlen, um den Gegenwert von 5 Cent an elektrischer Leistung zu speichern?

Durch jahreszeitlich bedingte Intermittenz und hohe Speicherkosten entsteht noch ein anderes Problem, vor allem für Solarstrom-Großverbraucher – und zwar das Problem von Erzeugungsüberschüssen im Sommer und Erzeugungsdefiziten im Winter.

Da die Erdachse geneigt ist, schwanken Menge, Dauer und Intensität der Sonneneinstrahlung, die auf einen bestimmten Teil der Erdoberfläche trifft, im Laufe der vier Jahreszeiten. Das Ausmaß dieser Schwankungen hängt davon ab, wie weit Sie vom Äquator entfernt sind. In Ecuador ändert sich so gut wie nichts; in der Umgebung von Seattle, wo ich lebe, bekommen wir am längsten Tag des Jahres etwa doppelt so viel Sonnenlicht wie am kürzesten. Im hohen Norden von Kanada oder Russland ist es etwa zwölfmal so viel.*

Um zu sehen, warum diese Schwankungen eine Rolle spielen, wollen wir ein weiteres Gedankenexperiment machen. Stellen Sie sich vor, es gäbe eine Stadt in der Nähe von Seattle – nennen wir sie Suntown –, die rund ums Jahr ein Gigawatt Solarstrom erzeugen will. Wie groß sollte Suntowns Solarfarm sein?

---

* Auch beim Wind gibt es jahreszeitliche Schwankungen. In den Vereinigten Staaten wird in der Regel im Frühjahr am meisten Windenergie erzeugt und im mittleren bis späten Sommer am wenigsten (in Kalifornien ist es allerdings umgekehrt). Der Unterschied kann einem Faktor von 2 bis 4 entsprechen.

Eine Option wäre, genug Solarmodule zu installieren, um im Sommer, wenn es reichlich Sonnenlicht gibt, ein Gigawatt zu erzeugen. Aber dann hätten sie dort im Winter ein Problem, da sie dann nur halb so viel Sonnenlicht abbekommen – das ist ein Erzeugungsdefizit. (Und der Stadtrat weiß ganz genau, dass Speicherung viel zu teuer ist, also hat er sich gegen die Anschaffung von Batterien entschieden.) Oder Suntown könnte so viele Module installieren, wie sie für die kurzen, dunklen Tage im Winter brauchen, aber dann würden sie im Sommer viel mehr Strom erzeugen, als gebraucht wird. Der Strom würde so billig werden, dass die Stadt Schwierigkeiten hätte, die Anschaffungs- und Installationskosten all dieser Solarmodule wieder hereinzuholen.

Die Bürger von Suntown könnten mit dem Erzeugungsüberschuss fertigwerden, indem sie einige ihrer Module im Sommer abstellen, aber dann würden sie Geld in Anlagen investieren, die nur einen Teil des Jahres genutzt werden. Dadurch würden die Stromkosten für jeden Haushalt und jede Firma der Stadt noch weiter steigen – mit anderen Worten, die Kosten würden zu ihrem Ökozuschlag dazukommen.

Die Situation in Suntown ist nicht nur ein fiktives Beispiel. Etwas Ähnliches spielt sich in Deutschland ab, das sich im Zuge seiner ambitionierten Energiewende das Ziel gesetzt hat, den Anteil erneuerbarer Energien bis 2050 auf 60 Prozent zu erhöhen. In den vergangenen zehn Jahren hat das Land etliche Milliarden Euro ausgegeben, um mehr erneuerbare Energien zu nutzen; von 2008 bis 2010 hat es seine Solarkapazitäten um beinahe 650 Prozent ausgebaut. Allerdings wurde im Juni 2018 in Deutschland etwa zehnmal so viel Solarstrom erzeugt wie im Dezember 2018.[36] An manchen Tagen im Sommer erzeugen die deutschen Solar- und Windkraftanlagen so viel Strom, dass nicht alles davon im Land selbst gebraucht werden kann. Wenn das passiert, schicken die Deutschen einen Teil ihrer Überschüsse in die Nachbarländer Polen und Tschechien, deren Regierungen sich mittlerweile beschwert haben, das würde ihre Stromnetze belasten und zu unvorhersehbaren Schwankungen der Stromkosten führen.[37]

Es gibt noch ein anderes Problem, das durch Intermittenz entsteht und sogar noch schwieriger zu lösen ist als die tages- oder jahreszeitlich bedingten Schwankungen. Was passiert, wenn ein Extremereignis eine Stadt zwingt, mehrere Tage lang ganz ohne erneuerbare Energien auszukommen?

Stellen Sie sich eine Zukunft vor, in der Tokio seinen gesamten Strombedarf aus Windkraft deckt. (Japan hat tatsächlich eine ganze Menge Wind zur Verfügung, sowohl im Land selbst als auch vor seinen Küsten.) Eines Tages im August, dem Höhepunkt der Zyklonsaison, fegt ein massiver Sturm über die Stadt hinweg. Der Wind ist so stark, dass er die Windturbinen der Stadt zerstören würde, wenn sie nicht abgestellt werden. Die Stadtverwaltung beschließt, die Turbinen abzuschalten und ausschließlich mit elektrischer Leistung über die Runden zu kommen, die in den besten Hochleistungsbatterien gespeichert ist, die zu bekommen sind.

Jetzt kommt die Frage: Wie viele Batterien würde Tokio brauchen, um die Stadt drei Tage lang mit Strom zu versorgen, bis der Sturm weitergezogen ist und sie ihre Turbinen wieder anstellen können?

Die Antwort: Über 14 Millionen Batterien. Das ist mehr Speicherkapazität, als weltweit in sieben Jahren produziert wird. Anschaffungskosten: 400 Milliarden Dollar. Über die durchschnittliche Lebensdauer der Batterien verteilt sind das Kosten von über 27 Milliarden Dollar pro Jahr.* Und das sind nur die

* Zu diesen Zahlen bin ich folgendermaßen gekommen: Vom 6. bis 8. August 2019 wurden in Tokio 3122 Gigawattstunden Strom verbraucht. Für die Grundlastversorgung bin ich von 5,4 Millionen Flüssigbatterien mit einer System-Lebensdauer von zwanzig Jahren und einem Stückpreis von 36 000 Dollar ausgegangen. Für Spitzenlasten habe ich 9,1 Millionen Lithium-Ionen-Batterien mit einer System-Lebensdauer von zehn Jahren und einem Stückpreis von 23 300 Dollar angesetzt.

Kapitalkosten der Batterien; darin sind noch keine anderen Kosten enthalten, etwa für Installation oder Wartung.

Dieses Beispiel ist völlig hypothetisch. Niemand würde ernsthaft wollen, dass Tokio seinen gesamten Strom aus Windkraft beziehen oder ihn komplett in heute verfügbaren Batterien speichert. Mit diesem Beispiel möchte ich lediglich einen entscheidenden Punkt illustrieren: Es ist außerordentlich schwierig und teuer, elektrische Leistung im großen Umfang zu speichern – aber das ist eines der Dinge, die wir können müssen, wenn wir uns auf intermittente Energiequellen verlassen wollen, um in den kommenden Jahren einen beträchtlichen Anteil an sauberem Strom zu liefern.

Und in den kommenden Jahren werden wir *viel* mehr sauberen Strom brauchen. Die meisten Experten sind sich einig, dass sich durch Elektrifizierung anderer CO_2-intensiver Prozesse, wie Stahlherstellung oder Autofahren, der weltweite Strombedarf bis 2050 wird verdoppeln oder gar verdreifachen müssen. Und dabei ist noch nicht einmal das Bevölkerungswachstum berücksichtigt, oder die Tatsache, dass immer mehr Menschen wohlhabender werden und mehr Strom verbrauchen. Also wird die Menschheit wesentlich mehr als das Dreifache der elektrischen Leistung brauchen, die heute generiert wird.

Da Solar- und Windenergie unbeständig sind, werden wir unsere Stromerzeugungs*kapazität* sogar noch stärker ausbauen müssen. (Die Kapazität gibt an, wie viel Leistung wir theoretisch erzeugen können, wenn die Sonne am hellsten scheint oder der Wind am stärksten bläst; die Erzeugung ist die Menge, die wir tatsächlich bekommen, nachdem Intermittenz, Wartungsunterbrechungen und andere Faktoren berücksichtigt sind. Die Erzeugung ist stets geringer als die Kapazität, und im Falle von variablen Quellen wie Sonne oder Wind kann sie sehr viel geringer sein.)

Da wir so viel mehr Strom brauchen werden, und vorausgesetzt, dass Wind- und Solarenergie dabei eine wichtige Rolle spielen, werden wir, um das gesamte US-Stromnetz bis 2050

CO_2-frei zu machen, über die nächsten drei Jahrzehnte jedes Jahr neue Kapazitäten in Höhe von etwa 75 Gigawatt neu errichten müssen.

Ist das viel? In den vergangenen zehn Jahren haben wir im Durchschnitt pro Jahr neue Kapazitäten in Höhe von 22 Gigawatt hinzugebaut. Jetzt müssen wir jedes Jahr mehr als das Dreifache installieren und dieses Tempo über die nächsten drei Jahrzehnte durchhalten.

Das wird ein bisschen einfacher sein, wenn Solarmodule und Windturbinen billiger und noch effizienter werden – das heißt, wenn wir Methoden entwickeln, um noch mehr Energie aus einer gegebenen Menge an Sonnenlicht oder Wind zu gewinnen. (Die besten heute verfügbaren Solarmodule wandeln etwa ein Viertel des auftreffenden Sonnenlichts in elektrischen Strom um, und das theoretische Maximum für den gängigsten im Handel erhältlichen Modultyp liegt bei etwa 33 Prozent.) In dem Maße, wie diese Konversionsraten steigen, können wir mehr Energie auf der gleichen Fläche erzeugen, was nützlich sein wird, wenn wir diese Technologien im großen Stil einsetzen.

Aber effizientere Module und Turbinen sind nicht genug, da es einen großen Unterschied gibt zwischen dem Infrastrukturausbau der USA im 20. Jahrhundert und dem, was wir im 21. Jahrhundert schaffen müssen: Der Standort wird wichtiger sein denn je.

Seit den Anfängen des Stromnetzes haben die Versorgungsunternehmen die meisten Kraftwerke unweit der rapide wachsenden Städte errichtet, weil es dort relativ einfach war, fossile Brennstoffe von dort, wo sie abgebaut wurden, mit Güterzügen oder über Pipelines in die Kraftwerke zu transportieren, wo sie verbrannt werden, um Strom zu erzeugen. Daher verlassen sich die US-Stromversorger auf Bahnlinien und Pipelines, um Energieträger über weite Entfernungen in Kraftwerke zu transportieren, und dann auf Stromleitungen, um den erzeugten Strom über kurze Distanzen in die Städte zu übertragen, wo er gebraucht wird.

Mit Solar- und Windenergie funktioniert dieses Modell nicht. Sonnenlicht lässt sich nicht mit einem Güterwaggon in ein Kraftwerk transportieren; es muss an Ort und Stelle in Strom umgewandelt werden. Doch in den USA gibt es das meiste Sonnenlicht im Südwesten, und den meisten Wind gibt es über den Great Plains – weit entfernt von den meisten Großstädten.

Kurz gesagt, Intermittenz ist der wichtigste Faktor, der die Kosten in die Höhe treibt, je näher wir dem Ziel von 100 Prozent sauberem Strom kommen. Sie ist der Grund, warum Städte, die CO_2-frei werden wollen, Strom aus Solar- und Windenergie nach wie vor mit Strom aus anderen Quellen ergänzen, etwa aus Gaskraftwerken, die sich je nach Bedarf hoch- und herunterfahren lassen – und solche sogenannten »Peakers« (»Spitzenlastkraftwerke«) sind meilenweit davon entfernt, CO_2-frei zu sein.

Um es noch einmal deutlich zu sagen: Variable Energiequellen wie Sonne und Wind können eine wichtige Rolle spielen, um uns auf null zu bringen. Wir sind sogar *auf sie angewiesen*. Wir sollten möglichst schnell erneuerbare Energien nutzen, wo immer es wirtschaftlich ist. Es ist erstaunlich, wie weit die Kosten von Solar- und Windenergie in den vergangenen zehn Jahren gefallen sind: So wurden zum Beispiel Solarzellen von 2010 bis 2020 um fast das Zehnfache billiger, und der Preis für ein komplettes Solarsystem ist allein im Jahr 2019 um 11 Prozent gesunken. Ein großer Teil dieser Rückgänge ist auf Learning by Doing zurückzuführen – die schlichte Tatsache, dass wir, je öfter wir ein Produkt herstellen, dabei immer besser werden.

Wir müssen die Hürden aus dem Weg räumen, die uns daran hindern, den größten Nutzen aus erneuerbaren Energiequellen zu ziehen. So ist es zum Beispiel ganz natürlich, wenn man sich das US-Stromnetz als ein einziges großes Netzwerk vorstellt, aber tatsächlich sieht es ganz anders aus. Es gibt nicht nur ein einziges Stromnetz, sondern viele, und sie sind ein chaotischer Flickenteppich, der es so gut wie unmöglich macht, Strom aus der Region hinauszuschicken, in der er generiert wird. Arizona kann überschüssigen Solarstrom an seine Nachbarstaaten verkaufen, aber nicht an einen Bundesstaat auf der anderen Seite des Landes.

Dieses Problem könnten wir lösen, indem wir viele Tausende Kilometer Überlandleitungen kreuz und quer durchs Land ziehen, sogenannte Hochspannungsleitungen. Diese Technologie existiert bereits; in den USA sind sogar schon einige solche Leitungen installiert. (Die längste führt vom Bundesstaat Washington nach Kalifornien.) Doch die politischen Hürden, die einem massiven Ausbau unseres Stromnetzes im Weg stehen, sind hoch.

Überlegen Sie nur einmal, wie viele Landbesitzer, Stromversorger, Kommunalverwaltungen und Landesregierungen zusammengebracht werden müssten, um Stromleitungen zu bauen, die Solarenergie aus dem Südwesten die ganze lange Strecke bis zu den Kunden in Neuengland bringen könnten. Allein die Einigung über Streckenführung und Verkehrsrechte wäre eine Sisyphusarbeit; nur allzu viele Leute haben etwas dagegen, wenn eine Stromleitung durch den örtlichen Park gebaut werden soll.

Die Bauarbeiten am TransWest Express, einem Stromleitungsprojekt, mit dem Windenergie von Wyoming nach Kalifornien und in den Südwesten gebracht werden soll, beginnen laut Plan im Jahr 2021. Die Leitungen sollen 2024 in Betrieb gehen – ungefähr 17 Jahre nach Beginn der Planung.

Aber wenn wir das über die Bühne bringen könnten, wäre es bahnbrechend. Ich finanziere ein Projekt, bei dem unter anderem ein Computermodell aller Stromnetze der Vereinigten Staaten entwickelt wurde. Mit diesem Modell haben Experten untersucht, was getan werden muss, damit alle westlichen US-Bundesstaaten Kaliforniens Ziel von 60 Prozent erneuerbaren Energien bis 2030 erreichen können und dass alle östlichen Staaten das New Yorker Ziel von 70 Prozent sauberer Energie bis zum gleichen Jahr erreichen. Sie kamen zu dem Ergebnis, dass die Bundesstaaten das unmöglich schaffen können, ohne das Stromnetz zu verbessern. Das Modell zeigt auch, dass regionale und nationale Ansätze zur Stromübertragung – anstatt jeden Bundesstaat sich selbst zu überlassen – es allen Bundesstaaten ermöglichen würde, die angestrebten niedrigeren Emissionsziele mit 30 Prozent weniger erneuerbaren Energien zu erreichen, als sie sonst brauchen würden. Mit anderen Worten: Wir können Geld sparen, wenn wir an den optimalen Standorten erneuerbare Energien ausbauen, ein einheitliches nationales Netz aufbauen und emissionsfrei erzeugten Strom überall dort hinschicken, wo er gebraucht wird.*

Da in den kommenden Jahren elektrischer Strom eine immer wichtigere Rolle für unsere Energieversorgung insgesamt spielen wird, werden wir Modelle wie dieses für Stromnetze in aller Welt brauchen. Sie werden uns helfen, Fragen wie diese zu beantworten: Welcher Mix aus sauberen Energiequellen wird in einer bestimmten Region am effizientesten sein? Wo sollten Überlandleitungen gebaut werden? Welche regulatorischen Hindernisse stehen im Weg, und welche Anreize müssen wir schaffen? Ich hoffe sehr, dass es noch viele solche Projekte geben wird.

Hier ist eine weitere Komplikation: Wenn unsere Häuser immer weniger fossile Brennstoffe und immer mehr Strom brauchen (zum Beispiel, um Elektroautos zu laden und im Winter zu heizen), werden wir die Leitungskapazität für jeden Haushalt erhöhen müssen – um mindestens den Faktor 2, und in vielen Fällen um mehr als das. Zahlreiche Straßen werden aufgerissen und Strommasten erstiegen müssen, um dickere Kabel, größere Trafos und andere Geräte zu installieren. Also wird die Umstellung in fast jeder Gemeinde sehr deutlich zu spüren sein – und die politischen Entscheidungen werden sich bis auf die kommunale Ebene auswirken.

Vielleicht kann Technologie helfen, einige der politischen Hindernisse zu überwinden, die sich solchen Baumaßnahmen in den Weg stellen. Zum Beispiel verschandeln Stromleitungen die Landschaft nicht, wenn sie unterirdisch verlegt werden. Aber heute ist es fünf- bis zehnmal so teuer, Stromleitungen unter-

* Dieses Modell ist online für die Öffentlichkeit zugänglich. Für nähere Informationen, siehe https://www.breakthroughenergy.org.

irdisch zu verlegen. (Das Problem ist die Überhitzung. Die Leitungen werden heiß, wenn Strom hindurchfließt. Das ist kein Problem, wenn sie auf Masten gespannt sind – die Hitze strahlt einfach in die Umgebungsluft ab –, aber unter der Erde kann die Hitze nirgendwohin, und wenn das Kabel zu heiß wird, schmilzt es.) Einige Firmen forschen an Stromleitungen der nächsten Generation, die das Überhitzungsproblem eliminieren und die Kosten unterirdisch verlegter Stromleitungen deutlich senken würden.

Nichts ist wichtiger, als die heute verfügbaren erneuerbaren Energiequellen zu nutzen und die Stromübertragung zu verbessern. Wenn wir unser überregionales Netz nicht erheblich ausbauen und das stattdessen den Regionen selbst überlassen, würde der Ökozuschlag nicht bei 15 bis 30 Prozent liegen, sondern bei 100 Prozent oder mehr. Wenn wir nicht im großen Stil Atomkraft nutzen (auf die ich im nächsten Abschnitt näher eingehen werde), wird es in den Vereinigten Staaten jeder Weg zur Null notwendig machen, so viele Windkraft- und Solaranlagen zu installieren, wie wir bauen und Flächen dafür finden können. Es ist nicht genau abzusehen, welcher Anteil des US-Stroms letzten Endes aus Erneuerbaren kommen wird, aber wir wissen sehr genau, dass wir sie ab sofort bis mindestens 2050 wesentlich schneller – und zwar etwa fünf- bis zehnmal schneller – ausbauen müssen, als wir es jetzt tun.

Und wir müssen bedenken, dass die meisten Länder nicht in einer so glücklichen Lage sind wie die USA, wenn es um Sonne und Wind geht. Der Umstand, dass wir hoffen können, einen großen Anteil unseres Strombedarfs aus erneuerbaren Energien decken zu können, ist die Ausnahme, nicht die Regel. Das ist der Grund, warum die Welt, selbst wenn wir Sonnen- und Windenergie immer weiter ausbauen, auch ein paar neue Erfindungen für sauberen Strom brauchen wird.

Schon jetzt wird eine Menge großartige Forschungsarbeit geleistet. Wenn es etwas gibt, was ich an meiner Arbeit liebe, dann ist es die Gelegenheit, mit Top-Wissenschaftlern und -Unternehmern zu sprechen und von ihnen zu lernen. Im Laufe der Jahre habe ich durch meine Investitionen in Breakthrough Energy und bei anderen Gelegenheiten von potenziellen Durchbrüchen gehört, welche die Revolution darstellen könnten, die wir brauchen werden, um zu emissionsfreiem Strom zu kommen. Diese Ideen befinden sich in unterschiedlichen Entwicklungsstadien; manche davon sind relativ ausgereift und haben sich in der Praxis bewährt, andere dagegen sind, um es offen zu sagen, völlig verrückt. Aber wir dürfen nicht davor zurückschrecken, in ein paar verrückte Ideen zu investieren – nur so können wir garantieren, dass wir zumindest ein paar Durchbrüche erleben werden.

CO_2-freie Stromerzeugung

Kernspaltung. Hier ist mein Plädoyer für Atomkraft in einem einzigen Satz: Sie ist die einzige CO_2-freie Energiequelle, die zuverlässig und rund um die Uhr elektrischen Strom liefern kann, zu jeder Jahreszeit und fast überall auf der Welt, und die nachgewiesenermaßen im großen Maßstab funktioniert.

Keine andere saubere Energiequelle kommt dem, was die Atomkraft schon heute liefert, auch nur nahe. (Hier meine ich Kernspaltung – das Verfahren, mit dem durch Spalten von Atomen Energie gewonnen wird. Zu ihrem Gegenstück, der Kernfusion, werde ich im nächsten Abschnitt kommen.) Die Vereinigten Staaten erzeugen etwa 20 Prozent ihres Stroms durch Atomkraftwerke; Frankreich hat mit etwa 70 Prozent den höchsten Atomstromanteil der Welt. Zum Vergleich: Solar- und Windenergie liefern zusammen etwa 6 Prozent des weltweiten Strombedarfs.

Eine Zukunft, in der wir unsere Stromversorgung zu tragbaren Kosten CO_2-frei machen könnten, ohne mehr Atomkraft einzusetzen, ist schwer vorstellbar. Im Jahr 2018 analysierte ein

Forscherteam des Massachusetts Institute of Technology (MIT) fast 1000 Szenarien, wie die Vereinigten Staaten auf null kommen könnten; sämtliche der kostengünstigsten Szenarien setzten auch eine Energiequelle ein, die sauber und immer verfügbar ist – also eine wie Atomkraft. Ohne eine solche Energiequelle würde es deutlich mehr kosten, zu emissionsfreiem Strom zu kommen.

Atomkraftwerke sind auch die Nummer eins, wenn es darum geht, Baustoffe wie Zement, Stahl und Glas möglichst effizient zu nutzen. Die folgende Grafik zeigt, wie viel Material verbaut werden muss, um aus verschiedenen Quellen eine bestimmte Menge Strom zu erzeugen:

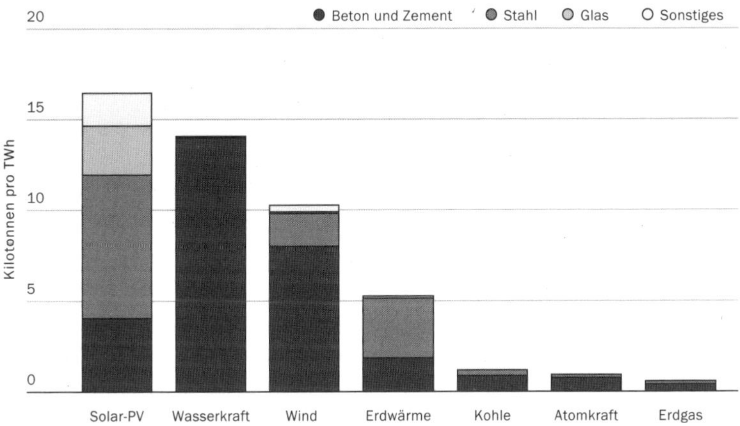

Wie viel Material wird gebraucht, um ein Kraftwerk zu bauen und es zu betreiben? Das hängt vom Typ des Kraftwerks ab. Ein Atomkraftwerk ist am effizientesten – es braucht wesentlich weniger Baumaterial, um eine bestimmte Menge Strom zu erzeugen, als Kraftwerke, die eine andere Energiequelle nutzen. (U.S. Department of Energy)[38]

Sehen Sie, wie niedrig der Stapelbalken für Atomkraft ist? Das bedeutet, dass pro Tonne Baumaterial, das eingesetzt wird, um das Kraftwerk zu bauen und zu betreiben, die Energieausbeute wesentlich höher ist. Angesichts all der Treibhausgase, die bei der Produktion dieser Materialien freigesetzt werden (dazu mehr im nächsten Kapitel), ist das ein wichtiger Faktor. Und bei diesen Zahlen ist noch nicht einmal berücksichtigt, dass für Solarfarmen und Windparks mehr Fläche gebraucht wird als für ein Atomkraftwerk, und dass sie nur in 25 bis 40 Prozent ihrer Laufzeit Energie erzeugen, im Gegensatz zu 90 Prozent bei Kernkraftwerken. Also ist der Unterschied noch dramatischer, als diese Grafik zeigt.

Es ist kein Geheimnis, dass Kernkraft ihre Probleme hat. Heute ist es sehr teuer, ein solches Kraftwerk zu bauen. Durch menschliches Versagen kann es zu Unfällen kommen. Uran, das als Brennstoff genutzt wird, kann in waffenfähiges Material umgewandelt werden. Atommüll ist gefährlich und schwierig zu lagern.

Schlagzeilenträchtige Unfälle wie in Three Mile Island in den Vereinigten Staaten, in Tschernobyl in der früheren UdSSR und im japanischen Fukushima haben all diese Risiken ins Rampenlicht gerückt. Es gibt reale Probleme, die zu diesen Katastrophen führten – anstatt uns jedoch an die Arbeit zu machen, diese Probleme zu lösen, haben wir einfach aufgehört, den Fortschritt auf diesem Gebiet voranzutreiben.

Stellen Sie sich einmal vor, wir alle hätten uns eines Tages zusammengesetzt und gesagt: »Also Leute, Autos bringen Menschen um. Sie sind gefährlich. Wir müssen aufhören zu fahren und diese Autos aufgeben.« Das wäre natürlich völlig lächerlich gewesen, und wir haben das genaue Gegenteil getan – wir haben Autos durch Innovationen sicherer gemacht. Um zu verhindern, dass Fahrer und Beifahrer durch die Windschutzscheibe fliegen, haben wir Sicherheitsgurte und Airbags erfunden. Um bei einem Unfall die Fahrzeuginsassen zu schützen, haben wir stabilere Materialien und sicherere Konstruktionen entwickelt. Um Fußgänger auf Parkplätzen zu schützen, haben wir begonnen, Rückfahrkameras zu installieren.

Durch Atomkraft kommen sehr viel weniger Menschen ums Leben als durch Autos. Und davon abgesehen kommen durch Atomkraft wesentlich weniger Menschen ums Leben als durch jeden der fossilen Brennstoffe.

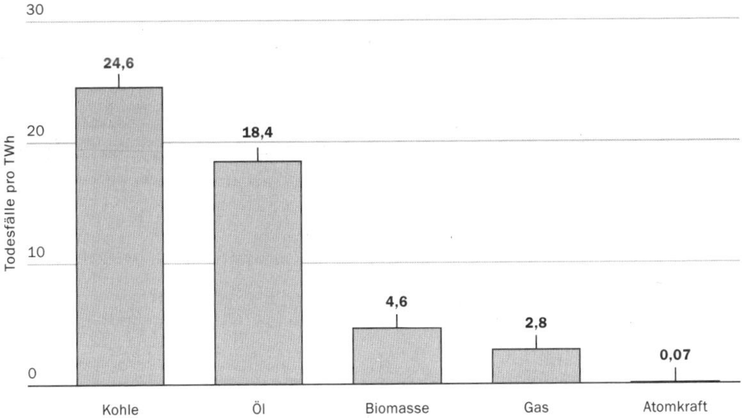

Ist Atomkraft gefährlich? Wenn man die Anzahl der Todesfälle pro erzeugter Energieeinheit zugrunde legt, ist sie das nicht, wie diese Grafik zeigt. Die hier angegebenen Zahlen umfassen den ganzen Prozess der Energiegewinnung, vom Abbau über die Umwandlung in Strom bis hin zu Umweltproblemen, die dabei verursacht werden, zum Beispiel Luftverschmutzung. (Our World in Data)[39]

Jedenfalls sollten wir Atomkraftwerke – wie wir es ja schon beim Auto getan haben – verbessern, indem wir ihre Probleme eines nach dem anderen analysieren und uns daran machen, sie durch Innovationen zu lösen.

Mittlerweile haben Wissenschaftler und Ingenieure diverse Lösungen vorgeschlagen. Ich bin sehr optimistisch im Hinblick auf den Ansatz, den TerraPower verfolgt – eine Firma, die ich 2008 gegründet habe und für die ich einige der besten Kernphysiker und Computermodellierer zusammenbrachte, um einen Atomreaktor der nächsten Generation zu entwickeln.

Da niemand uns erlaubt hat, in der realen Welt Versuchsreaktoren zu bauen, haben wir in Bellevue im Bundesstaat Washington ein Labor mit Supercomputern eingerichtet, wo das Forschungsteam digitale Simulationen verschiedener Reaktorkonstruktionen laufen lässt. Wir meinen, ein Modell entwickelt zu haben, bei dem alle wichtigen Probleme gelöst sind – mit einer Konstruktion, die als Traveling-Wave Reactor (TWR, Laufwellenreaktor) bezeichnet wird.

Der Reaktor von TerraPower könnte mit vielen verschiedenen Arten von Brennstoff laufen, auch mit Atommüll aus anderen nuklearen Einrichtungen. Der Reaktor würde viel weniger Atommüll produzieren als heutige Kraftwerke, würde vollautomatisch laufen – wodurch das Risiko von menschlichem Versagen gebannt wäre –, und er könnte unterirdisch gebaut werden, wodurch er vor Angriffen von außen geschützt wäre. Und zu guter Letzt wäre der Reaktor inhärent sicher, durch etliche geniale Konstruktionsmerkmale, mit denen die Kernspaltung unter Kontrolle gebracht wird; zum Beispiel befindet sich der radioaktive Brennstoff in Stiften, die sich ausdehnen, wenn sie zu heiß werden, wodurch die Kernreaktion gehemmt und eine Überhitzung verhindert wird. Ein Unfall würde buchstäblich durch die Gesetze der Physik verhindert werden.

Wir sind noch etliche Jahre entfernt von der Grundsteinlegung für ein TWR-Kraftwerk. Bis jetzt existiert die TerraPower-Konstruktion nur in unseren Supercomputern; wir arbeiten mit der US-Regierung am Bau unseres ersten Prototypen.

Kernfusion. Es gibt einen weiteren, völlig anderen Ansatz für Atomkraft, der zwar ziemlich vielversprechend, aber noch mindestens ein Jahrzehnt davon entfernt ist, Strom für Endverbraucher liefern zu können. Anstatt durch Spaltung von Atomen Energie zu erzeugen, wie es bei der Kernspaltung geschieht, werden sie miteinander verschmolzen, was als Kernfusion bekannt ist.

Bei der Kernfusion kommt es zu der gleichen grundlegenden Reaktion, aus der die Sonne ihre Energie bezieht. Man fängt mit einem Gas an – die Forschung konzentriert sich hauptsächlich auf bestimmte Arten von Wasserstoff – und erhitzt es auf extreme Temperaturen, deutlich über 50 Millionen Grad Celsius, während es sich in einem elektrisch geladenen Aggregatzustand befindet, der als Plasma bezeichnet wird. Bei solchen Temperaturen bewegen sich die Atomteilchen so schnell, dass sie kollidieren und verschmelzen, genauso wie die Wasserstoffatome in der Sonne. Wenn die Wasserstoffpartikel verschmelzen, verwandeln sie sich in Helium, und bei diesem Prozess setzen sie sehr viel Energie frei, die genutzt werden kann, um elektrischen Strom zu erzeugen. (Es gibt verschiedene Verfahren, um das Plasma zu umschließen; am häufigsten werden dafür starke Magnete oder Laserkanonen eingesetzt.)

Obwohl sie noch im experimentellen Stadium ist, wird die Kernfusion für sehr vielversprechend gehalten. Da sie mit reichlich vorhandenen Elementen wie Wasserstoff läuft, wäre der Brennstoff billig und im Überfluss verfügbar. Der wichtigste bei Kernfusion verwendete Typ Wasserstoff kann aus Meerwasser extrahiert werden, und davon gibt es genug, um den weltweiten Energiebedarf für viele Tausend Jahre zu decken. Die durch Kernfusion entstehenden Abfallprodukte wären einige Hundert Jahre lang radioaktiv, aber nicht Hunderttausende von Jahren wie das bei der Kernspaltung entstehende Plutonium und andere Elemente aus der Kernspaltung, und sie würden wesentlich schwächer strahlen – sie wären etwa so gefährlich wie radioaktive Abfälle im Krankenhaus. Es gibt keine Kettenreaktion, die außer Kontrolle geraten könnte, da die Fusionsreaktion aufhört, sobald kein Brennstoff mehr zugeführt wird oder das Gerät, das das Plasma enthält, ausgeschaltet wird.

In der Praxis ist Kernfusion allerdings enorm schwierig zu bewerkstelligen. Unter Kernphysikern kursiert der alte Witz: »Bis wir die Kernfusion im Griff haben, dauert es noch vierzig Jahre – und das wird auch immer so bleiben.« (Ich gebe zu, dass man hier nur bedingt von einem »Witz« sprechen kann.) Eine der großen Hürden dabei ist, dass so viel Energie gebraucht wird, um die Fusionsreaktion in Gang zu setzen, dass man am Ende dem Prozess mehr Energie zuführt, als man herausbekommt. Und wie Sie sich angesichts der Temperaturen, mit denen wir es hier zu tun haben, vorstellen können, ist es eine riesige Herausforderung für die Ingenieurskunst, einen solchen Reaktor zu bauen. Keiner der bisher gebauten Fusionsreaktoren ist darauf ausgelegt, elektrischen Strom zu produzieren, den Endverbraucher nutzen könnten – sie dienen ausschließlich Forschungszwecken.

Das größte derzeit im Bau befindliche Projekt, eine Kollaboration zwischen sechs Ländern und der Europäischen Union, ist ein Versuchsreaktor in Südfrankreich, der als International Thermonuclear Experimental Reactor (ITER) bekannt ist. Die Bauarbeiten wurden 2010 in Angriff genommen und sind noch nicht abgeschlossen. Es wird erwartet, dass ITER bis spätestens Mitte der 2020er-Jahre sein erstes Plasma und bis Ende der 2030er-Jahre einen Energieüberschuss erzeugen wird – zehnmal mehr Energie, als ihm zugeführt werden muss, um die Fusionsreaktion am Laufen zu halten. Das wäre die Initialzündung für die Kernfusion, ein Meilenstein auf dem Weg zum Bau eines kommerziellen Fusionskraftwerk-Prototypen.

Und es stehen noch andere Innovationen vor der Tür, welche die Kernfusion praktikabler machen könnten. Ich kenne zum Beispiel Firmen, die Hochtemperatur-Supraleiter einsetzen, um stärkere Magnetfelder zur Umschließung des Plasmas erzeugen zu können. Falls dieser Ansatz funktioniert, würde er uns in die Lage versetzen, Fusionsreaktoren wesentlich kleiner – und somit auch billiger und schneller – zu machen.

Aber der springende Punkt ist nicht, dass die eine oder andere Firma die eine bahnbrechende Idee hätte, die wir für Kernspaltung oder Kernfusion bräuchten. Am wichtigsten ist, dass die Menschheit sich wieder darauf besinnt, den Fortschritt auf dem Gebiet der Kernenergie ernsthaft voranzutreiben – sie ist einfach zu vielversprechend, um ignoriert zu werden.

Offshore-Windenergie. Es hat diverse Vorteile, Windturbinen vor der Küste eines Meeres oder am Ufer eines anderen Gewässers aufzustellen. Da viele Großstädte in Küstennähe liegen, können wir in wesentlich größerer Nähe zum Verbraucher elektrischen Strom erzeugen und haben nicht so viele Übertragungsprobleme zu lösen. Auf offener See bläst der Wind im Allgemeinen regelmäßiger, sodass auch Intermittenz ein kleineres Problem ist.

Ungeachtet dieser Vorteile entfällt nur ein winziger Bruchteil der globalen Stromerzeugungskapazitäten auf Offshore-Windenergie – 2019 waren es etwa 0,4 Prozent. Das meiste davon wird in Europa erzeugt, vor allem auf der Nordsee; in den Vereinigten Staaten sind nur 30 Megawatt Kapazität installiert, und zwar in einem einzigen Projekt vor der Küste von Rhode Island. Da die USA insgesamt einen Strombedarf von etwa 1000 Gigawatt haben, liefert Offshore-Wind nur etwa ein Zweiunddreißigtausendstel davon.

Für die Offshore-Windbranche kann es also nur aufwärts gehen. Die Hersteller von Windkraftanlagen finden Möglichkeiten, die Turbinen größer zu machen, sodass jede davon mehr Strom erzeugen kann, und sie lösen einige der technischen Herausforderungen, die entstehen, wenn man große Objekte aus Metall auf dem Meer aufstellen will. Je weiter solche Innovationen die Preise drücken, desto mehr Turbinen werden installiert – die Zahl der Offshore-Windkraftanlagen hat in den vergangenen drei Jahren im Durchschnitt um 25 Prozent pro Jahr zugenommen. Großbritannien ist derzeit der weltweit führende Nutzer von Offshore-Windenergie, dank geschickt eingesetzter staatlicher Subventionen, die etliche Unternehmen zu Investitionen motiviert haben. Auch China investiert viel Geld in Offshore-Windenergie und wird vermutlich spätestens 2030 ihr größter Nutzer sein.

Den USA steht ein beträchtliches Offshore-Windpotenzial zur Verfügung, vor allem vor den Küsten von Neuengland, Kalifornien und Oregon sowie am Golf von Mexiko und an den Großen Seen; theoretisch könnten wir 2000 Gigawatt aus Windenergie erzeugen[40] – mehr als genug, um den heutigen Strombedarf zu decken. Aber wenn wir dieses Potenzial nutzen wollen, müssen wir es einfacher machen, Windturbinen aufzustellen. Heute ist es ein bürokratischer Spießrutenlauf, dafür eine Genehmigung zu bekommen: Man muss mit der zuständigen Bundesbehörde einen Pachtvertrag abschließen, von denen es nur eine limitierte Anzahl gibt, und dann ein mehrere Jahre dauerndes Verfahren durchlaufen, um ein Umweltverträglichkeitsgutachten zu erstellen; anschließend müssen von Behörden auf bundesstaatlicher und kommunaler Ebene weitere Genehmigungen eingeholt werden. Und auf jeder Etappe des Verfahrens kann Widerspruch eingelegt werden (sei es zu Recht oder nicht), etwa von Strandgrundstücksbesitzern, Tourismusbetrieben, Fischern und Umweltschutzgruppen.

Alles in allem sind Offshore-Windkraftanlagen eine vielversprechende Alternative: Sie werden immer billiger und können in vielen Ländern eine Schlüsselrolle auf dem Weg zu null Emissionen spielen.

Geothermie (Erdwärme). Tief unter dem Boden – an manchen Stellen schon in einigen Dutzend Metern Tiefe, an anderen bis zu anderthalb Kilometer tief – liegt heißes Gestein, das genutzt werden kann, um CO_2-freien Strom zu erzeugen. An solchen Stellen können wir Löcher bohren und unter hohem Druck Wasser ins Gestein hinunterpumpen; dort nimmt es die Hitze auf und tritt dann aus einem anderen Loch wieder aus, wo es eine Turbine antreiben oder auf andere Weise Strom erzeugen kann.

Es hat aber auch Nachteile, die Erdwärme im Boden unter unseren Füßen zu nutzen. Ihre Energiedichte – die Energieausbeute pro Quadratmeter – ist ziemlich niedrig. In seinem fantastischen, 2009 erschienenen Buch *Sustainable Energy – Without the Hot Air* (»Erneuerbare Energien – ohne die heiße Luft«) schätzt David MacKay, dass kaum 2 Prozent des britischen Energiebedarfs durch Erdwärme gedeckt werden könnten. Und selbst diese Ausbeute würde es notwendig machen, jeden Quadratmeter des Landes zu explorieren und das Bohren kostenlos zu erledigen.[41]

Davon abgesehen müssen wir Löcher bohren, um an Erdwärme heranzukommen, und es ist schwierig vorherzusagen, ob ein Bohrloch die benötigte Hitze liefern kann und für wie lange. Etwa 40 Prozent aller Erdwärme-Bohrlöcher stellen sich als Nieten heraus. Und Erdwärme ist nur in bestimmten Regionen der Welt zugänglich; die besten Stellen sind häufig Landstriche mit überdurchschnittlich hoher vulkanischer Aktivität.

Obwohl diese Probleme bedeuten, dass Erdwärme nur einen bescheidenen Beitrag zur Energieversorgung der Menschheit leisten kann, lohnt es sich trotzdem, sie zu lösen, eines nach dem anderen – ganz so, wie wir es beim Auto gemacht haben. Etliche Firmen arbeiten an diversen Innovationen, die auf den technischen Fortschritten aufbauen, die Öl- und Gasbohrungen in den vergangenen paar Jahren um so viel produktiver gemacht haben. Einige Firmen entwickeln zum Beispiel hochempfindliche Sensoren, die es einfacher machen könnten, Erfolg versprechende Erdwärme-Bohrfelder zu finden. Andere nutzen horizontale Bohrverfahren, um Erdwärmequellen sicherer und effizienter anzapfen zu können. Das ist ein hervorragendes Beispiel dafür, wie Verfahren, die ursprünglich für die Öl- und Gasindustrie entwickelt wurden, uns sogar helfen können, das Ziel von null Emissionen zu erreichen.

Speicherung elektrischer Energie

Batterien. Ich habe viel mehr Zeit damit verbracht, mich über Batterien zu informieren, als ich mir jemals hätte träumen lassen. (Ich habe auch mit Investitionen in Batterie-Start-ups mehr Geld verloren, als ich jemals erwartet hätte.) Zu meinem Erstaunen ist es trotz all der Einschränkungen von Lithium-Ionen-Batterien – wie sie zum Beispiel in Laptops und Smartphones zu finden sind – schwierig, sie zu verbessern. Diverse Erfinder haben mit sämtlichen Metallen experimentiert, die für den Einsatz in Batterien infrage kommen, aber es ist ziemlich unwahrscheinlich, dass es ein Material gibt, das erheblich bessere Batterien ermöglichen würde als solche, wie wir sie jetzt schon produzieren. Ich vermute, dass wir sie um den Faktor 3 verbessern können, aber nicht um einen Faktor 50.

Ein guter Erfinder lässt sich jedoch nicht so leicht entmutigen. Ich habe einige brillante Ingenieure kennengelernt, die an erschwinglichen Batterien arbeiten, die genug Energie speichern können, um eine ganze Stadt zu versorgen – sogenannte »grid-scale batteries«, Batterien in Stromnetzdimensionen, im Gegensatz zu den kleinen Batterien, die in Handys oder Computern verwendet werden –, und das sogar lange genug, um jahreszeitliche Intermittenz zu überbrücken. Ein Erfinder, den ich sehr bewundere, arbeitet an einer Batterie, die statt der festen Metalle, wie sie in herkömmlichen Batterien zu finden sind, flüssige Metalle verwendet. Dahinter steckt die Idee, dass mithilfe von flüssigem Metall wesentlich mehr Energie sehr schnell gespeichert und geliefert werden kann – genau das, was gebraucht wird, wenn eine ganze Stadt mit Strom versorgt werden soll. Die Technologie hat sich im Labor bewährt, und jetzt versucht das Team, sie billig genug zu machen, um wirtschaftlich zu sein und zu beweisen, dass sie auch im Feld funktioniert.

Andere arbeiten an sogenannten Flussbatterien, einem Verfahren, bei dem elektrischer Strom erzeugt wird, indem in getrennten Tanks enthaltene, unterschiedliche Flüssigkeiten zusammengepumpt werden. Je größer die Tanks, desto mehr Energie kann gespeichert werden, und je größer die Batterie, desto wirtschaftlicher wird sie.

Pumpspeicherkraftwerke. Das ist eine Methode, mit der genug Energie gespeichert werden kann, um eine ganze Stadt zu versorgen. Es funktioniert so: Wenn Strom billig ist (zum Beispiel, weil kräftiger Wind Ihre Turbinen sehr schnell dreht), pumpen Sie Wasser einen Hügel hinauf in einen Stausee; wenn dann später der Strombedarf steigt, lassen Sie dieses Wasser wieder durch Rohre den Hügel hinunterlaufen und treiben damit Turbinen an, um elektrischen Strom zu erzeugen.

Pumpspeicherkraftwerke sind weltweit die verbreitetste Form von Stromspeicherung in Netzdimensionen, aber leider heißt das nicht viel. Die zehn größten Pumpspeicherkraftwerke der Vereinigten Staaten können nur so viel Energie speichern, wie gebraucht wird, um das Land eine knappe Stunde lang mit Strom zu versorgen. Sie können sich wahrscheinlich schon denken, warum es nicht mehr davon gibt: Um Wasser einen Hügel hinaufpumpen zu können, brauchen Sie einen großen Stausee – und natürlich einen Hügel. Fehlt eines von beiden, haben Sie Pech gehabt.

Mehrere Firmen arbeiten an Alternativen. Eine davon untersucht, ob man etwas anderes als Wasser den Hügel hinaufpumpen könnte – zum Beispiel Kieselsteine. Eine andere arbeitet an einem Verfahren, das den Hügel überflüssig machen würde, aber nicht das Wasser: Das Wasser wird unter die Erde gepumpt, dort unter Druck gespeichert und dann wieder freigesetzt, wenn es eine Turbine antreiben soll. Falls dieser Ansatz funktioniert, wäre es wie ein Wunder, da es kaum oberirdische Anlagen gäbe, über die man sich Sorgen machen müsste.

Wärmespeicher. Dahinter steckt die Idee, elektrischen Strom zu nutzen, wenn er billig ist, um irgendein Material zu erhitzen. Später, wenn wieder mehr Strom gebraucht wird, wird die gespeicherte Wärme genutzt, um über eine Wärmekraftmaschine Strom zu erzeugen. Dabei kann ein Wirkungsgrad von 50 bis 60 Prozent erreicht werden, was gar nicht mal schlecht ist. Es sind viele Materialien bekannt, die Wärme über längere Zeit speichern können, ohne viel Energie zu verlieren; der Erfolg versprechendste Ansatz, den einige Wissenschaftler und Firmen vorantreiben, ist das Speichern von Wärme in geschmolzenem Salz.

Bei TerraPower versuchen wir zu erforschen, wie wir geschmolzenes Salz nutzen können (falls es uns gelingt, ein Kraftwerk zu bauen), um nicht tagsüber mit Solarstrom konkurrieren zu müssen. Die Idee ist, tagsüber erzeugte Wärme zu speichern und daraus nachts, wenn es keine billige Solarenergie gibt, Strom zu erzeugen.

Billiger Wasserstoff. Ich hoffe, dass wir bei der Speicherung von elektrischer Energie große Durchbrüche erleben werden. Es kann aber auch gut sein, dass plötzlich irgendeine Innovation daherkommen wird und all diese Ideen überflüssig macht – ganz so, wie seinerzeit quasi über Nacht der Personal Computer auftauchte und die Schreibmaschine mehr oder weniger überflüssig machte.

Für die Speicherung elektrischer Energie könnte billiger Wasserstoff diese Innovation sein.

Und zwar, weil Wasserstoff eine Schlüsselrolle spielt in einer Art von Batterie, die als Brennstoffzelle bekannt ist. Eine Brennstoffzelle erzeugt Energie aus einer chemischen Reaktion zwischen zwei Gasen – in der Regel Wasserstoff und Sauerstoff –, und das einzige Abfallprodukt, das dabei entsteht, ist Wasserdampf. Wir könnten mit Strom, der aus Solarenergie oder Windkraft gewonnen wurde, Wasserstoff erzeugen, diesen Wasserstoff als komprimiertes Gas oder in anderer Form speichern und dann damit eine Brennstoffzelle antreiben, um nach Bedarf Strom zu erzeugen. Letzten Endes würden wir sauberen Strom nutzen, um einen CO_2-freien Brennstoff zu erzeugen, der jahrelang gespeichert und jederzeit wieder in Strom umgewandelt werden kann. Und damit wäre auch das oben erwähnte Problem der Standortabhängigkeit gelöst; zwar können wir Sonnenlicht nicht in Güterwaggons durch die Gegend befördern, aber wir können es in Brennstoff umwandeln, der sich dann nach Belieben transportieren lässt.

Hier ist der Haken an der Sache: Beim jetzigen Stand der Technik ist es ziemlich teuer, Wasserstoff zu produzieren, ohne dabei CO_2 zu emittieren. Dieses Verfahren ist nicht so effizient wie das direkte Speichern elektrischer Energie in einer Batterie, da zuerst Strom verbraucht wird, um Wasserstoff herzustellen, und später dann dieser Wasserstoff genutzt wird, um wieder Strom zu erzeugen. Bei jedem dieser Schritte geht Energie verloren.

Hinzu kommt, dass Wasserstoff ein sehr leichtes Gas ist, wodurch es schwierig wird, es in Behältern vertretbarer Größe zu speichern. Es ist einfacher, das Gas in komprimierter Form zu speichern (dann kann mehr davon in einen gleich großen Behälter gequetscht werden), aber da Wasserstoffmoleküle sehr klein sind, können sie unter Druck sogar Metalle durchdringen.

Es ist ungefähr so, als würde aus dem Tank Ihres Autos langsam Benzin sickern, sobald Sie getankt haben.

Und schließlich erfordert der Prozess, mit dem Wasserstoff erzeugt wird (der als Elektrolyse bekannt ist), verschiedene Materialien (sogenannte Elektrolyte), die ziemlich teuer sind. In Kalifornien, wo es schon jetzt von Brennstoffzellen angetriebene Autos zu kaufen gibt, entsprechen die Kosten von Wasserstoff einem Benzinpreis von 1,48 Dollar pro Liter. Daher experimentieren Wissenschaftler mit billigeren Materialien, die als Elektrolyte infrage kommen.

Andere Innovationen

CO_2-Abscheidung. Wir könnten elektrischen Strom auch in Zukunft so erzeugen, wie wir es heute tun, indem wir Öl, Erdgas und Kohle verbrennen, aber das dabei entstehende CO_2 abscheiden, bevor es in die Atmosphäre entweicht; dieses Verfahren ist als *Carbon Capture and Storage* (CCS, CO_2-Abscheidung und -Speicherung) bekannt. Dabei wird in einem Kraftwerk, das mit einem fossilen Brennstoff angetrieben wird, eine spezielle Anlage installiert, um die Emissionen einzufangen. Solche »Punktabscheider« gibt es seit Jahrzehnten, aber sie sind teuer in Anschaffung und Betrieb, sie fangen typischerweise nur 90 Prozent der anfallenden Treibhausgase ein, und die Stromversorger haben keinen Vorteil davon, sie zu installieren. Darum sind bisher nur sehr wenige solcher Anlagen in Betrieb. Durch eine kluge Politik könnten Anreize geschaffen werden, CO_2-Abscheidung im größeren Stil zu nutzen; ein Thema, auf das wir in den Kapiteln 10 und 11 zurückkommen werden.

Weiter oben habe ich eine verwandte Technologie erwähnt, die als *Direct Air Capture* (DAC) oder »direkte Luftentnahme« bekannt ist. Dabei passiert genau das, was schon der Name besagt: CO_2 wird direkt aus der Luft entnommen. DAC ist flexibler als eine punktuelle Abscheidung, weil sie überall eingesetzt werden kann. Und aller Wahrscheinlichkeit nach wird sie eine wichtige Rolle spielen, um auf null zu kommen; eine Studie der National Academy of Sciences kommt zu dem Ergebnis, dass wir spätestens Mitte des Jahrhunderts pro Jahr etwa 10 Milliarden Tonnen CO_2 aus der Atmosphäre entnehmen müssen, und spätestens Ende des Jahrhunderts etwa 20 Milliarden Tonnen.[42]

DAC ist jedoch eine wesentlich größere technische Herausforderung als Punktabscheidung, und zwar wegen der niedrigen Konzentrationen von CO_2 in der Luft. Wenn Emissionen direkt aus einem Kohlekraftwerk austreten, sind sie höher konzentriert, im Bereich von etwa 10 Prozent CO_2, doch sobald sie in der Atmosphäre sind, wo DAC ansetzt, verteilen sie sich in alle Himmelsrichtungen. Wenn wir der Atmosphäre eine zufällige Stichprobe entnehmen, ist nur eines von 2500 Molekülen CO_2.

Etliche Firmen arbeiten an neuen Materialien, die CO_2 besser absorbieren können und dadurch sowohl die Punktabscheidung als auch DAC billiger und effizienter machen könnten. Hinzu kommt, dass die heutigen DAC-Verfahren eine Menge Energie brauchen, um Treibhausgase einzufangen, zu sammeln und dauerhaft zu speichern (zu »sequestrieren«). Es gibt keinen Weg, das alles zu erledigen, ohne wenigstens *etwas* Energie zu verbrauchen; die Gesetze der Physik diktieren, wie viel davon mindestens gebraucht wird. Doch beim aktuellen Stand der Technik wird deutlich mehr als dieses Minimum verbraucht, sodass es hier noch ein großes Verbesserungspotenzial gibt.

Energiesparen. Früher fand ich die Vorstellung lachhaft, dass wir durch Energiesparen eine nennenswerte Wirkung auf den Klimawandel erzielen könnten. Meine Logik: Wenn wir begrenzte Ressourcen haben, um Emissionen zu reduzieren (und das ist so), würden wir die beste Wirkung erzielen, wenn wir null Emissionen anstreben, anstatt viel Geld für den Versuch auszugeben, unseren Energiebedarf zu senken.

Inzwischen habe ich diese Sicht der Dinge zwar nicht völlig verworfen, aber sie doch etwas relativiert, als mir klar wurde, wie viel Fläche benötigt wird, um deutlich mehr Strom aus Sonnen- und Windenergie zu erzeugen. Eine Solarfarm braucht 5- bis 50-mal mehr Fläche, um die gleiche Menge an Strom zu erzeugen, wie ein entsprechendes Kohlekraftwerk, und ein Windpark braucht noch einmal das Zehnfache an Fläche. Wir sollten alles in unserer Macht Stehende tun, um die Chancen zu verbessern, dass wir das Ziel von 100 Prozent sauberer Energie erreichen können, und das wird einfacher sein, wenn wir unseren Strombedarf senken, wo immer wir können. Alles, was die Dimensionen dessen, was wir erreichen müssen, reduzieren kann, ist hilfreich.

Außerdem gibt es einen verwandten Lösungsansatz, der Lastverschiebung oder Bedarfsverschiebung genannt wird, was bedeutet, dass der Strombedarf gleichmäßiger über den Tag verteilt wird. Im großen Stil angewendet, würde Lastverschiebung bedeuten, dass wir unsere Vorstellungen in Bezug auf unseren Stromverbrauch ziemlich drastisch ändern müssten. Heute tendieren wir dazu, elektrischen Strom genau dann zu erzeugen, wenn wir ihn brauchen, indem wir zum Beispiel abends Kraftwerke hochfahren, um unsere Städte zu beleuchten. Bei Lastverschiebung tun wir jedoch genau das Gegenteil: Wir verbrauchen mehr Strom, wann immer er am billigsten zu erzeugen ist.

So könnte sich zum Beispiel Ihr Boiler statt um 19 Uhr schon um 16 Uhr anschalten, weil dann der Strombedarf insgesamt niedriger ist. Oder Sie könnten Ihr Elektroauto einstöpseln, wenn Sie abends nach Hause kommen, aber es würde mit dem Laden automatisch bis 4 Uhr morgens warten, weil dann der Strom billig ist, da kaum jemand welchen braucht. Im industriellen Maßstab könnten energieintensive Prozesse wie Abwasseraufbereitung oder das Erzeugen von Wasserstoff für Treibstoffe auf Tageszeiten verschoben werden, zu denen reichlich Strom zur Verfügung steht.

Wenn Lastverschiebung eine nennenswerte Wirkung haben soll, werden wir sowohl politische Änderungen als auch technologische Fortschritte brauchen. So werden zum Beispiel die Stromversorger den Strompreis im Laufe des Tages kontinuierlich aktualisieren müssen, um Schwankungen von Angebot und Nachfrage zu berücksichtigen, und Ihr Wasserboiler und Ihr E-Auto müssen schlau genug sein, um diese Preisinformationen nutzen und entsprechend darauf reagieren zu können. Und in extremen Fällen, wenn der Strom besonders knapp ist, sollte die Möglichkeit bestehen, den Bedarf zu drosseln – das bedeutet, wir würden den Strom rationieren, die wichtigsten Verbraucher (etwa Krankenhäuser) vorrangig beliefern und weniger wichtige Aktivitäten vorübergehend einstellen.

Denken Sie daran, dass wir diese Ideen, obwohl wir sie allesamt vorantreiben sollten, wahrscheinlich nicht alle umsetzen müssen, um unsere Stromerzeugung emissionsfrei zu machen. Einige davon überschneiden sich; wenn wir zum Beispiel beim billigen Wasserstoff einen Durchbruch erreichen, könnte es weniger wichtig werden, eine Wunderbatterie zu entwickeln.

Was ich jedoch mit Sicherheit sagen kann, ist, dass wir einen konkreten Plan brauchen, um intelligente Stromnetze zu entwickeln, die erschwinglichen CO_2-freien Strom zuverlässig bereitstellen, wann immer wir ihn brauchen. Wenn ich einen Zauberstab hätte und bei nur einer Aktivität, die den Klimawandel vorantreibt, einen Durchbruch herbeizaubern könnte, dann würde ich es bei der Stromerzeugung machen, weil sie eine große Rolle spielen wird, um andere Branchen der materiellen Wirtschaft emissionsfrei zu machen. Um die erste davon – die Produktion von Dingen wie Stahl und Zement – wird es im folgenden Kapitel gehen.

KAPITEL 5

Industrieproduktion

29 Prozent von 52 Milliarden Tonnen pro Jahr

Von der Ortschaft Medina im US-Bundesstaat Washington, wo Melinda und ich leben, sind es mit dem Auto knapp 13 Kilometer zum Hauptsitz unserer Stiftung in Seattle. Wenn ich ins Büro fahre, überquere ich den Lake Washington über eine Brücke, die offiziell Evergreen Point Floating Bridge heißt. Aber niemand, der hier lebt, nennt sie tatsächlich so – für die hiesige Bevölkerung ist sie die »520 Bridge«, weil der State Highway, der über sie führt, diese Nummer trägt. Mit 2350 Metern ist sie die längste Pontonbrücke der Welt.

Ab und zu, wenn ich über die Brücke fahre, halte ich einen Moment inne, um zu bewundern, wie großartig sie ist. Und zwar nicht etwa, weil sie die längste Pontonbrücke der Welt ist, sondern weil sie *eine Brücke ist, die schwimmt.* Wie kann ein so massives Bauwerk, das aus unzähligen Tonnen Asphalt, Beton und Stahl besteht und über das zur gleichen Zeit Hunderte von Autos fahren, auf einem See schwimmen? Wieso, um alles in der Welt, geht sie nicht unter?

Die Antwort ist ein Wunder der Ingenieurskunst, das erst durch ein ganz erstaunliches Material möglich wurde: Beton. Auf den ersten Blick mag das seltsam klingen, da man sich Beton ja normalerweise als einen schweren Klotz vorstellt, der unmöglich schwimmen kann. Zwar stimmt es, dass Beton so eingesetzt werden kann – solide genug, um in den Wänden eines Krankenhauses nukleare Strahlung zu absorbieren –, aber er kann auch verwendet werden, um Hohlkörper zu gießen, zum Beispiel die

Dies ist die 520 Bridge in Seattle, über die ich komme, wenn ich von zu Hause in mein Büro am Hauptsitz der Gates Foundation fahre. Sie ist ein Wunderwerk der modernen Ingenieurskunst.[43]

77 luftgefüllten, wasserdichten Pontons, welche die 520 Bridge tragen. Jeder davon wiegt Tausende von Tonnen, hat aber trotzdem genug Auftrieb, um auf der Oberfläche des Sees zu schwimmen, und ist stabil genug, um ein Brückensegment und all die Autos, die darüber hinwegrasen, zu tragen.[44] Oder die, was wahrscheinlicher ist, im Schneckentempo über die Brücke kriechen, weil es jeden Tag Verkehrsstaus gibt.

Sie müssen nicht lange suchen, um in Ihrer Umgebung andere Wunder zu entdecken, die Beton vollbringt. Er ist resistent gegen Rost, verrottet nicht und ist unbrennbar, was einer der Gründe dafür ist, dass er in den meisten modernen Gebäuden zum Einsatz kommt. Auch wenn Sie ein Fan von Wasserkraft sind, sollten Sie Beton zu schätzen wissen, weil er das Errichten von Staudämmen möglich macht. Wenn Sie sich das nächste Mal die Freiheitsstatue ansehen, achten Sie auch auf das Fundament, auf dem sie steht: Es wurde aus 27 000 Tonnen Beton gegossen.[45]

Die Vorzüge des Betons entgingen auch Thomas Edison nicht, dem größten Erfinder der Vereinigten Staaten. Er hat versucht, ganze Häuser daraus zu bauen, und er träumte davon, Möbel aus Beton zu gießen, ganze Schlafzimmer-Ensembles, und hat sogar versucht, einen Plattenspieler aus Beton zu konstruieren.[46]

Diese Fantasien Edisons wurden nie in die Tat umgesetzt, aber dennoch verbauen wir Beton in *riesigen* Mengen. Jedes Jahr werden allein in den USA über 96 Millionen Tonnen Zement produziert (einer der Hauptbestandteile von Beton), um neue Straßen, Brücken und Gebäude zu bauen oder bereits vorhandene zu ersetzen oder zu reparieren. Das sind rund 270 Kilogramm pro Kopf der US-Bevölkerung. Und wir sind noch nicht einmal der größte Verbraucher von Beton, denn das ist China – wo in den ersten 16 Jahren des 21. Jahrhunderts mehr Beton verbaut wurde als in den Vereinigten Staaten im gesamten 20. Jahrhundert!

Es liegt auf der Hand, dass Zement und Beton nicht die einzigen Materialien sind, auf die wir angewiesen sind. Denn da ist ja auch noch der Stahl, den wir für Autos, Schiffe und Züge brauchen, für Kühlschränke und Kochherde, Maschinen in Fabriken, für Konservendosen und sogar für Computer. Stahl ist hart, billig, haltbar und kann immer wieder recycelt werden. Zudem ist er ein prima Partner für Beton: Wenn Sie einen Betonblock mit Stahlbewehrungen verstärken, entsteht ein Baumaterial mit magischen Eigenschaften, das tonnenweise Druck aushält und auch nicht bricht, wenn es verdreht wird. Das ist

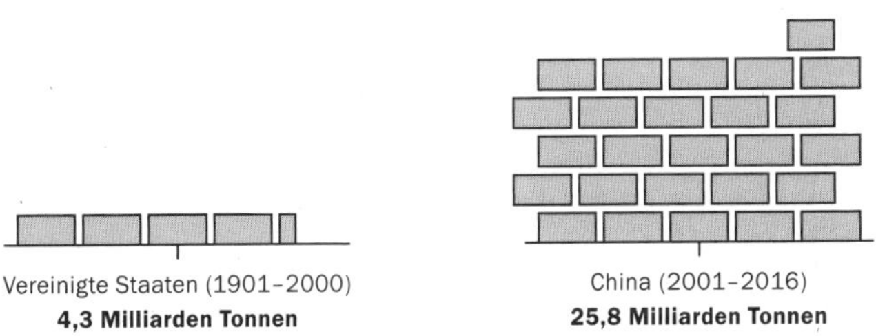

China stellt eine Menge Zement her. Es hat im 21. Jahrhundert schon jetzt mehr Zement produziert als die Vereinigten Staaten im gesamten 20. Jahrhundert. (U.S. Geological Survey)[47]

der Grund, warum wir in den meisten Gebäuden und Brücken Stahlbeton einsetzen.

Die Vereinigten Staaten verwenden ebenso viel Stahl wie Zement – das sind also noch mal 270 Kilogramm pro Person, und zwar jedes Jahr, wobei der Stahl, den wir recyceln und wiederverwenden, noch gar nicht berücksichtigt ist.

Kunststoffe sind ein weiteres erstaunliches Material. Sie stecken in so vielen Produkten, von Bekleidung und Spielzeugen über Möbel und Autos und Handys, dass es unmöglich ist, sie alle aufzuzählen. Plastik hat heute einen schlechten Ruf, und das zum Teil durchaus zu Recht. Aber Kunststoffe haben auch viele Vorzüge: Während ich dieses Kapitel schreibe, sitze ich an meinem Schreibtisch und rings um mich herum ist Plastik zu sehen: Computer, Tastatur, Bildschirm und Maus, der Hefter, das Telefon und so weiter und so fort. Zudem machen Kunststoffe es möglich, dass Benzin sparende Autos so leicht sein können; bis zu 50 Prozent des Gesamtvolumens eines Autos entfallen auf sie, aber nur 10 Prozent seines Gewichts.[48]

Dann ist da noch Glas – in Fenstern, Gläsern und Flaschen, Glaswolle, Autos und auch in den Glasfaserkabeln, die schnelle Internetverbindungen ermöglichen. Aluminium kommt in Getränkedosen zum Einsatz, in Alufolie, Türgriffen, Eisenbahnen, Flugzeugen und Bierfässern. Düngemittel helfen, die Menschheit zu ernähren. Vor Jahren habe ich vorhergesagt, dass Papier überflüssig werden dürfte, wenn elektronische Kommunikation und Bildschirmarbeit sich immer weiter durchsetzen, aber bis jetzt sieht es nicht so aus, als ob es in absehbarer Zeit verschwinden würde.

Kurzum: Wir stellen diverse Materialien her, die fürs moderne Leben ebenso unentbehrlich geworden sind wie elektrischer Strom. Und wir werden sie nicht aufgeben. Im Gegenteil – wir werden immer mehr von ihnen verbrauchen, während die Weltbevölkerung wächst und wohlhabender wird.

Es gibt eine Fülle von Daten, die diese Behauptung stützen – so werden wir zum Beispiel Mitte dieses Jahrhunderts 50 Prozent

Diese beiden Fotos zeigen, wie Wachstum aussieht – im Guten wie im Schlechten. Shanghai im Jahr 1987 (links) und 2013 (rechts).[49]

mehr Stahl produzieren als heute –, aber ich meine, diese beiden Fotos sind ebenso überzeugend.

Werfen Sie einen kurzen Blick darauf – sie scheinen zwei verschiedene Städte zu zeigen, oder?

Nein, es ist dieselbe Stadt. Beide Fotos zeigen Shanghai, vom selben Aussichtspunkt aus aufgenommen. Das linke Foto wurde 1987 gemacht, das rechte 2013. Wenn ich all die neuen Gebäude auf dem rechten Bild sehe, dann sehe ich Zigtausende Tonnen Stahl, Zement, Glas und Kunststoff.

Diese Geschichte wiederholt sich überall auf der Welt, auch wenn das Wachstum in den meisten Regionen nicht so dramatisch ist, wie es in Shanghai war. Um ein Mantra zu wiederholen, das in diesem Buch mehrfach auftaucht: *Dieser Fortschritt ist eine gute Sache.* Das rapide Wachstum, das Sie auf diesen beiden Fotos sehen, bedeutet, dass das Leben der Menschen sich auf unzählige Arten verbessert. Sie verdienen mehr Geld, bekommen eine bessere Bildung und die Wahrscheinlichkeit, dass sie jung sterben, ist geringer. Jeder Mensch, dem etwas daran liegt, Armut zu bekämpfen, sollte das als gute Nachricht betrachten.

Aber, um auch ein anderes Mantra zu wiederholen, das in diesem Buch häufig auftaucht: *Dieser Silberstreif am Horizont wird von dunklen Wolken überschattet.* Bei der Produktion all dieser Materialien werden Treibhausgase in großen Mengen emittiert;

de facto ist diese Produktion verantwortlich für etwa ein Drittel aller Emissionen weltweit. Und in manchen Fällen, vor allem beim Beton, haben wir kein praxistaugliches Verfahren, um sie ohne CO_2-Emissionen herzustellen.

Sehen wir uns also einmal an, wie diese Quadratur des Kreises gelingen könnte – wie wir solche Materialien auch in Zukunft herstellen können, ohne das Klima unerträglich zu machen. Der Kürze halber werden wir uns hier auf die drei wichtigsten Materialien konzentrieren: Stahl, Beton und Plastik. Wie beim Strom werden wir uns ansehen, wie wir an diesen Punkt gekommen sind und warum diese Materialien so problematisch für das Klima sind. Dann werden wir die Ökozuschläge berechnen, die anfallen, wenn wir diese Emissionen mit heutiger Technologie reduzieren wollen, und überlegen, wie wir diese Ökozuschläge verringern und all diese Dinge herstellen können, ohne CO_2 zu emittieren.

Die Geschichte des Stahls reicht etwa vier Jahrtausende zurück. Im Laufe der Jahrhunderte gab es eine lange Reihe von Erfindungen, die uns aus der Eisenzeit zu dem billigen, vielseitig einsetzbaren Stahl geführt haben, den wir heute haben, doch meiner Erfahrung nach sind die meisten Menschen nicht sonderlich interessiert an den Unterschieden zwischen Hochöfen, Puddelöfen und dem Bessemerverfahren. Hier sind also nur die wichtigsten Fakten, die Sie wissen sollten.

Wir schätzen Stahl, weil er sowohl hart als auch im erhitzten Zustand leicht formbar ist. Um Stahl herzustellen, brauchen Sie reines Eisen und Kohlenstoff. Eisen selbst ist nicht besonders hart, aber wenn Sie ihm genau die richtige Menge an Kohlenstoff beimengen – weniger als 1 Prozent, je nachdem, welche Sorte Stahl Sie haben wollen –, setzen sich die Kohlenstoffatome zwischen den Eisenatomen fest und verleihen dem so entstandenen Stahl seine wichtigsten Eigenschaften.

Kohlenstoff und Eisen sind nicht schwer zu finden – Kohlenstoff kann aus Kohle gewonnen werden, und Eisen ist ein in der Erdkruste häufig vorkommendes Element. Aber reines Eisen ist ziemlich selten: Wenn Sie das Metall aus dem Boden holen, dann fast immer in Form von chemischen Verbindungen mit Sauerstoff und anderen Elementen – eine Mischung, die als Eisenerz bekannt ist.

Um Stahl herzustellen, müssen Sie den Sauerstoff vom Eisen trennen und ein winziges bisschen Kohlenstoff beimengen. Beides können Sie im gleichen Arbeitsgang erledigen, indem Sie Eisenerz bei sehr hohen Temperaturen schmelzen (etwa 1700 °C), und zwar in Gegenwart von Sauerstoff und einer Art von Kohle, die als Koks bekannt ist. Bei solchen Temperaturen setzt das Eisenerz den in ihm gebundenen Sauerstoff frei und der Koks gibt den in ihm enthaltenen Kohlenstoff ab. Ein bisschen Kohlenstoff verbindet sich mit dem Eisen und bildet den Stahl, den wir haben wollen – und der Rest des Kohlenstoffs verbindet sich mit dem Sauerstoff zu einem Abfallprodukt, das wir *nicht* haben wollen, nämlich Kohlenstoffdioxid, kurz CO_2. Und zwar eine ganze Menge CO_2 – bei der Produktion von einer Tonne Stahl werden etwa 1,8 Tonnen CO_2 freigesetzt.

Warum machen wir das so? Weil es billig ist, und bevor wir anfingen, uns über die Veränderung des Klimas Gedanken zu machen, hatten wir keinen Grund, es anders zu machen. Eisenerz ist leicht – und somit nicht teuer – aus dem Boden zu holen, und auch Kohle ist nicht teuer, weil es unter der Erde so viel davon gibt.

Also wird der Mensch so weitermachen und immer mehr Stahl herstellen, auch wenn die Produktion in den Vereinigten Staaten inzwischen ein Plateau erreicht hat. Heute wird in einigen Ländern mehr Rohstahl produziert als in den USA – etwa in China, Indien und Japan –, und spätestens 2050 dürften weltweit etwa 2,8 Milliarden Tonnen pro Jahr produziert werden. Das summiert sich auf 5 Milliarden Tonnen CO_2, die spätestens Mitte dieses Jahrhunderts alljährlich freigesetzt werden, und das nur aus der Stahlproduktion – es sei denn, wir finden ein anderes, klimaschonendes Verfahren.

So schwierig das auch klingen mag – bei Beton wird es noch schwieriger. Beton wird aus Kies/Splitt, Sand, Wasser und Zement zusammengemischt. Die ersten drei sind relativ unproblematisch; das Problem für das Klima ist der Zement.

Um Zement herzustellen, brauchen Sie Kalzium. Um Kalzium zu gewinnen, fangen Sie mit Kalkstein an – der aus Kalzium plus Kohlenstoff und Sauerstoff besteht – und erhitzen ihn zusammen mit einigen anderen Stoffen in einem Ofen.

Da bei diesem Prozess Kohlenstoff und Sauerstoff präsent sind, können Sie sich vermutlich schon denken, wie das endet. Wenn Sie den Kalkstein lange genug erhitzt haben, bekommen Sie das, was Sie wollen – Kalzium für den Zement –, aber auch etwas, das Sie nicht wollen: Kohlenstoffdioxid. Es ist kein Verfahren bekannt, mit dem sich Zement ohne diesen Prozess herstellen ließe. Es ist eine chemische Reaktion – *Kalkstein plus Hitze* ist gleich *Calciumoxid plus Kohlenstoffdioxid* –, an der kein Weg vorbeiführt. Es ist ein 1:1-Verhältnis: Wenn Sie eine Tonne Zement herstellen, fällt dabei eine Tonne CO_2 an.

Und wie beim Stahl gibt es keinen Grund anzunehmen, dass wir aufhören werden, Zement zu produzieren. China ist der mit Abstand größte Produzent – es stellt siebenmal so viel Zement her wie das zweitplatzierte Indien und mehr als in der gesamten übrigen Welt produziert wird.[50] Zwischen jetzt und 2050 wird die weltweite jährliche Zementproduktion ein bisschen zunehmen – während der Bauboom in China nachlässt und in kleineren Schwellenländern an Fahrt aufnimmt –, bevor sie sich bei etwa 4 Milliarden Tonnen pro Jahr einpendeln wird, ungefähr dort, wo sie heute steht.[51]

Im Vergleich zu Zement und Stahl ist Plastik das Baby in der Gruppe. Obwohl der Mensch schon vor Tausenden von Jahren natürliche Plastikmaterialien – zum Beispiel Gummi – verwendete, kamen synthetische Kunststoffe erst in den 1950er-Jahren auf, dank etlicher Innovationen in der chemischen Verfahrenstechnik. Heute gibt es über zwei Dutzend Plastiksorten, deren Palette von naheliegenden Anwendungen – etwa Joghurtbecher aus Polypropylen – bis hin zu etwas unvermuteteren Einsatzgebieten reicht, etwa Acrylfarben, Bohnerwachs und Waschmitteln oder den Mikroplastikteilchen in Seifen und Shampoos oder dem Nylon in Ihrer Regenjacke oder dem Polyester in all den peinlichen Klamotten, die ich in den 1970er-Jahren zu tragen pflegte.

All diese verschiedenen Plastiksorten haben eine Gemeinsamkeit: Sie enthalten Kohlenstoff. Es hat sich herausgestellt, dass Kohlenstoff sehr nützlich ist, um eine große Vielfalt von Materialien herzustellen, da er mit einer breiten Palette sehr unterschiedlicher chemischer Elemente bereitwillig Verbindungen eingeht – bei Plastik bildet er in der Regel Molekülgruppen mit Wasserstoff und Sauerstoff.

Wenn Sie beim Lesen dieses Buches bis hierhergekommen sind, werden Sie wahrscheinlich nicht überrascht sein zu hören, wo Plastikproduzenten ihren Kohlenstoff herbekommen. Sie bekommen ihn, indem sie Öl, Kohle oder Erdgas raffinieren und dann die daraus erzeugten Stoffe auf verschiedene Arten weiterverarbeiten. Das kann zum Teil erklären, warum Kunststoffe sich den Ruf erworben haben, nicht teuer zu sein: Ebenso wie Zement und Stahl sind sie billig, weil fossile Brennstoffe billig sind.

Aber Kunststoffe haben eine wichtige Eigenschaft, in der sie sich fundamental von Zement und Stahl unterscheiden. Wenn wir Zement oder Stahl herstellen, wird CO_2 als unvermeidliches Abfallprodukt freigesetzt, aber wenn wir einen Kunststoff herstellen, bleibt etwa die Hälfte des Kohlenstoffs im Plastik gebunden. (Der genaue Anteil variiert je nach Plastiksorte ziemlich stark, aber »etwa die Hälfte« ist eine vernünftige Näherung.) Kohlenstoff geht sehr gern Bindungen mit Sauerstoff und Wasserstoff ein, und diese Bindungen gibt er nicht so schnell wieder auf. Es kann Hunderte von Jahren dauern, bis Plastik sich zersetzt hat.

Das ist ein gravierendes Umweltproblem, da Plastikteile, die auf Müllhalden oder im Meer landen, hundert Jahre oder länger nicht verschwinden. Und es ist ein Problem, das zu lösen sich lohnt: Im Meer herumtreibende Plastikteile verursachen alle möglichen Probleme; nicht zuletzt können sie Meerestiere und -pflanzen vergiften. Aber die Klimaveränderung verschlimmern sie nicht. Soweit es nur um Emissionen geht, ist der in Plastik enthaltene Kohlenstoff nicht so schlimm. Da Plastik so lange braucht, um sich zu zersetzen, werden die darin enthaltenen Kohlenstoffatome nicht in die Atmosphäre aufsteigen und dort die Temperatur hochtreiben – zumindest nicht für sehr lange Zeit.

Ich möchte hier eine Pause machen, um zu betonen, dass dieser kurze Überblick nur drei der wichtigsten Materialien abdeckt, die wir heute herstellen; Düngemittel, Glas, Papier, Aluminium und viele andere lasse ich weg. Doch der springende Punkt bleibt immer der gleiche: Wir produzieren eine unglaubliche Menge an Material, was zu enormen Treibhausgasemissionen führt – zu fast einem Drittel der 52 Milliarden Tonnen pro Jahr. Wir müssen diese Emissionen auf null drücken, aber es ist keine realistische Option, einfach aufzuhören, diese Dinge herzustellen. Im Rest dieses Kapitels werden wir Alternativen in Erwägung ziehen, wir werden uns anschauen, wie hoch ihre Ökozuschläge sind, und dann überlegen, wie diese Zuschläge durch Technologie so weit nach unten gedrückt werden könnten, dass alle die Null-Emissions-Strategie werden übernehmen wollen.

Um die Ökozuschläge auf Materialien zu berechnen, müssen wir wissen, wo Emissionen entstehen, wenn wir Dinge herstellen. Ich stelle mir das in drei Stufen vor. Wir emittieren Treibhausgase,

1. wenn wir aus fossilen Brennstoffen den Strom erzeugen, den Fabriken für ihren Betrieb brauchen;
2. wenn wir aus fossilen Brennstoffen Hitze erzeugen, die bei verschiedenen Produktionsverfahren gebraucht wird, etwa beim Schmelzen von Eisenerz bei der Stahlherstellung; und

3. wenn wir diese Materialien tatsächlich herstellen, zum Beispiel, wenn bei der Herstellung von Zement unvermeidlicherweise CO_2 entsteht.

Nehmen wir uns diese drei Stufen eine nach der anderen vor, um zu sehen, inwieweit sie für die Ökozuschläge verantwortlich sind.

Für die erste Stufe, die Stromerzeugung, haben wir die wichtigsten Herausforderungen in Kapitel 4 behandelt. Wenn auch die Stromspeicherung und -übertragung berücksichtigt werden, sowie der Umstand, dass viele Fabriken rund um die Uhr zuverlässigen Strom brauchen, steigen die Kosten für sauberen Strom schnell – und das für die meisten Länder deutlich stärker als für die Vereinigten Staaten oder Europa.

Dann kommt die zweite Stufe: Wie können wir Hitze erzeugen, ohne fossile Brennstoffe zu verfeuern? Wenn keine extrem hohen Temperaturen gebraucht werden, können elektrische Wärmepumpen und andere Technologien zum Einsatz kommen. Wenn jedoch Temperaturen von einigen Tausend Grad nötig sind, ist Strom keine wirtschaftliche Option – zumindest nicht mit der heutigen Technologie. Stattdessen müssen Sie entweder Atomkraft einsetzen oder fossile Brennstoffe verfeuern und dabei die Emissionen mit einem CO_2-Abscheider einfangen. Leider gibt es CO_2-Abscheidung nicht umsonst; ihre Kosten erhöhen den Aufwand des Herstellers und werden an die Kunden weitergereicht.

Und schließlich die dritte Stufe: Was können wir an Verfahren ändern, die von sich aus Treibhausgasemissionen produzieren? Denken Sie daran, dass zum Beispiel bei der Herstellung von Stahl und Zement CO_2 emittiert wird – nicht nur, weil fossile Brennstoffe verfeuert werden, sondern auch als Abfallprodukt der jeweiligen chemischen Reaktion, durch die Stahl und Zement entstehen.

Zum jetzigen Zeitpunkt ist die Antwort klar: Wenn wir diese Zweige der industriellen Produktion nicht einfach stilllegen wollen, können wir nichts tun, um diese Emissionen zu verhindern.

Wenn wir sie unbedingt mit den heute zur Verfügung stehenden Technologien eliminieren wollten, wären unsere Optionen ebenso eingeschränkt wie bei der zweiten Stufe: Wir müssten fossile Brennstoffe und CO_2-Abscheidung einsetzen – was auch hier wieder die Kosten hochtreiben würde.

Außer beim Zement scheinen diese Zuschläge nicht viel auszumachen. Und es stimmt, dass in manchen Fällen der Verbraucher kaum etwas davon zu spüren bekäme. So könnte etwa ein 30 000 Euro teures Auto eine Tonne Stahl enthalten; ob dieser Stahl nun 750 oder 950 Euro kostet, spielt für den Endpreis des Autos kaum eine Rolle. Selbst bei der Cola, die Sie neulich für 2 Euro aus einem Getränkeautomaten gezogen haben, entfällt nur ein winziger Teil des Endpreises auf das Plastik, aus dem die Flasche besteht.

Doch die Endverbraucherkosten sind nicht der einzige Faktor, der eine Rolle spielt. Nehmen wir an, Sie wären ein Ingenieur, der für die Stadtverwaltung von Seattle arbeitet, und Sie prüfen Angebote von Bauunternehmen über Reparaturarbeiten an einer unserer zahlreichen Brücken. Im ersten Angebot wird Zement mit 125 Dollar pro Tonne angesetzt, im zweiten sind es 250 Dollar pro Tonne, einschließlich der Kosten der CO_2-Abscheidung. Für welches Angebot würden Sie sich entscheiden? Ohne einen Anreiz, sich für den CO_2-freien Zement zu entscheiden, würden Sie das günstigere Angebot vorziehen.

Oder stellen Sie sich vor, Sie wären Einkäufer bei einem Automobilhersteller. Wären Sie dann bereit, 25 Prozent mehr für all den Stahl auszugeben, den Sie ordern? Wahrscheinlich nicht – vor allem, wenn Ihre Konkurrenten sich entscheiden, bei dem billigeren Zeug zu bleiben. Der Umstand, dass der Endpreis eines Autos dadurch nur um ein winziges bisschen steigen würde, wäre ein schwacher Trost für Sie – Ihre Margen sind ohnehin schon ziemlich eng, und Sie wären nicht erfreut, den Preis eines Ihrer wichtigsten Rohstoffe um ein Viertel steigen zu sehen. In einer Branche mit engen Gewinnmargen kann ein Zuschlag von

Ökozuschläge für Kunststoffe, Stahl und Zement[52]

Material	Durchschnittspreis pro Tonne	CO_2-Emission pro Tonne produzierten Materials	neuer Preis nach CO_2-Abscheidung	Spanne des Ökozuschlags
Ethylen	1.000 $	1,3 Tonnen	1.087–1.155 $	**9–15 %**
Stahl	750 $	1,8 Tonnen	871–964 $	**16–29 %**
Zement	125 $	1 Tonne	219–300 $	**75–140 %**

25 Prozent den Unterschied zwischen Überleben und Bankrott ausmachen.

Obwohl manche Hersteller in manchen Branchen vielleicht bereit wären, solche Kosten zu tragen, um dann sagen zu können, sie würden ihren Beitrag zur Bekämpfung des Klimawandels leisten, werden wir bei so hohen Ökozuschlägen nie die Art von systemischem Wandel erreichen, die wir brauchen werden, um auf null zu kommen. Und auch von den Verbrauchern ist nicht zu erwarten, dass sie die Preise nach unten treiben, indem sie umweltfreundliche Produkte stärker nachfragen. Denn schließlich kaufen Endverbraucher keinen Zement oder Stahl – das machen zumeist große Konzerne.

Es gibt verschiedene Möglichkeiten, Ökozuschläge zu verringern. Eine davon ist, auf politischem Wege Nachfrage nach umweltschonenden Produkten zu erzeugen – zum Beispiel, indem man Anreize oder sogar gesetzliche Vorgaben schafft, emissionsfrei hergestellten Zement oder Stahl zu kaufen. Ein Unternehmen wird viel eher den Zuschlag für saubere Zwischenprodukte zahlen, wenn das gesetzlich vorgeschrieben ist, seine Kunden es fordern und seine Konkurrenten ihn ebenfalls zahlen. Auf solche Anreize werde ich in den Kapiteln 10 und 11 näher eingehen.

Aber – und das ist entscheidend – wir brauchen Innovationen in den Herstellungsverfahren, neue Produktionsmethoden, bei denen kein CO_2 freigesetzt wird. Sehen wir uns einige der Möglichkeiten an.

Von all den Materialien, die ich in diesem Kapitel besprochen habe, ist Zement der problematischste Fall. Es ist schwierig, um die schlichte Tatsache herumzukommen, dass *Kalkstein plus Hitze* gleich *Calciumoxid plus Kohlenstoffdioxid* ist. Aber ein paar Firmen haben einige gute Ideen zu diesem Problem.

Ein Ansatz ist, recyceltes CO_2 zu nehmen – das vielleicht bei der Zementherstellung abgeschieden wurde – und es wieder in den Zement zu mischen, bevor er auf der Baustelle zum Einsatz kommt. Die Firma, die diese Idee vorantreibt, hat bereits einige Dutzend Kunden, darunter auch Microsoft und McDonald's; bis jetzt können die anfallenden Emissionen durch dieses Verfahren nur um 10 Prozent reduziert werden, aber man hofft, letztlich auf 33 Prozent zu kommen. Bei einem anderen, theoretischeren Ansatz wird Zement unter Einsatz von Meerwasser sowie CO_2 hergestellt, das in Kraftwerken abgeschieden wurde. Die an diesem Verfahren arbeitenden Ingenieure meinen, auf diesem Weg letztlich eine Senkung der Emissionen um über 70 Prozent erreichen zu können.

Aber selbst wenn diese Lösungsansätze zum Erfolg führen, werden sie uns keinen hundertprozentig CO_2-freien Zement liefern können. Vorerst werden wir auf CO_2-Abscheidung und – wenn sie praxistauglich wird – direkte Luftentnahme angewiesen sein, um das bei der Zementherstellung emittierte CO_2 wieder einzufangen.

Für die Produktion so gut wie aller anderen Materialien ist das Wichtigste, was wir brauchen, *zuverlässig verfügbarer, sauberer Strom* in großen Mengen. Schon jetzt entfällt etwa ein Viertel des gesamten globalen Energiebedarfs im produzierenden Sektor auf elektrischen Strom; um all diese industriellen Verfahren mit Energie zu versorgen, müssen wir sowohl die bereits vorhandenen Erneuerbare-Energien-Technologien im großen Stil einsetzen, als auch Durchbrüche vorantreiben, die uns in die Lage versetzen, CO_2-freien Strom in großen Mengen kostengünstig zu erzeugen und zu speichern.

Und bald werden wir noch viel mehr Strom brauchen, wenn

wir ein anderes Verfahren zur Reduzierung von Emissionen vorantreiben, nämlich die *Elektrifizierung*. Damit ist gemeint, dass bei bestimmten industriellen Prozessen anstelle von fossilen Brennstoffen elektrischer Strom eingesetzt wird. Ein sehr cooler Ansatz zur Stahlproduktion ist zum Beispiel, Kohle durch sauberen Strom zu ersetzen. Eine Firma, deren Arbeit ich mit großem Interesse beobachte, hat einen neuen Prozess entwickelt, die sogenannte Molten Oxide Electrolysis (MOE, Schmelzoxidelektrolyse): Anstatt Eisen zusammen mit Koks in einem Hochofen zu erhitzen, wird elektrischer Strom durch eine Zelle geleitet, die eine Mischung aus flüssigem Eisenoxid und anderen Zutaten enthält. Der Strom spaltet den Sauerstoff aus dem Eisenoxid ab, wodurch das für die Stahlherstellung benötigte reine Eisen übrig bleibt. Als Nebenprodukt fällt nur reiner Sauerstoff an, und es wird überhaupt kein Kohlenstoffdioxid erzeugt. Dieses Verfahren ist vielversprechend – es ähnelt einem Prozess, den wir seit über hundert Jahren nutzen, um Aluminium zu raffinieren –, aber wie die anderen Ideen für sauberen Stahl hat es sich noch nicht im industriellen Maßstab bewährt.

Sauberer Strom könnte uns auch helfen, ein weiteres Problem zu lösen: die Produktion von Kunststoffen. Wenn genügend Teile des Puzzles zusammenkommen, könnten Kunststoffe eines Tages als Kohlenstoffsenke dienen – als Methode, um Kohlenstoff langfristig zu binden, anstatt ihn zu emittieren.

Das könnte folgendermaßen funktionieren: Erstens müssten wir eine CO_2-freie Methode finden, um den Prozess des Raffinierens mit Energie zu versorgen. Das könnten wir über sauberen Strom erreichen oder über Wasserstoff, der mit sauberem Strom erzeugt wird. Dann bräuchten wir ein Verfahren, um den für die Kunststoffherstellung benötigten Kohlenstoff zu gewinnen, ohne Kohle zu verbrennen. Eine Idee ist, der Luft CO_2 zu entnehmen und daraus den Kohlenstoff zu extrahieren, obwohl das ein ziemlich teures Verfahren ist. Ein anderer von verschiedenen Firmen verfolgter Ansatz ist, Kohlenstoff aus Pflanzen zu gewinnen. Und schließlich bräuchten wir eine CO_2-freie Wärmequelle – das wäre wahrscheinlich auch sauberer Strom, Wasserstoff oder Erdgas in Verbindung mit einem CO_2-Abscheider.

Wenn all diese Puzzleteile zusammenkämen, könnten wir Kunststoffe mit Netto-negativ-Emissionen herstellen. Das wäre im Endeffekt ein Verfahren, um der Luft CO_2 zu entnehmen (mithilfe von Pflanzen oder durch andere Verfahren) und daraus Flaschen oder andere Plastikprodukte herzustellen, in denen es jahrzehnte- oder jahrhundertelang gebunden bleibt, ohne zusätzliche Emissionen. Wir würden mehr CO_2 bunkern, als wir freisetzen.

Wir können nicht nur Verfahren entwickeln, um diverse Materialien ohne Emissionen herzustellen, sondern auch einfach weniger davon verbrauchen. Vermehrtes Recycling von Stahl, Zement und Plastik allein wird nicht annähernd ausreichen, um sämtliche Treibhausgasemissionen zu eliminieren, aber es wird helfen. Wir können mehr Material recyceln und sollten neue Verfahren entwickeln, um die Menge der beim Recycling benötigten Energie zu reduzieren. Und da es nicht annähernd so viel Energie verbraucht, etwas wiederzuverwenden, anstatt es zu recyceln, sollten wir auch nach Wegen suchen, um aus umfunktionierten Materialien neue Dinge zu bauen und herzustellen (sogenanntes Upcycling). Und schließlich können Gebäude und Straßen auch mit der Vorgabe gebaut werden, dabei möglichst wenig Zement und Stahl zu verbrauchen; für manche Zwecke ist Brettsperrholz stabil genug, um beide Baustoffe ersetzen zu können.

Zusammengefasst sieht der Weg zu null Emissionen bei der industriellen Produktion von Dingen so aus:

1. *Möglichst viele Prozesse elektrifizieren.* Das wird eine Menge Innovationen erfordern.
2. *Den dafür benötigten Strom aus einem Netz beziehen, das emissionsfrei gemacht wurde.* Auch dafür werden jede Menge Innovationen nötig sein.

3. *Die verbliebenen Emissionen mithilfe von CO_2-Abscheidung einfangen.* Und auch um das zu erreichen, wird viel Innovation gebraucht.
4. *Diverse Materialien sparsamer nutzen.* Dito.

Gewöhnen Sie sich schon einmal an das Thema »Innovation«. In den kommenden Kapiteln wird es Ihnen noch ziemlich oft begegnen. Als Nächstes ist die Landwirtschaft dran, die von einem der größten unbesungenen Helden des 20. Jahrhunderts maßgeblich geprägt wurde – und dann geht es um Farmen voller rülpsender Kühe.

KAPITEL 6

Landwirtschaft

22 Prozent von 52 Milliarden Tonnen jährlich

Alle in meiner Familie lieben Cheeseburger. Wenn ich als Kind mit meiner Pfadfindertruppe Wanderungen machte, wollten immer alle mit meinem Vater zurückfahren, weil der den Jungs unterwegs immer einen Burger spendierte. Viele Jahre später, in der Anfangszeit von Microsoft, habe ich mich mittags, abends oder auch spät in der Nacht unzählige Male im Burgermaster um die Ecke verköstigt, einer der ältesten Hamburgerketten im Großraum Seattle.

Irgendwann, nachdem Microsoft erfolgreich geworden war, aber bevor Melinda und ich unsere Stiftung gegründet hatten, machte mein Vater den Burgermaster in der Nähe seines Hauses sogar zum inoffiziellen Büro. Er saß im Restaurant und genehmigte sich seinen Lunch, während er Spendenanfragen von Interessenten sichtete. Nach einer Weile hatte sich das herumgesprochen, und Dad bekam sogar Briefe, die adressiert waren an: »Bill Gates senior, c/o Burgermaster.«

Das ist lange her. Schon vor zwei Jahrzehnten hat mein Vater seinen Stammplatz im Burgermaster gegen einen Schreibtisch bei unserer Stiftung eingetauscht. Und was mich betrifft: Ich weiß zwar noch immer einen guten Cheeseburger zu schätzen, esse aber längst nicht mehr so viele wie früher – auch weil ich inzwischen gelernt habe, wie Fleischproduktion und Klimawandel zusammenhängen.

Die Produktion tierischer Nahrungsmittel trägt in hohem Maße zu den Treibhausgasemissionen bei. In dem Bereich, den

Experten mit »Landwirtschaft, Forstwirtschaft und andere Bodennutzung« beschreiben – was wiederum für eine gewaltige Bandbreite menschlicher Aktivitäten steht, von Viehzucht über Futteranbau bis hin zum Fällen von Bäumen –, stellt sie den größten Anteil. In diesem Bereich fallen auch die unterschiedlichsten Treibhausgase an: In der Landwirtschaft ist das größte Problem nicht etwa das Kohlendioxid, sondern Methan – das im Lauf eines Jahrhunderts *28-mal* mehr Erwärmung pro Molekül verursacht als CO_2 – und Distickstoffmonoxid mit *265-mal* mehr Erwärmung pro Molekül.

Alles in allem entsprechen die jährlichen Emissionen von Methan und Distickstoffmonoxid über 9 Milliarden Tonnen CO_2 oder mehr als 80 Prozent aller Treibhausgase aus der Land-/Forstwirtschaft und Bodennutzung. Wenn wir hier nicht gegensteuern, wird diese Zahl durch den Anbau der Nahrung, die wir brauchen, um eine wachsende und immer reicher werdende Weltbevölkerung zu ernähren, sogar noch steigen. Wollen wir uns in Richtung Netto-null-Emissionen bewegen, müssen wir überlegen, wie wir Pflanzen anbauen und Nutztiere aufziehen und zugleich Treibhausgase reduzieren und am Ende ganz vermeiden können.

Und die Landwirtschaft ist nicht die einzige Herausforderung. Wir müssen auch etwas gegen die Entwaldung und andere Formen der Bodennutzung unternehmen, die zusammen weitere Hunderte Millionen Tonnen CO_2 netto in die Atmosphäre einbringen, von der Zerstörung bedeutender Lebensräume für Wildtiere einmal ganz abgesehen.[53]

Dem umfassenden Thema angemessen werden Sie in diesem Kapitel von allem etwas finden. Ich berichte von einem meiner Helden, einem Agrarwissenschaftler, der mit dem Friedensnobelpreis ausgezeichnet wurde und eine Milliarde Menschen vor dem Hungertod bewahrt hat, dessen Namen aber kaum jemand kennt, von Fachkreisen für globale Entwicklung einmal abgesehen. Wir untersuchen auch das Für und Wider der Gülle von Schweinen und der Rülpser von Kühen, die Chemie des

Ammoniaks und die Frage, ob das Pflanzen von Bäumen gegen die Klimakatastrophe hilft. Zuvor jedoch wollen wir uns einer berühmten Vorhersage zuwenden, die sich als historisch falsch erwiesen hat.

Im Jahr 1968 veröffentlichte der amerikanische Biologe Paul R. Ehrlich einen Bestseller mit dem Titel *The Population Bomb* (dt.: *Die Bevölkerungsbombe*). Darin zeichnete er ein düsteres Bild der Zukunft, das mit der dystopischen Vision von Romanen wie *Die Tribute von Panem* einige Ähnlichkeit hatte. »Der Kampf um die Welternährung ist entschieden«, schrieb Ehrlich. »In den Siebzigerjahren werden gewaltige Hungersnöte die Menschheit heimsuchen. Hunderte von Millionen Menschen werden trotz aller sofort eingeleiteten Hilfsprogramme verhungern«, und weiter: »Ich … sehe keine Möglichkeit, wie die Inder bis 1980 zweihundert Millionen Menschen mehr ernähren wollen.«[54]

Nichts davon traf ein. In der Zeit seit der Veröffentlichung von *Die Bevölkerungsbombe* ist die Bevölkerung Indiens um mehr als 800 Millionen Menschen gewachsen – sie hat sich seit 1968 mehr als verdoppelt –, aber Indien produziert heute über dreimal so viel Weizen und Reis wie damals, und die Wirtschaft des Landes ist um den Faktor 50 gewachsen.[55] Viele weitere Länder Asiens und Südamerikas verzeichnen vergleichbare Produktivitätszuwächse in der Landwirtschaft.

Als Folge dessen verhungern trotz wachsender Weltbevölkerung keineswegs Hunderte von Millionen Menschen in Indien oder anderswo. Nahrungsmittel werden sogar bezahlbarer und nicht etwa teurer. In den USA gibt der durchschnittliche Haushalt heute einen geringeren Anteil des verfügbaren Einkommens für Nahrung aus als vor dreißig Jahren, Ähnliches beobachten wir auch in anderen Teilen der Welt.[56]

Dabei bestreite ich keineswegs, dass Fehl- und Mangelernährung in manchen Regionen ein ernstes Problem darstellen. Genau deshalb ist die Verbesserung der Ernährung für die Ärmsten der Welt für Melinda und mich von höchster Priorität. Aber

Ehrlichs Vorhersage eines massenhaften Hungertods war schlicht falsch.

Warum? Was haben Ehrlich und andere Weltuntergangspropheten übersehen?

Sie haben den bedeutenden Faktor der Innovation außer Acht gelassen. Sie haben nicht mit Menschen wie Norman Borlaug gerechnet, dem brillanten Agrarwissenschaftler, der eine landwirtschaftliche Revolution auslöste, welche die Produktionszuwächse in Indien und anderswo erst möglich machte. Borlaug gelang dies durch Züchtung von Weizensorten mit größeren Körnern und anderen Eigenschaften, die wesentlich größere Erträge pro Hektar Land ermöglichten. (Borlaug fand heraus, dass wegen der größeren Körner die Halme der Weizenpflanze die Ähren nicht mehr tragen konnten, deshalb züchtete er ein Gen einer japanischen Sorte mit kürzeren Halmen ein.[1] Die dabei entwickelte neue Sorte ist unter der Bezeichnung »Mexiko-Weizen« bekannt geworden.)

Während sich Borlaugs Mexiko-Weizen über die Welt verbreitete und auch andere Züchter ähnliche Anstrengungen bei Mais und Reis unternahmen, verdreifachten sich die Erträge in den meisten Regionen. Der Hunger ging massiv zurück, und heute ist Borlaug weithin als Wissenschaftler anerkannt, der tatsächlich eine Milliarde Menschenleben gerettet hat. Im Jahr 1970 erhielt er den Friedensnobelpreis, und seine Arbeit wirkt bis heute fort: Praktisch der gesamte Weizen, der heute weltweit angebaut wird, geht auf von ihm gezüchtete Pflanzensorten zurück. (Die Kehrseite der Medaille ist allerdings, dass diese neuen Sorten viel Dünger benötigen, um ihr volles Wachstumspotenzial auszuschöpfen. Weiter unten in diesem Abschnitt kommen wir auf die negativen Seiten dieser Düngemittel zu sprechen.) Mir gefällt bei der Sache besonders, dass einer der größten Helden der Menschheitsgeschichte eine Berufsbezeichnung trug – Agronom –, mit der die meisten von uns ziemlich wenig anfangen können.

Aber was hat Norman Borlaug nun mit dem Klimawandel zu tun?

Die Weltbevölkerung wird um das Jahr 2100 auf zehn Milliarden Menschen zugehen, und wir werden mehr Nahrungsmittel brauchen, um alle zu ernähren. Da also gegen Ende des Jahrhunderts 40 Prozent mehr Menschen auf unserem Planeten leben werden, sollte man meinen, dass wir auch 40 Prozent mehr Nahrung brauchen – dem ist aber nicht so. Wir werden noch mehr brauchen.

Der Grund ist folgender: Mit steigendem Wohlstand nehmen die Menschen mehr Kalorien zu sich, insbesondere in Form von Fleisch und Milchprodukten. Und die Produktion von Fleisch und Milchprodukten erfordert den Anbau von noch mehr Nahrungsmitteln. Ein Huhn muss beispielsweise zwei Kalorien in Form von Getreide verzehren, damit wir eine Kalorie in Form von Hühnerfleisch erhalten – wir füttern das Huhn also mit doppelt so vielen Kalorien, wie wir zurückerhalten, wenn wir Hühnerfleisch essen. Beim Schwein steigt dieser Faktor auf 3:1, und bei Kühen liegt er am höchsten: sechs Kalorien Tierfutter für eine Kalorie Rindfleisch. Anders ausgedrückt: Je mehr Kalorien

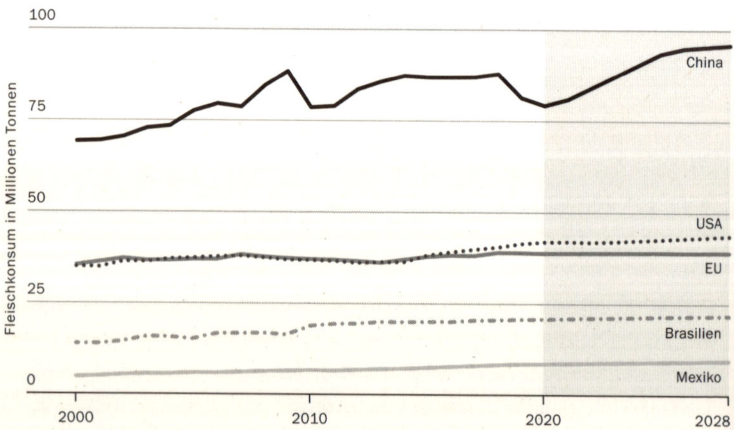

In den meisten Ländern wird nicht mehr Fleisch verzehrt als früher. China stellt allerdings eine signifikante Ausnahme dar. (OECD-FAO Agricultural Outlook 2020)[57]

wir aus diesen tierischen Nahrungsmitteln beziehen, desto mehr Pflanzen müssen wir anbauen, um diese Fleischlieferanten zu füttern.

Das Diagramm zeigt die Trends im Fleischkonsum weltweit. In den USA, Europa, Brasilien und Mexiko ist er in etwa stabil, in China und anderen Entwicklungs- und Schwellenländern nimmt er dagegen rapide zu.

Daraus ergibt sich eine Zwickmühle: Wir müssen in der Zukunft deutlich mehr Nahrung produzieren als heute, aber wenn wir dies mit den heutigen Methoden tun, wird dies katastrophale Folgen für das Klima zeitigen. Sofern wir keine Verbesserungen beim Nahrungsmittelertrag pro Hektar Weide- beziehungsweise Ackerfläche erzielen, wird die Erzeugung von ausreichend Nahrung für zehn Milliarden Menschen die ernährungsbezogenen Emissionen um zwei Drittel in die Höhe treiben.

Ein weiteres Problem: Wenn wir einen großen Schritt in Richtung der Energieerzeugung aus Pflanzen unternehmen, würden wir ungewollt einen Wettbewerb um Ackerland auslösen. Wie ich in Kapitel 7 ausführen werde, könnten moderne Biokraftstoffe aus Rohstoffen wie Rutenhirse zwar als CO_2-neutrale Kraftstoffe für den Antrieb von Lkws, Schiffen und Flugzeugen dienen. Bauen wir jedoch diese Pflanzen auf Flächen an, die ansonsten für die Nahrungsmittelversorgung einer wachsenden Weltbevölkerung genutzt würden, würde das die Preise für Nahrungsmittel in die Höhe und damit noch mehr Menschen in Armut und Mangelernährung treiben und zugleich die ohnehin bedrohliche Entwaldung des Planeten noch weiter beschleunigen.

Wenn wir diese Gefahren eindämmen wollen, brauchen wir in naher Zukunft weitere bahnbrechende Fortschritte Borlaug'schen Ausmaßes. Bevor wir uns jedoch ansehen, welche Fortschritte dies sein könnten, möchte ich erklären, woher genau all diese Emissionen kommen, und ich will untersuchen, wie wir sie mithilfe heutiger Technologie vermeiden können. Wie im vorherigen Kapitel will ich anhand des »Ökozuschlags« zeigen, warum die Vermeidung dieser Treibhausgase heute noch zu teuer ist, und darauf aufbauend das Argument vorbringen, dass wir Neues erfinden müssen.

Und damit wären wir beim Rülpsen der Kühe und bei der Gülle der Schweine.

Sehen wir uns den Magen des Menschen an: Er hat nur eine Kammer, in der das Verdauen der Nahrung einsetzt, bevor diese ihren Weg durch den Darmtrakt nimmt. Zum Vergleich nehmen wir nun den Magen einer Kuh: Er besteht aus vier Kammern. Diese ermöglichen es der Kuh, Gras und andere für Menschen unverdauliche Pflanzen zu fressen. Bei diesem *enterischen Verdauungsvorgang* (der sogenannten *Darmfermentation*) spalten Bakterien im Kuhmagen die pflanzliche Zellulose auf und fermentieren diese, wobei Methan entsteht. Den Großteil dieses Methangases gibt die Kuh in Form von Rülpsern von sich, ein kleiner Teil dieser klimaschädlichen »Winde« verlässt den Verdauungstrakt der Kuh auch am anderen Ende – als Flatulenz.

(Bei der Beschäftigung mit dieser Thematik können sich übrigens recht schräge Unterhaltungen entwickeln. Melinda und ich bringen jedes Jahr einen offenen Brief über unsere Arbeit heraus. Im Brief von 2019 wollte ich etwas über dieses Problem der enterischen Fermentation bei Rindern schreiben. Als wir eines Tages einen Entwurf durchgingen, hatten Melinda und ich eine herzhafte Diskussion darüber, wie oft ich wohl den Begriff »Furz« im Brief verwenden dürfte. Höchstens einmal, meinte sie. Als alleiniger Autor dieses Buchs genieße ich etwas mehr Beinfreiheit, deshalb werden Sie das Wort oder das dazugehörige Verb etwas öfter in diesem Kapitel finden.)

Weltweit werden rund eine Milliarde Rinder zur Produktion von Fleisch und Milch gehalten.[58] Das Methan, das sie durch Rülpsen und Furzen pro Jahr von sich geben, hat den gleichen globalen Erwärmungseffekt wie 2 Milliarden Tonnen Kohlendioxid und macht damit etwa 4 Prozent der weltweiten Emissionen aus.

Das Freisetzen von Naturgasen durch Rülpsen und Furzen ist ein Problem, das ausschließlich bei Rindern und anderen Wiederkäuern wie Schafen, Ziegen, Wild und Kamelen auftritt. Es gibt aber noch eine weitere Quelle von Treibhausgasemissionen, die wir bei jedem Tier finden: Kacke.

Beim Zerfall dieser tierischen Ausscheidungen wird ein Gemisch aus starken Treibhausgasen freigesetzt – größtenteils Distickstoffoxid, dazu etwas Methan, Schwefel und Ammoniak. Rund die Hälfte der diesbezüglichen Emissionen stammt aus der Gülle von Schweinen, den Rest verdanken wir Kuhfladen. Die Menge an – pardon: Nutztierscheiße – ist so groß, dass sie tatsächlich die zweitgrößte Emissionsquelle in der Landwirtschaft darstellt, nach der enterischen Fermentation.

Was also tun mit dem ganzen Mist, den Rülpsern und Fürzen? Keine einfache Frage. Forscher haben alle möglichen Ideen durchgespielt, um mit der enterischen Fermentation klarzukommen: Impfstoffe zur Reduzierung der methanogenen Mikroben, die in den Eingeweiden des Viehs leben, Rinder so zu züchten, dass sie auf natürliche Weise weniger Emissionen erzeugen, sowie das Zufüttern von Spezialfutter oder Medikamenten. Diese Bemühungen blieben weitgehend erfolglos, mit einer einzigen, durchaus vielversprechenden Ausnahme: Die Verbindung heißt 3-Nitrooxypropanol und reduziert die Methanemissionen um immerhin 30 Prozent. Gegenwärtig müsste das Mittel den Tieren allerdings mindestens einmal täglich verabreicht werden, sodass es für die Weidehaltung weitgehend ungeeignet ist.

Dennoch besteht Grund zur Hoffnung, diese Emissionen ohne neue Technologien und ohne nennenswerten Ökozuschlag senken zu können. Wie sich zeigt, hängt die von einer Kuh produzierte Methanmenge stark davon ab, wo das Tier lebt; Vieh in Südamerika gibt zum Beispiel bis zu fünfmal mehr Treibhausgase von sich als Vieh in Nordamerika, in Afrika ist es sogar noch mehr. Wenn eine Kuh in Nordamerika oder Europa aufwächst, wird es sich mit größerer Wahrscheinlichkeit um ein optimiertes Zuchttier handeln, dessen Futter wesentlich effizienter in Milch und Fleisch verwandelt wird. Es wird auch medizinisch besser versorgt und bekommt besseres Futter, was dazu führt, dass insgesamt weniger Methan entsteht.

Wenn es uns gelingt, diese optimierten Zuchtstämme und bewährten Verfahren weiter zu verbreiten – vor allem durch die Produktionssteigerung afrikanischer Rinder mittels Kreuzung und dadurch, dass hochwertiges Futter verfügbar und bezahlbar wird –, wird dies die Emissionen senken und armen Bauern helfen, mehr Geld zu verdienen. Dasselbe gilt für den Umgang mit dem Tierdung; Farmer in den reichen Ländern haben verschiedene technische Möglichkeiten, diesen Dung zu entsorgen und dennoch weniger Emissionen zu verursachen. Wenn diese Verfahren erschwinglicher werden, werden sie auch ärmeren Bauern zur Verfügung stehen, und unsere Chancen steigen, landwirtschaftliche Emissionen substanziell herunterfahren zu können.

Einem überzeugten Veganer mag wohl eine andere Lösung vorschweben: *Statt mit all diesen Wegen der Emissionsreduzierung herumzuexperimentieren, sollten wir einfach mit der Viehzucht aufhören.* Das Argument hat seinen Reiz, aber ich halte es nicht für sehr realistisch. Zum einen ist der Fleischkonsum sehr stark in der menschlichen Kultur verankert. In vielen Teilen der Welt ist der Verzehr von Fleisch – selbst dort, wo es Mangelware ist – ein zentrales Element von Feiern und Veranstaltungen. In Frankreich zählt das gastronomische Menü – mit Vorspeise, Fleisch oder Fisch, Käse und Dessert – ganz offiziell zum Immateriellen Kulturerbe der Menschheit. Auf der Website der UNESCO heißt es: »Das gastronomische Mahl betont das Gemeinschaftsgefühl, die Freude am Geschmack und die Balance zwischen Menschen und den Produkten der Natur.«[59]

Aber wir können den Fleischkonsum einschränken, ohne auf den Genuss zu verzichten. Eine Option ist Fleisch auf pflanzlicher Basis: pflanzliche Produkte, die auf unterschiedlichste Arten so verarbeitet sind, dass sie den Geschmack von Fleisch imitieren. Ich habe mich als Investor bei zwei Unternehmen betätigt, die schon heute pflanzlich basierte Fleischprodukte auf dem Markt anbieten (»Beyond Meat« und »Impossible Foods«), deshalb bin ich logischerweise voreingenommen. Ich muss aber auch sagen: Künstliches Fleisch ist ziemlich gut. Richtig zubereitet, ist es ein überzeugender Ersatz für Rinderhackfleisch. Und alle diesbezüglichen Alternativen sind besser für die Umwelt, denn sie verbrauchen deutlich weniger Wasser und Land, und es fallen weniger Emissionen an. Für die Produktion dieser Alternativen wird außerdem weniger Getreide gebraucht, damit sinkt auch der Druck zur Massenproduktion von Nutzpflanzen und zum Einsatz von Dünger. Und es ist ein enormer Segen für das Tierwohl, wenn weniger Nutztiere in kleinen Käfigen gehalten werden müssen.

Künstliche Fleischprodukte sind allerdings – bis jetzt noch – mit heftigen Ökozuschlägen verbunden. Im Schnitt kostet ein Rinderhack-Ersatzprodukt 86 Prozent mehr als das Original.[60] Ich bin jedoch zuversichtlich, dass diese Alternativprodukte mit der Steigerung des Absatzes und ihrer Anzahl am Ende sogar billiger sein werden als tierisches Fleisch.

Die zentrale Frage bei künstlichen Fleischerzeugnissen ist allerdings nicht der Preis, sondern der Geschmack. Die Konsistenz eines Hamburgers lässt sich mit pflanzlichen Produkten relativ einfach simulieren, bei einem Steak oder einer Hühnerbrust ist es schon wesentlich schwieriger, den Leuten vorzugaukeln, sie würden echtes Fleisch essen. Werden die Menschen künstliches Fleisch in einem für die Umstellung ihres Konsumverhaltens ausreichenden Maß akzeptieren, und werden sich genug Menschen umstellen, damit ein nennenswerter Effekt erzielt werden kann?

Einige Indizien dafür sehen wir bereits heute. Ich muss zugeben, auch mich hat der Erfolg von Beyond Meat und Impossible Foods überrascht, zumal angesichts der Startschwierigkeiten. Ich war bei einer frühen Demonstration von Impossible Foods dabei – die Burger sind so übel angebrannt, dass der Rauchmelder losging. Es ist verblüffend, wie weitverbreitet die Produkte dieser Unternehmen sind, zumindest in der Gegend von Seattle und den Städten, die ich besuche. Beyond Meat hatte eine sehr erfolgreiche erste öffentliche Präsentation im Jahr 2019. Vielleicht dauert es noch ein Jahrzehnt, aber ich bin überzeugt, dass umweltbewusste Menschen, die der Klimawandel umtreibt, diesen Produkten, je besser und billiger sie werden, verstärkt den Vorzug geben werden.

Ein weiterer Ansatz schlägt in die gleiche Kerbe. Anstatt jedoch Pflanzen zu züchten und anzubauen und dann so zu verarbeiten, dass sie wie Fleisch schmecken, wird hier das Fleisch selbst im Labor gezüchtet. Die Namen dieser Fleischvarianten – *Fleisch auf Zellbasis, In-vitro-Fleisch, Laborfleisch* – klingen zwar nur mäßig verlockend, dennoch gibt es immerhin rund zwei Dutzend Start-ups, die sich um die Vermarktung solcher Produkte bemühen. Es wird aber wohl noch bis Mitte der 2020er-Jahre dauern, bis man sie regelmäßig im Supermarktregal findet.

Beachten Sie, dass es sich dabei nicht um »Fake-Fleisch« handelt. Zuchtfleisch hat den gleichen Gehalt an Fett-, Muskel- und Sehnengewebe wie der entsprechende Zwei- oder Vierbeiner. Es wächst nur nicht auf der Farm, es wird im Labor erzeugt. Die Forscher entnehmen ein paar Zellen aus einem lebendigen Tier, lassen diese Zellen sich vermehren und bringen sie dann dazu, genau das Gewebe zu bilden, das auf unseren Tellern landet. All dies ist mit geringen oder ganz ohne Treibhausgasemissionen möglich, einmal abgesehen von dem Strom, der für den Laborbetrieb bei der Herstellung benötigt wird. Der Haken bei dieser Methode: Sie ist sehr teuer, und es ist unklar, inwieweit hier Kostensenkungen realisierbar sein werden.

Beide Arten des künstlichen Fleischs verspüren allerdings auch heftigen Gegenwind. Mindestens 17 US-Bundesstaaten versuchen, die Vermarktung dieser Produkte unter der Bezeichnung »Fleisch« zu verhindern. Ein Staat hat sogar vorgeschlagen, den Vertrieb gänzlich zu verbieten. Obwohl die Technologie voranschreitet und die Produkte billiger werden, bedarf es also einer vernünftigen öffentlichen Diskussion darüber, wie diese Produkte reguliert, verpackt und verkauft werden sollen.

Und es gibt noch einen letzten Weg, um unsere nahrungsbezogenen Emissionen zu reduzieren: indem wir weniger Nahrungsmittel verschwenden. In Europa, in den Industrienationen Asiens und in Subsahara-Afrika werden mehr als 20 Prozent der Nahrungsmittel schlicht weggeworfen, verrotten oder werden auf andere Weise verschwendet, in den USA sind es sogar 40 Prozent. Das ist schlecht für Menschen, die zu wenig zu essen haben, schlecht für die Wirtschaft und schlecht fürs Klima. Allein das durch verrottende Nahrungsmittel entstehende Methan hat einen Erderwärmungseffekt, der dem von 3,3 Milliarden Tonnen CO_2 jährlich entspricht.

Die wichtigste Lösung besteht in der Veränderung des menschlichen Verhaltens – wir müssen mehr von dem nutzen, was wir haben. Aber auch hier kann Technologie helfen. Zwei Unternehmen arbeiten beispielsweise an unsichtbaren Beschichtungen auf Pflanzenbasis, die die Haltbarkeit von Obst und Gemüse verlängern; sie sind essbar und absolut geschmacksneutral. Eine weitere Firma hat einen »intelligenten Abfalleimer« entwickelt, der anhand von Bilderkennungstechnik überwacht, wie viele Nahrungsmittel in einem Haushalt oder Unternehmen weggeworfen werden. Das gibt dem Verbraucher einen Hinweis, wie viel er tatsächlich verschwendet, und es berechnet zugleich die Kosten und die CO_2-Bilanz. Das System klingt gewiss ein wenig nach Überwachungsstaat, aber die Versorgung der Menschen mit zusätzlichen Informationen kann ihnen letztendlich auch helfen, bessere Entscheidungen zu treffen.

Vor einigen Jahren betrat ich eine Lagerhalle in Daressalam (Tansania) und sah dort etwas, das mich faszinierte: Tausende Tonnen synthetischer Dünger, Berge davon, hoch wie Sanddünen. Das Lagerhaus gehörte zum neuen Düngerverteilerzentrum der Firma Yara, dem größten seiner Art in Ostafrika. Beim Gang durch die Lagerhalle sprach ich mit Arbeitern, die Säcke mit winzigen weißen Pellets füllten. Die Pellets enthielten Stickstoff, Phosphor und andere Nährstoffe, die bald zum Anbau

Zu Besuch im Yara-Düngerverteilzentrum in Daressalam, Tansania, 2018. Ich hatte eine Menge Spaß bei dem Besuch – noch mehr sogar, als man mir hier ansicht.[61]

von Nahrungsmitteln in einer der ärmsten Gegenden der Welt dienen würden.

Solche Exkursionen liebe ich. Ich weiß, das hört sich albern an, aber für mich hat Dünger etwas Magisches, und zwar nicht bloß, weil er unsere Gärten verschönert. Zusammen mit Norman Borlaugs Mexiko-Weizen und neuen Mais- und Reissorten bilden synthetische Dünger einen Schlüsselfaktor der landwirtschaftlichen Revolution, die die Welt in den 1960er und 70er-Jahren erfasst hat. Ohne die Möglichkeit zur Herstellung synthetischer Düngemittel würden heute laut Schätzungen 40 bis 50 Prozent weniger Menschen auf der Erde leben.

Die Welt nutzt schon heute große Mengen Dünger, und die armen Länder sollten noch viel mehr davon nutzen. Die erwähnte Revolution in der Landwirtschaft – die auch oft als

»Grüne Revolution« bezeichnet wird – hat um Afrika einen ziemlich großen Bogen gemacht. Dort erzielen die Bauern üblicherweise nur ein Fünftel der Menge Nahrungsmittel pro Hektar Land, verglichen mit einem Farmer in den USA. Das liegt daran, dass in armen Ländern die meisten Bauern zu wenig Bonität haben, um den Kauf von Dünger zu finanzieren, außerdem ist der Dünger dort teurer als in reichen Ländern, weil er zuerst auf schlechten Straßen in abgelegene ländliche Gegenden transportiert werden muss. Wenn wir diesen armen Bauern helfen können, ihre Erträge zu steigern, verdienen sie mehr Geld und haben mehr Nahrung zur Verfügung, und Millionen von Menschen in den ärmsten Regionen der Welt gelangen an mehr Nahrungsmittel und an die Nährstoffe, die sie benötigen. (Darauf komme ich in Kapitel 9 noch ausführlich zu sprechen.)

Worin liegt nun die Magie des Düngers? Er versorgt Pflanzen

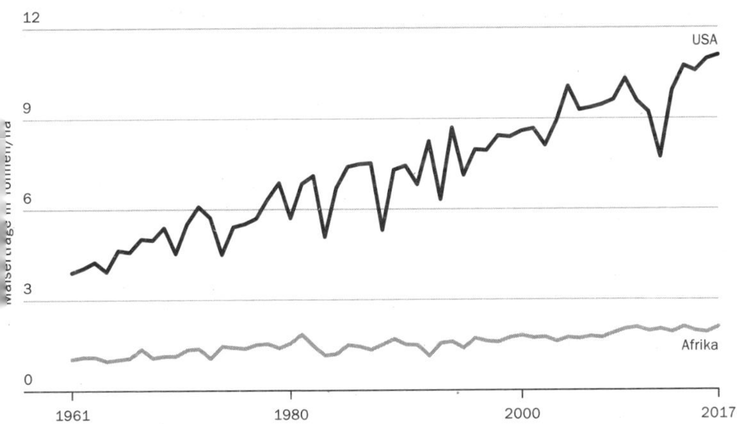

Es gibt eine riesige Lücke in der Landwirtschaft. Dank Dünger und anderer Fortschritte ernten Amerikas Farmer heute mehr Mais pro Hektar als jemals zuvor. Die Erträge der Bauern in Afrika haben sich dagegen kaum verändert. Das Schließen dieser Lücke wird Menschenleben retten und Wege aus der Armut aufzeigen – aber ohne Innovationen wird es auch das Klimaproblem weiter verschärfen. (FAO)[62]

mit wichtigen Nährstoffen wie Phosphor, Kalium und vor allem Stickstoff, dem für den Klimawandel besonders relevanten Element. Stickstoff ist Fluch und Segen zugleich. Er steht in engem Zusammenhang mit der Fotosynthese, dem Prozess, mit dem Pflanzen Sonnenlicht in Energie verwandeln, der also sämtliches pflanzliches Leben – und damit unsere gesamte Nahrung – überhaupt erst möglich macht. Aber Stickstoff verschärft auch massiv den Klimawandel. Um dies zu verstehen, müssen wir uns damit beschäftigen, wie Stickstoff auf die Pflanzen wirkt.

Für den Anbau von Nutzpflanzen braucht es Tonnen von Stickstoff – weit mehr, als die Natur jemals bieten könnte. Die Zufuhr von Stickstoff ist es, die Maispflanzen drei Meter hoch wachsen und enorme Mengen an Samen produzieren lässt. Erstaunlicherweise können die meisten Pflanzen sich nicht selbst mit Stickstoff versorgen; sie beziehen ihn vielmehr aus dem Ammoniak im Boden, wo er von verschiedenen Mikroorganismen erzeugt wird. Eine Pflanze wächst immer weiter, solange sie mit Stickstoff versorgt wird; sobald der gesamte Stickstoff verbraucht ist, kommt das Wachstum zum Stillstand. Deshalb fördert die Zufuhr von außen das Wachstum so stark.

Über Jahrtausende führten die Menschen ihren Nutzpflanzen Stickstoff über natürlichen Dünger zu, zum Beispiel Mist aus der Viehhaltung und Fledermausguano. Der große Durchbruch kam im Jahr 1908. Zwei deutsche Chemiker, Fritz Haber und Carl Bosch, fanden heraus, wie sich Ammoniak in industriellem Maßstab aus Stickstoff und Wasserstoff herstellen lässt. Die Bedeutung dieser Erfindung ist gar nicht hoch genug einzuschätzen. Dieser heute als Haber-Bosch-Verfahren oder Ammoniaksynthese bekannte Prozess ermöglichte die Herstellung synthetischer Düngemittel und vergrößerte damit nicht nur die Menge anbaubarer Nahrungsmittel, sondern auch die geografische Ausdehnung, auf der dieser Anbau möglich war. Bis heute ist es die wichtigste Methode der Herstellung von Ammoniak. Ähnlich wie Norman Borlaug einer der großen heimlichen Helden der Weltgeschichte ist, ist das Haber-Bosch-Verfahren vielleicht die wichtigste Erfindung, von der die meisten Menschen noch nie etwas gehört haben.*

Aber die Sache hat einen Haken: Mikroorganismen, die Stickstoff erzeugen, wenden dafür eine Menge Energie auf. So viel Energie sogar, dass sie es nur tun, wenn sie absolut müssen – also wenn keinerlei Stickstoff im umgebenden Boden mehr vorhanden ist. Finden sie genug Stickstoff vor, stellen sie die Produktion ein und können dann ihre Energie auf andere Dinge verwenden. Wenn wir also synthetischen Dünger zuführen, nehmen die natürlichen Organismen im Boden den zugeführten Stickstoff wahr und hören auf, selbst welchen zu produzieren.

Synthetischer Dünger hat weitere Nachteile. Zu seiner Herstellung müssen wir Ammoniak produzieren, und dieser Prozess erfordert Wärme, die wir durch das Verbrennen von Erdgas erhalten, wobei wiederum Treibhausgase entstehen. Für den Transport von der Fabrik zum Lagerort (der erwähnten Lagerhalle in Tansania zum Beispiel) und schließlich zu der Farm, auf der er zum Einsatz kommt, laden wir den Dünger auf Diesel-Lkws. Und schließlich wird nach dem Einbringen des Düngers in den Boden viel von dem enthaltenen Stickstoff gar nicht von der Pflanze absorbiert. Weltweit betrachtet nehmen Nutzpflanzen weniger als die Hälfte des auf die Felder ausgebrachten Stickstoffs auf. Der Rest versickert ins Grundwasser oder fließt in Gewässer an der Oberfläche, was mit Wasserverschmutzung einhergeht, oder er entweicht in Form von Distickstoffoxid in die Luft, welches, wir erinnern uns, 265-mal mehr zur globalen Erwärmung beiträgt als die entsprechende Menge Kohlendioxid.

Insgesamt waren Düngemittel für die Emission von rund 1,3 Milliarden Tonnen Treibhausgasen im Jahr 2010 verantwortlich, und dieser Wert wird vermutlich bis Mitte des Jahrhunderts

* Fritz Haber hat eine zwiespältige Biografie. Neben seiner lebensrettenden Arbeit am Ammoniak ist er auch ein Pionier der Herstellung von Chlorgas und anderen Giftgasen, die als Chemiewaffen im Ersten Weltkrieg eingesetzt wurden.

noch auf 1,7 Milliarden Tonnen jährlich steigen. Haber-Bosch hat's gegeben, Haber-Bosch hat's genommen.

Leider existiert gegenwärtig keine praxistaugliche CO_2-freie Alternative zu Düngemitteln. Gewiss könnten wir die Emissionen vermeiden, die bei der Herstellung des Düngers anfallen, indem wir Strom anstelle fossiler Brennstoffe bei der Ammoniaksynthese einsetzen – aber das ist teuer und würde den Preis für die Düngemittel deutlich in die Höhe treiben. In den USA würde der Einsatz dieses Verfahrens zur Herstellung des stickstoffbasierten Düngemittels Urea die Kosten um über 20 Prozent erhöhen.

Und das sind nur die Emissionen, die bei der *Herstellung* des Düngers anfallen. Wir haben keine Möglichkeit, die Treibhausgase zu erfassen, die auf seinen *Einsatz* zurückgehen. Für Distickstoffoxid existiert kein Äquivalent zur Kohlendioxidabscheidung. Das heißt, ich kann die ökologischen Mehrkosten für CO_2-freie Düngemittel gar nicht vollständig berechnen – und auch das ist schon eine wertvolle Information, denn immerhin sagt sie uns, dass wir auf diesem Gebiet noch bedeutende Innovationen brauchen.

Technisch ist es möglich, Nutzpflanzen dazu zu bringen, den Stickstoff deutlich effizienter zu absorbieren als bisher. Dafür müssen die Farmer über Technologie verfügen, um ihre Stickstoff-Levels genau zu überwachen und über die gesamte Anbausaison exakt die benötigten Mengen auszubringen. Das ist aber wieder ein kostspieliger und zeitaufwendiger Prozess, und Dünger ist billig (jedenfalls in reichen Ländern). Es ist wirtschaftlicher, mehr als nötig auf die Felder zu bringen, im Wissen, dass man zumindest genug düngt, um das Wachstum seiner Nutzpflanzen zu maximieren.

Einige Firmen haben Additive entwickelt, die den Pflanzen helfen sollen, mehr Stickstoff aufzunehmen, sodass weniger ins Grundwasser versickert oder in die Atmosphäre entweicht. Aber diese Additive kommen nur bei 2 Prozent der weltweit eingesetzten Düngemittel zur Anwendung, da sie nicht durchgehend gut funktionieren und die Hersteller vergleichsweise wenig in die Verbesserung dieser Stoffe investieren.

Andere Experten arbeiten an weiteren Wegen zur Lösung des Stickstoffproblems. Beispielsweise beschäftigen sich manche Forscher mit genetisch veränderten Sorten von Kulturpflanzen, die Bakterien dazu bringen können, Stickstoff für sie zu binden. Darüber hinaus hat eine Firma genetisch modifizierte Mikroben entwickelt, die Stickstoff binden; anstatt also über Düngemittel Stickstoff zuzuführen, werden nun Bakterien in den Boden eingebracht, die immer Stickstoff produzieren – auch dann, wenn genug davon vorhanden ist. Sollten diese Anstrengungen fruchten, werden sie den Bedarf an Düngemitteln dramatisch reduzieren, und damit auch alle damit verbundenen Emissionen.

Alles, was Sie soeben gelesen haben – das man unter dem Oberbegriff »Landwirtschaft« zusammenfassen könnte –, steht für rund 70 Prozent der Emissionen aus Land- und Forstwirtschaft und anderen Formen der Bodennutzung. Müsste ich die restlichen 30 Prozent mit einem einzigen Begriff beschreiben, lautete er: Entwaldung.

Nach Angaben der Weltbank hat die Welt seit 1990 über 1,3 Millionen Quadratkilometer Waldfläche verloren.[63] (Das ist mehr als die Fläche Südafrikas oder Perus und entspricht einem Rückgang von ungefähr 3 Prozent.) Da gibt es zunächst die unmittelbare und offenkundige Folge der Entwaldung – wenn Wälder abbrennen, wird das in ihnen gespeicherte Kohlendioxid sofort freigesetzt. Es entsteht aber noch ein weiterer, nicht so offensichtlicher Schaden. Wenn Sie dem Boden einen Baum wegnehmen, stören Sie damit die Zusammensetzung dieses Bodens, und wie sich zeigt, ist im Boden eine große Menge Kohlenstoff gespeichert (im Boden befindet sich sogar mehr Kohlenstoff als in der Atmosphäre und in sämtlichem pflanzlichem Leben zusammengenommen). Wenn Sie beginnen, Bäume aus dem Boden zu nehmen, wird auch dieser Kohlenstoff in Form von Kohlendioxid an die Atmosphäre abgegeben.

Die Entwaldung wäre leichter zu stoppen, wenn sie sich überall aus dem gleichen Grund abspielen würde, aber unglücklicherweise ist dem nicht so. In Brasilien erfolgte die Zerstörung des Amazonas-Regenwalds in den letzten Jahrzehnten größtenteils mit dem Ziel, Weideland für Rinder zu schaffen. (Brasiliens Urwälder sind seit 1990 um 10 Prozent geschrumpft.) Und da Nahrungsmittel eine globale Ware sind, kann das, was in einem Land verbraucht wird, die Landnutzung in anderen Ländern verändern. Der wachsende Fleischverzehr in der Welt beschleunigt somit die Entwaldung in Lateinamerika. Mehr Burger hier bedeuten weniger Bäume dort.

Und bei diesen Emissionen kommt schnell eine Menge zusammen. Einer Studie des World Resources Institute zufolge ist, berücksichtigt man auch die Veränderungen in der Landnutzung, die typische amerikanische Ernährungsweise für fast so viele Emissionen verantwortlich wie die gesamte Energie, die die US-Amerikaner für Stromerzeugung, Industrieproduktion, Transport und Verkehr sowie für die Bauwirtschaft aufwenden.[64]

In anderen Teilen der Welt geht es bei der Entwaldung aber nicht um die Produktion von mehr Hamburgern und Steaks. In Afrika geht es beispielsweise darum, Land für den Anbau von Nahrungsmitteln und Kraftstoff für die wachsende Bevölkerung des Kontinents zu gewinnen. Nigeria hat eine der höchsten Entwaldungsraten der Welt und seit 1990 mehr als 60 Prozent seiner Waldfläche verloren. Und es ist einer der weltweit größten Exporteure von Holzkohle.

In Indonesien hingegen werden Wälder abgeholzt, um Platz für Palmen zu schaffen. Diese liefern das Palmöl, das Sie in allen möglichen Produkten finden – vom Popcorn im Kino bis hin zum Shampoo. Das ist einer der Hauptgründe, warum Indonesien der viertgrößte Emittent von Treibhausgasen in der Welt ist.[65]

Ich wünschte, ich könnte Ihnen von irgendeiner bahnbrechenden Erfindung berichten, die die Wälder der Erde schützt. Es gibt schon ein paar Dinge, die helfen, etwa moderne satellitengestützte Überwachung, mit der sich Abholzungen und Waldbrände besser und schneller erkennen lassen und mit der auch das Ausmaß des jeweils entstandenen Schadens bemessen werden kann. Ich behalte auch einige Firmen im Auge, die synthetische Alternativen zum Palmöl entwickeln, damit wir nicht mehr so viele Wälder für das Anpflanzen von Palmölplantagen abholzen müssen.

Aber das ist nicht in erster Linie ein technologisches Problem, sondern ein politisches und ökonomisches. Die Menschen holzen ihre Wälder nicht aus bösem Willen ab. Sie tun das nur, wenn die Anreize zum Abholzen stärker sind als die Anreize, die Wälder in Ruhe zu lassen. Wir brauchen daher politische und wirtschaftliche Lösungen, indem wir beispielsweise Länder für die Erhaltung ihrer Wälder bezahlen, Vorschriften durchsetzen, die bestimmte Bereiche schützen, und darauf achten, dass ländliche Gemeinden andere wirtschaftliche Chancen bekommen und nicht mehr darauf angewiesen sind, zum bloßen Überleben natürliche Ressourcen zu verbrauchen.

Vielleicht haben Sie schon von einer Lösung gehört, die darauf abzielt, aus Gründen des Klimawandels Wälder zu schützen: das Pflanzen von Bäumen zum Binden von Kohlendioxid aus der Atmosphäre. Das hört sich einfach an – es wäre die billigste und technisch unkomplizierteste Art der Bindung von Kohlenstoff, die man sich vorstellen kann. Und es hat für jeden von uns, der Bäume mag, einen offenkundigen Reiz. Aber es berührt auch eine sehr komplizierte Thematik. Hier ist noch eine Menge Forschung notwendig, vorerst erscheint der Effekt einer solchen Maßnahme auf den Klimawandel jedoch eher überschätzt.

Wie so oft bei Fragen der globalen Erwärmung sind mehrere Faktoren zu berücksichtigen …

Wie viel Kohlendioxid kann ein Baum über seine gesamte Lebensdauer absorbieren? Das variiert, aber eine vernünftige Faustregel besagt: 4 Tonnen über einen Zeitraum von 40 Jahren.

Wie lange wird der Baum leben? Wenn er abbrennt, wird das gesamte darin gespeicherte Kohlendioxid an die Atmosphäre abgegeben.

Was wäre geschehen, wenn wir diesen Baum nicht gepflanzt hätten? Wenn an der gleichen Stelle ein Baum ganz natürlich gewachsen wäre, wäre durch das Pflanzen eines Baums kein zusätzlicher Kohlenstoff gebunden worden.

In welchem Teil der Welt wollen Sie Ihren Baum pflanzen? Insgesamt wirken Bäume in schneereichen Gegenden eher erwärmend als abkühlend, da sie dunkler sind als der Schnee und das Eis unter ihnen und dunkle Flächen mehr Wärme absorbieren als helle. Andererseits bewirken Bäume in tropischen Wäldern mehr Abkühlung als Erwärmung, weil sie eine Menge Feuchtigkeit freisetzen, aus der Wolken entstehen, welche wiederum das Sonnenlicht reflektieren. Bäume in mittleren Breiten – zwischen den Tropen und den Polarkreisen – wirken sich weder in die eine noch in die andere Richtung nennenswert aus.

Wuchs an der Stelle vorher etwas anderes? Wenn Sie zum Beispiel ein Sojafeld durch einen Wald ersetzen, reduzieren Sie die Gesamtmenge verfügbarer Sojabohnen und treiben damit deren Preis in die Höhe. Dadurch erhöht sich die Wahrscheinlichkeit, dass irgendwo anders jemand Bäume abholzt, um dort Soja anzupflanzen. Dies wird den positiven Effekt, den Sie mit Ihrer Baumanpflanzung erreichen, zumindest teilweise wieder aufheben.

Mathematisch betrachtet brauchen Sie unter Berücksichtigung all dieser Faktoren ungefähr 20 Hektar Wald, gepflanzt in tropischen Regionen, um die Emissionen zu absorbieren, die ein durchschnittlicher US-Amerikaner in seinem Leben erzeugt. Multipliziert mit der Bevölkerung der USA kommen Sie auf rund 6,5 Milliarden Hektar – das sind 65 Millionen Quadratkilometer und damit etwa die Hälfte der globalen Landmasse. Diese Bäume müssten für immer erhalten bleiben. Und das wäre nur für die Emissionen der USA – die Emissionen der übrigen Welt sind da noch gar nicht berücksichtigt.

Verstehen Sie mich nicht falsch: Bäume besitzen alle möglichen Vorzüge, in ästhetischer wie in ökologischer Hinsicht, und wir sollten definitiv mehr davon pflanzen. Größtenteils können Sie Bäume nur dort zum Wachsen bringen, wo bereits welche gewachsen sind. Sie anzupflanzen könnte also den Schaden wettmachen, der durch Abholzung entsteht. Es gibt jedoch keine praktikable Möglichkeit, genug davon zu pflanzen, um der Probleme Herr zu werden, die wir durch das Verbrennen fossiler Energieträger schaffen. Die effektivste Strategie, was die Wälder im Zusammenhang mit dem Klimawandel angeht, besteht darin, das Abholzen derjenigen Bäume zu stoppen, die wir bereits haben.

Letzten Endes müssen wir möglichst bald 70 Prozent mehr Nahrungsmittel produzieren und gleichzeitig die Emissionen herunterfahren und darauf hinarbeiten, diese Emissionen vollständig zu eliminieren. Dafür braucht es jede Menge neuer Ideen. Wir brauchen neue Wege bei der Düngung von Pflanzen, bei der Viehzucht und beim Vermeiden der Verschwendung von Lebensmitteln. Und: Die Menschen in den reichen Ländern werden sich von einigen Gewohnheiten verabschieden müssen, indem sie beispielsweise weniger Fleisch verzehren – und wenn die Familie noch so sehr auf Cheeseburger steht.

KAPITEL 7

Transport und Verkehr

16 Prozent von 52 Milliarden Tonnen pro Jahr

Beginnen wir mit einem kleinen Quiz – es sind bloß zwei Fragen.

1) Was enthält mehr Energie als die anderen?
   a. Eine Gallone (rund 3,8 Liter) Benzin
   b. Eine Stange Dynamit
   c. Eine Handgranate
2) Was kostet in den USA am wenigsten?
   a. Eine Gallone Milch
   b. Eine Gallone Orangensaft
   c. Eine Gallone Benzin

Richtig sind Antwort 1a und 2c – jeweils das Benzin. Benzin enthält eine unglaubliche Menge Energie – man müsste 130 Dynamitstangen zusammenbinden, um auf die gleiche Energiemenge zu kommen, die in einer Gallone Benzin steckt. Natürlich gibt Dynamit seine komplette Energie im wahrsten Sinn des Wortes auf einen Schlag frei, und Benzin verbrennt viel langsamer – das ist allerdings nicht der einzige Grund, warum wir Benzin und keine Dynamitstangen in unseren Tank füllen.

In den USA ist Benzin ausgesprochen billig, auch wenn es Ihnen vielleicht nicht immer so vorkommt, wenn Sie an der Tankstelle stehen. Neben Milch und O-Saft könnte ich noch eine ganze Menge anderer Dinge aufzählen, die bei gleicher Menge teurer sind als Benzin: Dasani-Tafelwasser, Joghurt, Honig, Flüssigwaschmittel, Ahornsirup, Handdesinfektionsmittel, Latte bei Starbucks, Red Bull Energydrinks, Olivenöl und der berüchtigt billige Wein der Marke Charles Shaw, den Sie im Supermarkt bekommen. Ja, tatsächlich: Selbst dieser gefürchtete Billigwein kostet pro Gallone mehr als Benzin.

Behalten Sie für den Rest dieses Kapitels bitte diese beiden Fakten über Benzin im Hinterkopf: Es platzt geradezu vor Energie, und es ist spottbillig.* Sie erinnern uns daran, dass bei der Frage, wie viel Energie wir für jeden Dollar oder Euro bekommen, Benzin sozusagen den Goldstandard bildet. Abgesehen von ähnlichen Produkten wie Diesel und Kerosin liefert nichts in unserem Alltag auch nur annähernd so viel Energie pro Mengeneinheit zu solch geringen Kosten.

Das Begriffspaar der gelieferten Energie pro Kraftstoffeinheit und pro Dollar wird bei der Suche nach Wegen zu einem möglichst CO_2-neutralen Transportsystem eine bedeutende Rolle spielen. Wie Sie sicher wissen, stößt die Verbrennung von Kraftstoffen in unseren Autos, Schiffen und Flugzeugen Kohlendioxid aus, welches zur globalen Erwärmung beiträgt. Wenn wir das auf null reduzieren wollen, brauchen wir für diese ganzen Kraftstoffe eine Alternative, die bei gleicher Energiedichte auch noch genauso billig ist.

Sie werden sich vielleicht wundern, dass ich auf dieses Thema erst so weit hinten im Buch zu sprechen komme und dass der Verkehr nur für 16 Prozent der globalen Emissionen verantwortlich ist – er steht damit auf Platz 4 hinter der industriellen Produktion, der Stromerzeugung und der Landwirtschaft. Mich hat

* Natürlich ist für Menschen, die auf das Auto angewiesen sind, Benzin eher eine Notwendigkeit als alles andere, was ich hier aufgelistet habe. Wenn Sie auf Ihre Ausgaben achten, spüren Sie einen Anstieg der Preise an der Tankstelle stärker als eine Verteuerung beim Olivenöl, für das es ja auch billigere Alternativen gibt. Ich will damit nur zeigen, dass von all den Dingen, die wir Tag für Tag verbrauchen, Benzin zu den relativ billigen zählt.

das überrascht, und ich vermute, den meisten Menschen geht es ähnlich. Wenn Sie einen beliebigen Passanten ansprechen und ihn fragen würden, welche Aktivitäten am stärksten zum Klimawandel beitragen, wären das Verbrennen von Kohle für die Stromerzeugung, Autofahren und Fliegen die wahrscheinlichsten Antworten.

Die Verwirrung ist verständlich: Transport und Verkehr sind zwar nicht die größte Ursache von Emissionen weltweit, *sehr wohl* jedoch die Nummer 1 in den USA, und das schon seit einigen Jahren, knapp vor der Stromerzeugung. Wir Amerikaner fahren und fliegen tatsächlich sehr viel.

Jedenfalls müssen wir, wenn wir auf Netto-null-Emissionen kommen wollen, die ganzen Treibhausgase eliminieren, die durch den Verkehr entstehen – in den USA und im Rest der Welt.

Wie soll das gehen? Einfach ist es gewiss nicht – aber auch nicht unmöglich.

Während der ersten 99,9 Prozent der Menschheitsgeschichte sind wir ganz ohne fossile Brennstoffe von A nach B gekommen. Wir gingen zu Fuß, ritten auf Pferden, Eseln und Kamelen, und unsere Schiffe hatten Segel. Dann, zu Beginn des 19. Jahrhunderts, fanden wir heraus, wie wir Lokomotiven und Dampfschiffe durch das Verbrennen von Kohle antreiben konnten, und von da an gab's kein Halten mehr. Bis zum Ende des 19. Jahrhunderts durchquerten Eisenbahnen ganze Kontinente, und Schiffe beförderten Menschen und Waren quer über die Ozeane. Das benzinbetriebene Automobil kam gegen Ende des 19. Jahrhunderts auf, Anfang des 20. Jahrhunderts folgte der kommerzielle Luftverkehr, der in der heutigen Weltwirtschaft eine so große Rolle spielt.

Es ist kaum 200 Jahre her, dass wir erstmals Kraftstoff zu Transportzwecken verbrannten, und doch sind wir heute so fundamental abhängig davon. Wir werden das auch nie aufgeben, solange wir keinen Ersatz dafür gefunden haben, der annähernd so billig und genauso geeignet für das Zurücklegen langer Strecken ist.

Und noch eine Herausforderung gibt es: Wir müssen nicht nur die 8,3 Milliarden Tonnen Kohlenstoff eliminieren, die wir heute im Verkehr produzieren – es geht um noch weit größere Mengen. Laut Prognosen der OECD (Organisation für wirtschaftliche Zusammenarbeit und Entwicklung) wird der Transportbedarf bis mindestens 2050 weiter wachsen – auch unter Berücksichtigung der Tatsache, dass COVID-19 Reisen und Handel eingeschränkt hat.[66] Es sind auch Luftverkehr, Lkws und Schiffe – und nicht der Individualverkehr –, die für die Zunahme der Emissionen im Verkehrssektor verantwortlich sind. Die Verschiffung erledigt heute, bezogen auf das Transportvolumen, neun Zehntel des weltweiten Warenverkehrs und erzeugt dabei fast 3 Prozent der globalen Emissionen.

Ein Großteil der verkehrsbedingten Emissionen fällt in den reichen Ländern an, allerdings haben die meisten dieser Län-

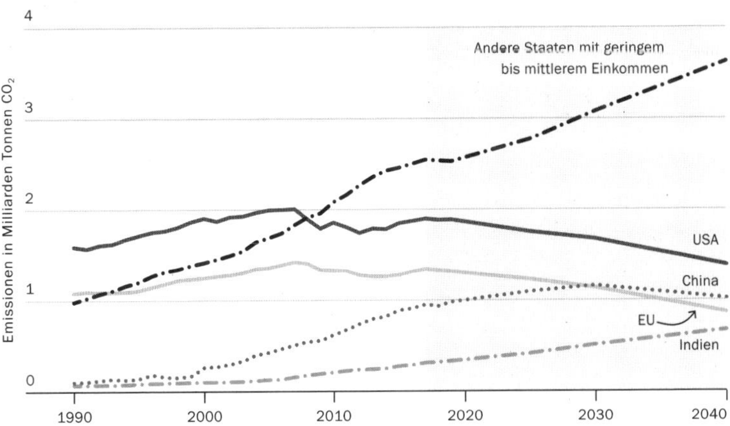

COVID-19 verlangsamt das Wachstum der Verkehrsemissionen – doch es stoppt sie nicht vollends. Obwohl die Emissionen vielerorts zurückgehen werden, werden sie in Ländern mit niedrigem und mittlerem Einkommen so stark zunehmen, dass der Gesamteffekt eine Zunahme der Treibhausgase sein wird (IEA World Energy Outlook 2020; Rhodium-Gruppe).[67]

der ihr Emissionsmaximum in der zurückliegenden Dekade überschritten und registrieren seitdem einen leichten Rückgang. Heute kommt das Wachstum beim verkehrsbezogenen CO_2-Ausstoß aus den Entwicklungs- und Schwellenländern – aufgrund des Bevölkerungswachstums und der Tatsache, dass die Menschen dort reicher werden und immer mehr Autos kaufen. Wie üblich liefert uns China auch hier das Paradebeispiel – Chinas Verkehrsemissionen haben sich in den letzten zehn Jahren verdoppelt, seit 1990 sogar verzehnfacht.

Auf die Gefahr hin, mich zu wiederholen: Es geht beim Verkehr im Prinzip um das Gleiche wie bei der Stromerzeugung, der Industrieproduktion und der Landwirtschaft: *Wir sollten froh sein, dass mehr Menschen reisen und mehr Waren transportiert werden.* Die Möglichkeit, sich zwischen ländlichen Gebieten und Städten zu bewegen, ist eine Form persönlicher Freiheit – für Bauern in armen Ländern, die ihre Erzeugnisse zum Markt bringen müssen, sogar eine Frage des Überlebens. Internationale Flüge verbinden die Welt in einer Weise, die uns vor einem Jahrhundert unvorstellbar war; die Möglichkeit, Menschen aus anderen Teilen der Welt zu begegnen, hilft uns, unsere gemeinsamen Ziele besser zu verstehen. Und vor dem modernen Transportwesen hatten wir übers Jahr weitaus weniger Auswahl bei unserer Ernährung. Ich mag beispielsweise Weintrauben und genieße es, sie das ganze Jahr über verspeisen zu können. Das kann ich aber nur, weil Containerschiffe diese Früchte aus Südamerika heranschaffen, und diese Schiffe fahren zurzeit nicht ohne fossile Kraftstoffe.

Wie also können wir die Vorzüge von Reise und Verkehr beibehalten, ohne dabei unser Klima zu ruinieren? Haben wir die Technologien, die wir dafür brauchen, oder bedarf es großer Innovationen?

Um diese Fragen beantworten zu können, müssen wir den Ökozuschlag beim Verkehr abschätzen können. Wir schauen uns daher zunächst einmal genauer an, woher diese Emissionen kommen.

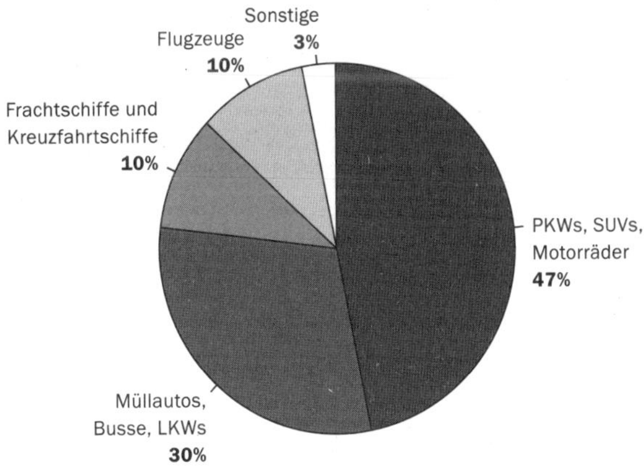

Das Auto ist nicht der einzige Übeltäter. Personenfahrzeuge sind für knapp die Hälfte aller transport- und verkehrsbezogenen Emissionen verantwortlich. (ICCT)[68]

Das Tortendiagramm zeigt, welchen Prozentanteil der Emissionen Pkws, Lkws, Flugzeuge, Schiffe und so weiter jeweils beisteuern. Unser Ziel ist, jeden einzelnen Teilbereich auf netto null zu bringen.

Beachten Sie, dass Personenfahrzeuge (Autos, SUVs, Motorräder und dergleichen) für nahezu die Hälfte der Emissionen verantwortlich sind. Mittelgroße und schwere Lkws – also alles vom Müllauto bis zum Sattelschlepper – machen weitere 30 Prozent aus. Der Flugverkehr trägt ein Zehntel aller Emissionen bei, ebenso Container- und andere Schiffe. Der geringste Anteil fällt beim Schienenverkehr an.*

* Zur Erinnerung: Ich rechne hier nur die Emissionen aus Kraftstoffen, die in den verschiedenen Fahr- und Flugzeugen verbrannt werden. Die Emissionen, die bei der Herstellung dieser Transportmittel anfallen – im Stahlwerk, in der Kunststofffabrik, beim Betrieb der Autowerke und so weiter –, fallen unter »Industrieproduktion« in Kapitel 5.

Sehen wir uns die Verkehrsträger einen nach dem anderen an, beginnend mit dem größten Tortenstück – Pkws –, und nehmen wir unsere gegenwärtigen Optionen, Emissionen herunterzufahren, näher unter die Lupe.

Pkws. Weltweit sind rund eine Milliarde Autos auf den Straßen unterwegs.[69] Allein im Jahr 2018 kamen rund 24 Millionen Passagierfahrzeuge dazu – und da sind die, die verschrottet beziehungsweise aus dem Verkehr gezogen wurden, bereits mit eingerechnet.[70] Da das Verbrennen von Benzin unweigerlich Treibhausgase produziert, brauchen wir eine Alternative – das müssen entweder Kraftstoffe sein, die aus bereits in der Luft vorhandenem Kohlenstoff erzeugt werden, nicht aus dem Kohlenstoff in fossilen Brennstoffen, oder es braucht eine ganz andere Form von Energie.

Sehen wir uns die zweite Option zuerst an. Zum Glück haben wir tatsächlich bereits eine Energieform, die zwar bei Weitem noch nicht perfekt ist, die sich aber bereits als funktionsfähig bewährt hat. Autos, die auf diese Weise betrieben werden, finden Sie heute bei so ziemlich jedem Autohändler in Ihrer Nähe.

Vollständig elektrisch betriebene Autos bekommen Sie heute von praktisch allen bedeutenden Herstellern: Audi, BMW, Chevrolet, Citroën, Fiat, Ford, Honda, Hyundai, Jaguar, Kia, Mercedes-Benz, Nissan, Peugeot, Porsche, Renault, Smart, Tesla, Volkswagen und noch viele mehr, darunter auch Hersteller in China und Indien. Ich bin Besitzer eines Elektroautos, und ich bin begeistert.

E-Autos waren zwar früher deutlich teurer als die fossil betriebene Konkurrenz, und sie kosten auch heute noch etwas mehr, aber der Unterschied ist in den letzten Jahren geradezu dramatisch zurückgegangen. Das liegt größtenteils an der enormen Kostensenkung bei den Batterien – ein Rückgang um 87 Prozent seit 2010 – sowie an diversen steuerlichen Anreizen und staatlichen Zielvorgaben, um mehr emissionsfreie Autos auf die Straße zu bringen. E-Autos weisen aber noch immer einen bescheidenen Ökozuschlag auf.

Malibu
US-Preis ab 23.400 Dollar

Verbrauch: 8,1/6,5 l je 100 km (Stadt/Autobahn)
Laderaum: 445 Liter
Leistung: 250 PS (184 kW)

Bolt EV
US-Preis ab 31.500 Dollar

Reichweite: 400 Kilometer
Laderaum: 1.603 Liter
Leistung: 200 PS (147 kW)

Chevy und Chevy im Vergleich. Der Malibu mit Benzinmotor und der Bolt EV mit Elektroantrieb. (Chevrolet)[71]

Vergleichen wir als Beispiel zwei Autos vom gleichen Hersteller – Chevrolet: den Malibu mit Benzinmotor und den komplett elektrisch betriebenen Bolt EV.

In Sachen Motorleistung, Platzangebot und so weiter sind beide Modelle einigermaßen vergleichbar. Der Bolt kostet 8100 US-Dollar mehr (dabei sind möglicherweise vorgesehene Steueranreize, die ihn preislich attraktiver machen würden, noch nicht eingerechnet), allerdings lässt sich der Ökozuschlag nicht allein anhand des Kaufpreises ermitteln. Es geht nicht nur um die Anschaffungskosten, sondern um die Gesamtkosten für den *Betrieb* eines Autos. Dabei kommt zum Tragen, dass E-Autos weniger Wartungsaufwand erfordern und eben mit Strom anstatt Benzin angetrieben werden. Andererseits sind E-Autos aufgrund des höheren Preises auch bei der Versicherung teurer.

Wenn wir alle diese Faktoren einbeziehen und die Gesamtbetriebskosten betrachten, kommen wir beim Bolt auf einen Mehrpreis von 10 Cent pro gefahrene Meile gegenüber dem Malibu.[72]

Was bedeuten nun 10 Cent pro Meile? Wenn Sie 12 000 Meilen (knapp 20 000 Kilometer) im Jahr fahren, sind das 1200 Dollar Mehrkosten pro Jahr – keine Kleinigkeit, gewiss, aber doch nicht so viel, dass es potenzielle Käufer von E-Autos abschrecken müsste.

Und dabei reden wir nur von einem Durchschnittswert für die USA. In anderen Ländern wird der Ökozuschlag anders ausfallen – der Hauptfaktor ist dabei wieder der Preisunterschied zwischen Strom und Benzin. (Billigerer Strom oder höhere Spritpreise reduzieren natürlich den Ökozuschlag.) In manchen Ländern in Europa ist der Sprit so teuer, dass der Ökozuschlag für E-Autos bereits auf null gesunken ist. Und selbst für die USA wage ich angesichts der fallenden Preise für Batterien die Prognose, dass die Mehrkosten bei den meisten Autos bis 2030 verschwunden sein werden.

Das ist eine wunderbare Nachricht, und wir sollten möglichst viele E-Autos auf unsere Straßen bringen, da diese immer erschwinglicher werden. (Am Ende des Kapitels komme ich darauf zu sprechen, wie wir das schaffen können.) Doch auch 2030 werden die E-Autos gegenüber dem Verbrennungsmotor noch einige Nachteile zu gewärtigen haben.

Einer davon ist der stark schwankende Benzinpreis, und E-Autos sind natürlich nur dann billiger, wenn der Spritpreis ein bestimmtes Niveau nicht unterschreitet. Zu einem Zeitpunkt im Mai 2020 war der Durchschnittspreis für eine Gallone Benzin in den USA auf 1,77 Dollar gefallen; wenn der Sprit derart billig ist, sind Elektroautos nicht mehr konkurrenzfähig – dafür sind die Batterien schlicht zu teuer. Damit sich der Betrieb eines E-Autos bei den heutigen Batteriepreisen für den Besitzer rechnet, müsste Benzin etwa 3 Dollar pro Gallone oder mehr kosten.

Ein weiterer Nachteil: Es kann eine Stunde oder länger dauern, bis die Batterien eines E-Autos vollständig geladen sind – das Auftanken Ihres Benziners oder Diesels dauert keine fünf Minuten. Überdies taugen E-Autos nur dann zur Vermeidung von CO_2-Emissionen, wenn wir den dafür benötigten Strom auch wirklich CO_2-frei erzeugen. Das ist ein weiterer Grund, warum die in Kapitel 4 erwähnten technischen Innovationen so wichtig sind. Wenn wir den Strom aus Kohle gewinnen und dann damit unsere E-Autos aufladen, ersetzen wir lediglich einen fossilen Kraftstoff durch einen anderen fossilen Kraftstoff.

Und es wird auch einige Zeit dauern, bis wir die ganzen Benzin- und Dieselautos von der Straße haben. Im Durchschnitt hat ein Pkw eine Lebensdauer von 13 Jahren von der Fertigungsstraße im Automobilwerk bis zur letzten Ruhe auf dem Schrottplatz. Diese hohe Lebensdauer bedeutet: Wenn wir bis 2050 den gesamten Autoverkehr in den USA elektrisch betreiben wollen, müsste der Autohandel innerhalb der nächsten 15 Jahre zu nahezu 100 Prozent auf das E-Auto umgestellt sein. Heute liegen die E-Autos bei circa 3 Prozent.

Wie bereits erwähnt, besteht ein weiterer Weg zu null Emissionen in der Umstellung auf alternative Flüssigkraftstoffe auf der Basis von Kohlenstoff, der sich schon zuvor in der Atmosphäre befunden hatte. Beim Verbrennen dieser Kraftstoffe nimmt der Kohlenstoffanteil in der Luft nicht zu – der Anteil, der dort zuvor schon vorhanden war, wird quasi recycelt.

Bei dem Begriff »alternativer Kraftstoff« denken Sie vielleicht an Ethanol, einen Biokraftstoff, der in der Regel aus Mais, Zuckerrohr oder Rübenzucker gewonnen wird. In den USA fahren Sie Ihr Auto wahrscheinlich bereits heute mit einem gewissen Anteil solcher Kraftstoffe – das meiste in den USA verkaufte Benzin enthält 10 Prozent Ethanol, fast vollständig auf Maisbasis. Manche Autos in Brasilien fahren mit 100-prozentigem Ethanol aus Zuckerrohr. Andere Länder nutzen überhaupt kein Ethanol.

Und hier ist das Problem: Ethanol auf Maisbasis ist keineswegs emissionsfrei und je nach Herstellungsverfahren vielleicht noch nicht einmal emissionsarm. Der Anbau erfordert Dünger. Das Raffinieren, bei dem die Pflanzen in Kraftstoff umgewandelt werden, erzeugt ebenfalls Emissionen. Und der Anbau von Nutzpflanzen für die Kraftstofferzeugung verbraucht Land, das ansonsten für den Anbau von Nahrungsmitteln zur Verfügung stehen würde – unter Umständen sehen sich Farmer dann genötigt, Wälder abzuholzen, um die Nahrungspflanzen anderswo anbauen zu können.

Alternative Kraftstoffe sind dennoch kein hoffnungsloser Fall. Es gibt moderne Biokraftstoffe der zweiten Generation, die frei von den Problemen konventioneller Biokraftstoffe sind. Sie werden aus Pflanzen gewonnen, die von vornherein nicht als Nahrung infrage kommen – sofern Sie nicht gerade Fan von Salat aus Rutenhirse sind – oder aber aus landwirtschaftlichen Abfallprodukten (zum Beispiel den Halmen von Getreidepflanzen), Nebenprodukten der Papierherstellung und sogar Speise- und Gartenabfällen. Da es sich also nicht unmittelbar um Nahrungspflanzen handelt, fällt wenig bis gar kein Dünger an, und sie müssen nicht auf Feldern angebaut werden, die andernfalls für menschliche Nahrung oder Tierfutterpflanzen genutzt würden.

Manche dieser modernen Biokraftstoffe sind sogenannte »Drop-in-Kraftstoffe«, die ohne technische Veränderungen direkt in einem konventionellen Verbrennungsmotor eingesetzt werden können. Ein weiterer Vorteil: Wir können sie in den gleichen Tankern, Pipelines und anderer Infrastruktur transportieren, in deren Bau und Erhalt wir bereits Milliarden investiert haben.

Ich bin durchaus optimistisch, was Biokraftstoffe angeht, aber es ist ein kompliziertes Feld. Ich habe selbst schon einmal erlebt, wie schwierig es sein kann, hier einen Durchbruch zu erzielen. Vor ein paar Jahren erfuhr ich von einer amerikanischen Firma, die ein geschütztes Verfahren zur Umwandlung von Biomasse, zum Beispiel Bäumen, in Kraftstoffe entwickelt hatte. Ich besuchte das Werk und war beeindruckt, und nach sorgfältiger Prüfung und Abwägung investierte ich 50 Millionen Dollar in das Unternehmen. Aber die Technologie war einfach noch nicht ausgereift – aufgrund diverser technischer Schwierigkeiten produzierte die Anlage nicht annähernd die Energiemengen, die für einen wirtschaftlichen Einsatz erforderlich gewesen wären. Am Ende stellte die Fabrik, die ich besucht hatte, den Betrieb ein. Das war eine 50 Millionen Dollar teure Sackgasse, aber ich bedaure nicht, es zumindest probiert zu haben. Wir müssen nun einmal möglichst viele Ideen austesten, selbst wenn uns klar ist, dass nicht alle zum Erfolg führen werden.

Leider ist die Erforschung moderner Biokraftstoffe nach wie vor unterfinanziert, und der Einsatz dieser Kraftstoffe hat noch längst nicht den Umfang erreicht, der erforderlich wäre, um unsere Transport- und Verkehrssysteme emissionsfrei zu machen.

Der Einsatz dieser Stoffe als Ersatz für Benzin und Diesel wäre demzufolge ziemlich teuer. Die Experten sind sich nicht ganz einig bezüglich der genauen Mehrkosten dieser und anderer »sauberer« Brennstoffe, es stehen eine ganze Reihe von Schätzungen im Raum. Ich setze deshalb für die Zusatzkosten einen Durchschnittswert aus mehreren verschiedenen Studien an.[73]

Ökozuschlag beim Ersetzen von Benzin durch moderne Biokraftstoffe

Kraftstofftyp	Preis pro Gallone	Preis pro Gallone, CO_2-neutrale Option	Ökozuschlag
Benzin	2,43 US-Dollar	5,00 US-Dollar (moderne Biokraftstoffe)	**106** %

ANMERKUNG: Die Verkaufspreise in dieser und den folgenden Tabellen entsprechen dem Durchschnitt in den USA im Zeitraum von 2015 bis 2018. Die Preisangaben zu den CO_2-neutralen Optionen sind jeweils geschätzte Werte.

Biokraftstoff gewinnt seine Energie aus Pflanzen, aber das ist nicht der einzige Weg zur Herstellung alternativer Kraftstoffe. Wir können auch emissionsfreien elektrischen Strom nutzen, um den Wasserstoff aus Wasser (H_2O) mit dem Kohlenstoff aus Kohlendioxid (CO_2) zu kombinieren – das Ergebnis sind Kohlenwasserstoff-Brennstoffe. Diese *synthetischen Kraftstoffe* (englisch »electrofuels« wegen des elektrischen Herstellungsverfahrens) bieten eine Menge Vorteile. Es sind Drop-in-Kraftstoffe (siehe oben), und da sie mit aus der Atmosphäre abgeschiedenem Kohlendioxid hergestellt werden, trägt ihre Verbrennung nicht zum Emissionssaldo bei.

Aber diese synthetischen Kraftstoffe haben auch einen Nachteil: Sie sind sehr teuer. Sie benötigen Wasserstoff zu ihrer Herstellung, und wie in Kapitel 4 erwähnt, kostet es viel Geld, Wasserstoff CO_2-emissionsfrei zu produzieren. Überdies müssen sie auf der Basis sauberen Stroms erzeugt werden – sonst bringt das alles ja nichts –, und bislang haben wir noch nicht genug kostengünstigen sauberen Strom in unseren Netzen, um ihn wirtschaftlich für die Brennstoffproduktion nutzen zu können. Unterm Strich ergibt sich bei den synthetischen Kraftstoffen also ein hoher Ökozuschlag:[74]

Ökozuschlag beim Ersetzen von Benzin durch CO_2-neutrale Alternativen

Kraftstofftyp	Preis pro Gallone	Preis pro Gallone, CO_2-neutrale Option	Ökozuschlag
Benzin	2,43 US-Dollar	5,00 US-Dollar (moderne Biokraftstoffe)	**106 %**
Benzin	2,43 US-Dollar	8,20 US-Dollar (synthetische Kraftstoffe)	**237 %**

Was bedeutet das für die Durchschnittsfamilie? In den USA gibt ein normaler Haushalt rund 2000 Dollar jährlich für Sprit aus.[75] Wenn sich dieser Preis verdoppelt, sind das 2000 Dollar zusätzliche Kosten, bei einer Verdreifachung 4000 Dollar Mehrkosten bei jedem konventionellen Pkw auf Amerikas Straßen.

Müllabfuhr, Busse, Sattelschlepper. Leider sind Batterien eine weniger gangbare Option für Fernbusse oder Lkws. Je größer das Fahrzeug, das Sie antreiben wollen, und je weiter Sie ohne Tanken beziehungsweise Aufladen fahren wollen, desto schwieriger wird es, Strom als Antriebsenergie zu nutzen. Batterien sind sehr schwer und können nur eine begrenzte Energiemenge speichern, und sie können auch nur einen bestimmten Teil dieser Energie auf einmal an den Motor abgeben. (Es braucht einen leistungsstärkeren Motor – oder einen mit mehr Batterien –, um einen schweren Laster anzutreiben, als bei einem leichten Kombi-Pkw.)

Mittelschwere Nutzfahrzeuge wie Mülllaster und Stadtbusse sind grundsätzlich etwas leichter und damit für den Antrieb mit Strom besser geeignet. Sie haben auch den Vorteil, nur für relativ kurze Entfernungen konzipiert zu sein und über Nacht einen festen Standort zu haben, sodass es kein Problem ist, eine Ladestation für sie einzurichten. Die Stadt Shenzhen in China – mit ihren zwölf Millionen Einwohnern – hat ihre gesamte Flotte von

Shenzhen (China) hat seine 16 000 Busse komplett elektrifiziert.[76]

über 16 000 Bussen und fast zwei Drittel der Taxis auf E-Antrieb umgestellt.[77] Bei den Mengen von E-Bussen, die in China verkauft werden, würde ich annehmen, dass der Ökozuschlag für Busse innerhalb eines Jahrzehnts auf null sinken wird, was bedeutet, dass die meisten Großstädte in der Welt in der Lage sein sollten, ihre Busflotten zu elektrifizieren.

Wenn Sie allerdings längere Strecken zurücklegen müssen oder mehr Energie benötigen – etwa wenn ein großer und voll beladener Lkw oder Sattelschlepper von der Nordsee bis zu den Alpen durchfahren soll –, brauchen Sie viel mehr Batterien als für einen Schulbus, der sich nur ein paar Kilometer in der näheren Umgebung bewegt. Und mehr Batterien bedeuten mehr Gewicht. Eine *Menge* mehr Gewicht.

Aufs Gewicht bezogen bündelt die aktuell beste Lithium-Ionen-Batterie 35-mal weniger Energie als die entsprechende Menge Benzin. Für die Energiemenge eines Liters Benzin brauchen Sie also Batterien, die so viel wiegen wie 35 Liter Sprit.

Wie wirkt sich das in der Praxis aus? Laut einer Studie zweier Maschinenbauingenieure der Carnegie Mellon University aus dem Jahr 2017 würde ein elektrisch angetriebener Lkw, der eine Strecke von rund 1000 Kilometern mit einer einzigen Aufladung zurücklegen soll, so viele Batterien benötigen, dass man seine Fracht um 25 Prozent reduzieren müsste.[78] Und ein Lkw mit einem Radius von rund 1500 Kilometern käme gar nicht erst infrage – der Bedarf an Batterien wäre so enorm, dass kaum noch Ladung in den Laster passen würde.

Bedenken Sie, dass ein normaler Diesel-Lkw mit einer einzigen Tankfüllung problemlos 1600 Kilometer und mehr zurücklegen kann. Um Amerikas Truck-Flotte zu elektrifizieren, müssten die Speditionen daher auf Fahrzeuge umrüsten, die weniger Ladung transportieren, häufiger zum Aufladen anhalten müssten, was jeweils mehrere Stunden dauert, und dabei gibt es gerade in den USA noch Highway-Langstrecken ohne jede Ladestation. Das wird also noch eine ganze Weile dauern. Auf kurzen Strecken ist der E-Antrieb definitiv eine gute Lösung, bei schweren Langstrecken-Lkws oder Überlandbussen ist er jedoch nicht geeignet.

Wir können also unsere Trucks nicht auf E-Antrieb umstellen, deshalb sind die einzigen heute verfügbaren Lösungen synthetische Kraftstoffe und Biokraftstoffe der zweiten Generation. Dummerweise sind auch diese Alternativen durch einen extrem hohen Ökozuschlag belastet. Nehmen wir sie in die Tabelle auf:[79]

Ökozuschlag beim Ersetzen von Dieselkraftstoff durch CO_2-neutrale Alternativen

Kraftstofftyp	Preis pro Gallone	Preis pro Gallone, CO_2-neutrale Option	Ökozuschlag
Diesel	2,71 US-Dollar	5,50 US-Dollar (moderne Biokraftstoffe)	**103 %**
Diesel	2,71 US-Dollar	9,05 US-Dollar (synthetische Kraftstoffe)	**234 %**

Schiffe und Flugzeuge. Vor gar nicht langer Zeit diskutierte ich mit meinem Freund Warren Buffett darüber, wie man wohl den Flugverkehr emissionsfrei bekommen könnte. Warren fragte, »Warum können wir einen Jumbo nicht mit Batterieantrieb ausstatten?« Er wusste bereits, dass beim Start eines Flugzeugs der Kraftstoff 20 bis 40 Prozent des Gesamtgewichts ausmacht. Als ich ihn dann auf diese verblüffende Tatsache – den oben beschriebenen Gewichtsfaktor 35 – aufmerksam machte, war ihm das Problem sofort klar. Je höher der Energiebedarf, desto schwerer wird das Flugzeug. Irgendwann wird es so schwer, dass es gar nicht mehr vom Boden wegkommt. »Ach so«, meinte Warren nur und nickte lächelnd.

Wenn Sie etwas so Schweres wie ein Containerschiff oder ein Düsenflugzeug antreiben wollen, wird die oben erwähnte Faustregel – *je größer das Fahrzeug, das Sie bewegen wollen, und je weiter Sie damit ohne Aufladen kommen wollen, desto schwieriger wird es, das Fahrzeug elektrisch zu betreiben* – quasi zum physikalischen Gesetz. Vorbehaltlich eher unwahrscheinlicher technischer Revolutionen wird es wohl niemals möglich sein, Batterien so leicht und energiereich zu bauen, dass Flugzeuge oder Schiffe damit längere Distanzen zurücklegen können.

Nehmen wir den heutigen Stand der Technik. Das beste marktreife und rein elektrisch betriebene Flugzeug hat Platz für zwei Passagiere, eine Höchstgeschwindigkeit von 338 km/h und kann drei Stunden fliegen, bevor es wieder aufgeladen werden muss.* Ein mittelgroßes Passagierflugzeug wie die Boeing 787 hat eine Kapazität von 296 Passagieren, erreicht gut 1000 km/h und muss erst nach fast zwanzig Stunden Flug wieder aufgetankt werden.[80] Anders ausgedrückt: Ein mit fossilem Kraftstoff betriebenes Düsenverkehrsflugzeug fliegt mehr als dreimal schneller,

---

* Die Geschwindigkeit von Flugzeugen wird üblicherweise in Knoten angegeben, aber wer weiß schon, wie viel genau ein »Knoten« ist? Ich wusste es jedenfalls nicht: 1 Knoten = 1,852 Kilometer pro Stunde.

sechsmal weiter und transportiert fast 150-mal mehr Passagiere als das beste heute verfügbare Elektroflugzeug.

Batterien werden zwar immer besser, aber es ist kaum vorstellbar, dass sie diese Leistungslücke jemals werden schließen können. Mit Glück erreichen wir eine im Vergleich zu heute dreimal höhere Energiedichte, aber das wäre immer noch eine zwölfmal geringere Energiedichte im Vergleich zu Benzin oder Kerosin. Am ehesten wird sich der Flugzeugkraftstoff durch synthetische Kraftstoffe und moderne Biokraftstoffe ersetzen lassen – aber dann stehen wir wieder vor dem Problem mit den satten Ökozuschlägen:[81]

Ökozuschlag beim Ersetzen von Flugzeugkraftstoff (Kerosin) durch CO_2-neutrale Alternativen

Kraftstofftyp	Preis pro Gallone	Preis pro Gallone, CO_2-neutrale Option	Ökozuschlag
Kerosin	2,22 US-Dollar	5,35 US-Dollar (moderne Biokraftstoffe)	**141 %**
Kerosin	2,22 US-Dollar	8,80 US-Dollar (synthetische Kraftstoffe)	**296 %**

Für Frachtschiffe gilt im Prinzip dasselbe. Die besten konventionellen Containerschiffe transportieren 200-mal mehr Fracht als jedes der beiden heute betriebenen elektrischen Frachtschiffe, und sie legen 400-mal längere Strecken zurück.[82] Das sind entscheidende Faktoren bei Schiffen, die immerhin ganze Ozeane überqueren müssen.

Angesichts der großen Bedeutung der Containerschiffe für die Weltwirtschaft wird es kaum jemals finanziell realistisch werden, sie mit irgendetwas anderem als flüssigen Kraftstoffen zu betreiben. Der Umstieg auf Alternativen würde uns eine Menge Vorteile bringen, immerhin trägt allein der Schiffsverkehr 3 Prozent zu den weltweiten Emissionen bei. Sauberer Kraftstoff würde also mit einer signifikanten Reduzierung einhergehen. Dummerweise ist der Schiffsdiesel, den Containerschiffe tanken, das sogenannte Schweröl, spottbillig, weil er aus Rückständen aus der Ölraffinerie hergestellt wird. Und weil er so billig ist, fällt der Ökozuschlag in der Schifffahrt besonders schwer ins Gewicht.[83]

Ökozuschlag beim Ersetzen von Schiffsdiesel durch CO_2-neutrale Alternativen

Kraftstofftyp	Preis pro Gallone	Preis pro Gallone, CO_2-neutrale Option	Ökozuschlag
Schiffsdiesel	1,29 US-Dollar	5,50 US-Dollar (moderne Biokraftstoffe)	**326 %**
Schiffsdiesel	1,29 US-Dollar	9,05 US-Dollar (synthetische Kraftstoffe)	**601 %**

Zusammenfassend sehen Sie hier noch einmal alle in diesem Kapitel besprochenen Ökozuschläge:[84]

Ökozuschlag beim Ersetzen heute üblicher Kraftstoffe durch CO_2-neutrale Alternativen

Kraftstofftyp	Preis pro Gallone	Preis pro Gallone, CO_2-neutrale Option	Ökozuschlag
Benzin	2,43 US-Dollar	5,00 US-Dollar (moderne Biokraftstoffe)	**106 %**
Benzin	2,43 US-Dollar	8,20 US-Dollar (synthetische Kraftstoffe)	**237 %**
Diesel	2,71 US-Dollar	5,50 US-Dollar (moderne Biokraftstoffe)	**103 %**
Diesel	2,71 US-Dollar	9,05 US-Dollar (synthetische Kraftstoffe)	**234 %**
Kerosin	2,22 US-Dollar	5,35 US-Dollar (moderne Biokraftstoffe)	**141 %**
Kerosin	2,22 US-Dollar	8,80 US-Dollar (synthetische Kraftstoffe)	**296 %**
Schiffsdiesel	1,29 US-Dollar	5,50 US-Dollar (moderne Biokraftstoffe)	**326 %**
Schiffsdiesel	1,29 US-Dollar	9,05 US-Dollar (synthetische Kraftstoffe)	**601 %**

Ob die Menschen wohl mehrheitlich diese Mehrkosten zu zahlen bereit wären? Schwer zu sagen. Aber bedenken Sie, dass die letzte Erhöhung der Bundessteuern auf Benzin in den USA (beziehungsweise der letzte staatlich verfügte Preisaufschlag) im Jahr 1993 erfolgte – das ist über ein Vierteljahrhundert her. Ich bezweifle stark, dass die Amerikaner große Lust haben, mehr für ihren Sprit zu bezahlen.

Es gibt vier Möglichkeiten, die Emissionen im Bereich Transport und Verkehr zu reduzieren. Eine besteht im geringeren Verkehrsaufkommen – sprich: weniger fahren, weniger fliegen, weniger Gütertransport. Wir sollten die Menschen in der Tat motivieren, sich anders fortzubewegen – zu Fuß, mit dem Rad, in Fahrgemeinschaften. Und manche Städte setzen ja auch intelligente Stadtplanung ein, um genau diese Verhaltensweisen zu fördern – hervorragend!

Eine weitere Möglichkeit der Emissionsreduzierung sind weniger CO_2-lastige Materialien, angefangen bei der Automobilfertigung – auch wenn dies keine Auswirkung auf die in diesem Kapitel besprochenen kraftstoffbedingten Emissionen hat. Wie bereits in Kapitel 5 erwähnt, wird jedes Auto aus Materialien wie Stahl und Kunststoff gefertigt, die sich nicht ohne Emissionen von Treibhausgasen herstellen lassen. Je weniger wir von diesen Materialien brauchen, desto besser die CO_2-Bilanz unserer Autos.

Der dritte Weg besteht in der effizienteren Nutzung des Kraftstoffs. In der Politik und der Presse erfährt dieses Thema viel Beachtung, jedenfalls im Zusammenhang mit Pkws und Lkws; in den meisten führenden Volkswirtschaften gelten Normen für die Kraftstoffeffizienz bei diesen Fahrzeugen, und die machen einen großen Unterschied aus, wenn es darum geht, die Autohersteller zu Investitionen in moderne Motorentechnologie zu zwingen.

Aber diese Normen sind nicht streng genug. So gibt es beispielsweise empfohlene Emissionsstandards für den internationalen Schiffs- und Luftverkehr, aber diese Standards zwingend vorzuschreiben ist fast unmöglich. Die Rechtsprechung welches Landes wäre für die CO_2-Emissionen eines Containerschiffs mitten im Atlantik zuständig?

Außerdem wären zwar die Herstellung und die Nutzung effizienterer Fahrzeuge wichtige Schritte in die richtige Richtung, aber auf null kommen wir damit nicht. Auch wer weniger Sprit verbraucht, verbraucht immer noch Sprit.

Und damit kommen wir zum vierten – und effektivsten – Weg in Richtung null Emissionen in Transport und Verkehr: die Umstellung auf Elektroantrieb und alternative Kraftstoffe. Wie in diesem Kapitel ausgeführt, sind beide Optionen derzeit mit einem mehr oder weniger heftigen Ökozuschlag verbunden. Sehen wir uns die Möglichkeiten an, diesen Zuschlag zu reduzieren.

Verringern des Ökozuschlags

Bei Pkws geht der Ökozuschlag kontinuierlich zurück und wird irgendwann auf null sinken. Das Ersetzen der heutigen Fahrzeuge durch Gefährte mit höherer Reichweite und E-Autos wird zwar auf Kosten der Einnahmen aus der Benzinsteuer gehen, was wiederum zulasten der verfügbaren Investitionsmittel für den Bau und Erhalt von Straßen gehen könnte. Die Staaten können jedoch diesen Einnahmeausfall kompensieren, indem sie den Besitzern von E-Autos höhere Gebühren bei der Neuzulassung aufbürden. In den USA tun genau dies gegenwärtig 19 Bundesstaaten. Das bedeutet allerdings auch, dass es bei E-Autos ein oder zwei Jahre länger dauert, bis sie wirklich so günstig sein werden wie Fahrzeuge mit Verbrennungsmotor.

Aber es gibt noch mehr Gegenwind für E-Autos: Die Amerikaner lieben große Benzinschlucker. Im Jahr 2021 haben wir mehr als 3 Millionen Pkws gekauft[85], aber 12 Millionen Trucks und SUVs. Und bis auf 3 Prozent haben alle diese Gefährte einen Verbrennungsmotor.

Wenn wir hier etwas bewegen wollen, braucht es kreative politische Vorgaben. Wir können den Übergang beschleunigen, indem wir Vorgaben einführen, die die Menschen zum Kauf von E-Autos motivieren, und wir müssen ein flächendeckendes Netz von Ladestationen errichten, um einen nahtlosen Betrieb dieser Autos zu gewährleisten. Bundesweite Vorgaben können dazu beitragen, die Versorgung des Marktes mit entsprechenden Fahrzeugen zu fördern und deren Kosten zu drücken; China, Indien und einige Länder in Europa haben bereits Ziele formuliert, die auf die Abschaffung des Verbrennungsmotors – in erster Linie bei Pkws – in den kommenden Jahrzehnten hinauslaufen. Kalifornien will spätestens im Jahr 2029 nur noch elektrisch betriebene Busse anschaffen und den Verkauf von Verbrennerfahrzeugen bis 2035 verbieten.

Wenn wir dann alle diese E-Autos auch fahren wollen, werden wir eine Menge sauberen Strom brauchen – ein weiterer Grund, warum es so wichtig ist, erneuerbare Energiequellen zu installieren und bei der Erzeugung und Speicherung von Energie entscheidend voranzukommen, wie in Kapitel 4 erläutert.

Wir sollten auch den Einsatz von Atomenergie für den Antrieb von Containerschiffen erforschen. Die Risiken sind hier real (es muss zum Beispiel gewährleistet sein, dass kein Nuklearbrennstoff freigesetzt wird, wenn ein solches Schiff sinkt), aber viele der damit verbundenen technischen Probleme sind bereits gelöst. Immerhin fahren militärische U-Boote und Flugzeugträger schon heute mit Atomantrieb.

Und schließlich bedarf es massiver Anstrengungen, um alle Möglichkeiten der Herstellung moderner Biokraftstoffe und kostengünstiger synthetischer Kraftstoffe zu erkunden. Wirtschaft und Wissenschaft untersuchen hier verschiedene Wege – so etwa neue Möglichkeiten, Wasserstoff unter Einsatz von Strom zu erzeugen, oder mithilfe von Solarenergie oder mittels Mikroben, die Wasserstoff als Nebenprodukt auf natürliche Weise erzeugen. Je mehr wir forschen, desto mehr Chancen auf entscheidende Fortschritte werden sich auftun.

Die Lösung für ein derart komplexes Problem lässt sich fast nie auf einen einzigen Satz reduzieren. Aber beim Verkehr ist die CO_2-freie Zukunft im Grunde wie folgt darstellbar: Elektroantrieb für alle Fahrzeuge, bei denen dies möglich ist, und billige alternative Kraftstoffe für den Rest.

Zur ersten Gruppe zählen Pkws und Lkws, Kleinlastwagen, Lieferwagen und Busse. In die zweite Kategorie fallen der Lkw-Fernverkehr, Teile des Schienenverkehrs, Flugzeuge und Containerschiffe. Was die Kosten angeht, werden E-Autos in Anschaffung und Betrieb schon bald nicht mehr teurer sein als Fahrzeuge mit Verbrennungsmotor, und das ist natürlich super; alternative Kraftstoffe sind allerdings noch immer recht teuer, und das ist nicht so schön. Wir brauchen Innovationen, um hier die Preise zu drücken.

In diesem Kapitel ging es darum, wie wir Menschen und Güter von A nach B bringen. Im nächsten Kapitel kommen wir auf A und B zu sprechen – die Orte, an denen wir wohnen, arbeiten und lernen, also unser Zuhause, unsere Büros und Schulen – und darauf, was wir brauchen, um dort in einer immer wärmer werdenden Welt weiterhin gut leben zu können.

KAPITEL 8

Kühlen und Heizen

7 Prozent von 52 Milliarden Tonnen pro Jahr

Ich hätte nie gedacht, der Malaria jemals etwas Positives abgewinnen zu können. Sie tötet jährlich 400 000 Menschen, die meisten davon Kinder, und die Gates Foundation engagiert sich bei den weltweiten Anstrengungen zur Ausrottung dieser Krankheit. Deshalb war ich überrascht, als ich vor einiger Zeit erfuhr, dass die Malaria zumindest einen positiven Aspekt hat: Ohne sie hätten wir heute keine Klimaanlagen.

Seit Jahrtausenden führen die Menschen einen Kampf gegen die Hitze. Gebäude im antiken Persien hatten *Badgire* – das sind Windtürme, die die Luft in Bewegung und die Temperaturen angenehm kühl hielten.[86] Die erste bekannte Maschine, die tatsächlich kalte Luft produzierte, stammt allerdings aus den 1840er-Jahren und war eine Erfindung von John Gorrie, einem Arzt aus Florida, der annahm, kühlere Temperaturen wären der Genesung seiner Malaria-Patienten förderlich.[87]

Damals nahm man weithin an, die Malaria würde nicht, wie wir heute wissen, durch einen Parasiten hervorgerufen, sondern durch schlechte Luft (daher der Name: *mal-aria*). Gorrie installierte ein Gerät, das sein Krankenzimmer herunterkühlte, indem es die Luft über einen großen, von der Decke hängenden Eisblock leitete. Aber die Maschine taute das Eis rasch auf, und Eis war teuer, weil es aus dem Norden herbeigeschafft werden musste. Deshalb entwarf Gorrie eine Maschine, um selbst Eis herstellen zu können. Schlussendlich erlangte er ein Patent auf seine Eismaschine, gab den Beruf in der Medizin auf und versuchte, seine Erfindung zu vermarkten. Leider wurde nichts aus seinen unternehmerischen Plänen. Nach einer Reihe von Fehlschlägen starb Gorrie im Jahr 1855 völlig verarmt.

Aber seine Idee lebte fort. Der nächste große Fortschritt im Bereich der Klimaanlage kam im Jahr 1902 dank eines Ingenieurs namens Willis Carrier. Er kam auf die Idee, als ihn sein Arbeitgeber in eine New Yorker Druckerei geschickt hatte, wo er herausfinden sollte, wie sich das Knittern des Papiers von Zeitschriften beim Verlassen der Druckerpresse verhindern ließe. Carrier erkannte den Grund für die Welligkeit und Falten im Papier: Das Problem war die hohe Luftfeuchtigkeit in der Druckerei. Er entwarf eine Maschine, die die Luftfeuchtigkeit reduzierte und zugleich die Raumtemperatur senkte. Er konnte es damals noch nicht wissen, aber damit war er zum Geburtshelfer der Klimaanlagen-Industrie geworden.

Nur wenig mehr als ein Jahrhundert nach dem Einbau der ersten Klimaanlage in einem Privathaus sind heute 90 Prozent aller Haushalte in den USA mit irgendeiner Art von Klimaanlage ausgestattet.[88] Wenn Sie jemals eine Sportveranstaltung oder ein Konzert in einem überdachten Stadion genossen haben, dann verdanken Sie dies der Existenz von Klimaanlagen. Und ohne diese geniale Erfindung wären Staaten wie Florida oder Arizona schwerlich als attraktive Regionen für Rentner und Pensionäre vorstellbar.

Die Klimaanlage ist längst keine luxuriöse Annehmlichkeit mehr, die heiße Sommertage erträglicher macht; die moderne Wirtschaft hängt geradezu von ihrer Existenz ab. Nur als Beispiel: Die Serverfarmen mit ihren Tausenden von Computern, die die Fortschritte in der modernen Rechnertechnologie erst möglich machen (einschließlich derjenigen, die die Cloud-Dienste betreiben, auf denen Sie Ihre Musik und Fotos speichern), erzeugen enorme Mengen Hitze. Könnte man sie nicht herunterkühlen, würden die Server einfach wegschmelzen.

Wenn Sie in einem typischen Haus in Amerika wohnen, ist die Klimaanlage Ihr größter Stromfresser überhaupt – sie verbraucht mehr als die Beleuchtung, der Kühlschrank und die Computer zusammengenommen.* Ich habe die Emissionen rund um die Stromerzeugung ja bereits in Kapitel 4 berechnet, erwähne sie hier aber noch einmal, weil die Raumkühlung heute und in Zukunft ein so zentraler Faktor ist und bleiben wird. Und auch wenn Klimaanlagen für den größten *Stromverbrauch* verantwortlich sind, sind sie nicht der größte Verbraucher von *Energie* in den Haushalten und Unternehmen in den USA – diese zweifelhafte Ehre gebührt unseren Heizungen und Warmwasserbereitern. (Dies gilt auch für Europa und andere Regionen der Welt.) Auf das Erhitzen von Luft und Wasser komme ich im nächsten Abschnitt zu sprechen.

Die Amerikaner sind nicht die Einzigen, die kühle Luft mögen – und brauchen. Weltweit sind 1,6 Milliarden Klimaanlagen im Einsatz, allerdings sind sie sehr ungleich verteilt.[89] In reichen Ländern wie den USA haben 90 Prozent und mehr Haushalte eine Klimaanlage, in den heißesten Ländern der Welt weniger als 10 Prozent.

Das bedeutet, dass mit dem Bevölkerungswachstum, zunehmendem Wohlstand und extremeren und häufigeren Hitzephasen eine große Zahl von Klimaanlagen hinzukommen wird. In China nahm ihre Anzahl zwischen 2007 und 2017 um 350 Millionen zu; heute ist China der weltweit größte Markt für Klimaanlagen. Global betrachtet ist der Umsatz mit Klimaanlagen allein im Jahr 2018 um 15 Prozent gestiegen, und der Großteil dieses Wachstums geht auf vier besonders heiße Länder zurück: Brasilien, Indien, Indonesien und Mexiko.[90] Bis 2050 werden über fünf Milliarden Klimaanlagen weltweit in Betrieb sein.

---

* Strom macht 99 Prozent der Energie bei der Raumkühlung weltweit aus – für das eine Restprozent sorgen größtenteils erdgasbetriebene Luftkühlsysteme. Solche Kühlsysteme kommen in Einfamilienhäusern zum Einsatz, aber aufgrund ihres verschwindend geringen Marktanteils erfasst die Energy Information Administration noch nicht einmal Daten zu diesen Systemen.

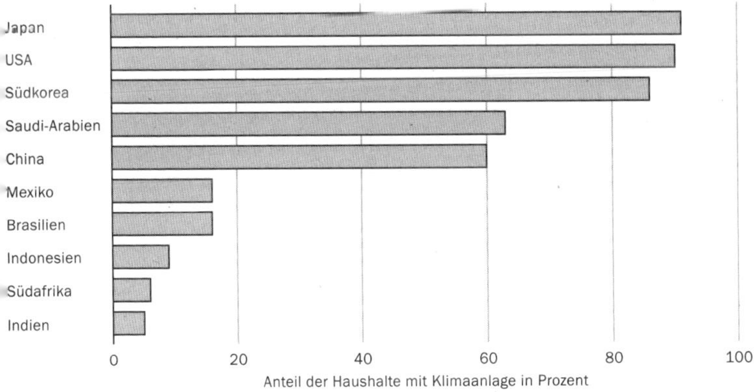

Klimatechnik auf dem Vormarsch. In manchen Ländern haben die meisten Haushalte eine Klimaanlage, in anderen ist diese Technik weitaus weniger verbreitet. In den kommenden Jahrzehnten werden die Länder am unteren Ende dieser Statistik heißer und wohlhabender werden – was bedeutet, dass die Menschen dort mehr Klimaanlagen anschaffen und betreiben werden. (IEA)[91]

Ironischerweise heizt ausgerechnet das, was wir tun, um in einem wärmeren Klima zu überleben – nämlich der Betrieb von Klimaanlagen –, die Erderwärmung zusätzlich an. Klimaanlagen werden schließlich mit Strom betrieben, und wenn wir mehr davon installieren, brauchen wir für den Betrieb der Anlagen logischerweise mehr Strom. Laut einer Prognose der Internationalen Energieagentur wird sich der weltweite Strombedarf für die Raumkühlung bis 2050 verdreifachen. Dann werden Klimaanlagen so viel Strom verbrauchen wie China und Indien heute insgesamt.

Das wird Menschen freuen, die unter Hitzewellen leiden, aber dem Klima wird es schaden, weil in den meisten Regionen der Welt die Energieerzeugung noch immer eine CO_2-intensive Angelegenheit ist. Deshalb ist der in Gebäuden verbrauchte Strom – für Klimaanlagen, Beleuchtung, Computer usw. – ja auch für fast 14 Prozent aller Treibhausgase verantwortlich.

Da der Betrieb von Klimaanlagen so stark auf Strom aufbaut, lässt sich der Ökozuschlag für kühlere Luft recht einfach berechnen. Wenn wir unsere Klimaanlagen CO_2-frei bekommen möchten, müssen wir unsere Stromnetze dekarbonisieren. Das ist ein weiterer Grund, warum wir entscheidende Innovationen bei der Stromerzeugung und -speicherung wie die in Kapitel 4 beschriebenen brauchen; andernfalls werden die Emissionen immer weiter steigen, und wir stecken in einem Teufelskreis: Wir kühlen unsere Wohnungen und Büros immer stärker herunter und heizen zugleich das Klima immer weiter auf.

Zum Glück brauchen wir auf diese Innovationen nicht mehr lange zu warten. Wir können schon jetzt handeln, um die für Klimaanlagen benötigte Strommenge und damit auch die entsprechenden Emissionen zu reduzieren. Technisch steht dem nichts mehr im Wege, aber die meisten Leute kaufen schlicht und einfach nicht die energieeffizientesten Klimaanlagen, die der Markt anbietet. Laut IEA ist die heute üblicherweise gehandelte Anlage nur halb so effizient wie vergleichbare, uneingeschränkt verfügbare Produkte und sogar nur ein Drittel so effizient wie die besten Modelle.

Das liegt vor allem daran, dass die Verbraucher nicht alle notwendigen Informationen bekommen, die sie bei der Wahl ihrer Klimaanlage eigentlich bräuchten. So ist ein weniger effizientes Gerät vielleicht billiger in der Anschaffung, aber langfristig teurer im Betrieb, einfach weil es mehr Strom verbraucht. Wenn jedoch die Geräte nicht klar und deutlich gekennzeichnet sind, erfährt der Kunde das oft gar nicht erst, wenn er sich im Fachhandel umsieht. (Derartige Etikettierungen sind in den USA vorgeschrieben, weltweit allerdings längst nicht überall.*) Außerdem haben viele Länder keine Mindeststandards für die Energieeffizienz von Klimaanlagen. Die IEA fand heraus, dass schon durch das einfache Schaffen entsprechender Regelungen weltweit eine Verdopplung der durchschnittlichen Energieeffizienz

* Anmerkung des Verlags: In Deutschland bzw. in der EU gibt es für Elektro-/Haushaltsgeräte eine Energieverbrauchskennzeichnung nach Energieeffizienzklassen.

von Klimaanlagen zu erreichen und damit das Wachstum des Energiebedarfs für die Kühlung bis Mitte des Jahrhunderts um 45 Prozent zu senken wäre.

Leider ist der Strombedarf nicht der einzige problematische Aspekt von Klimaanlagen. Die Geräte enthalten Kühlmittel – sogenannte F-Gase, da sie Fluor enthalten –, die im Verlauf von Alterung und Verschleiß der Geräte allmählich austreten. Sie werden das zweifellos schon selbst festgestellt haben, wenn Sie jemals das Kühlmittel in der Klimaanlage Ihres Autos nachfüllen mussten. F-Gase tragen in ganz extremer Weise zum Klimawandel bei: Im Lauf eines Jahrhunderts verursachen sie ein Vieltausendfaches dessen an Erwärmung, was die entsprechende Menge Kohlendioxid produziert. Wenn Sie kaum etwas darüber hören, liegt das daran, dass sie keinen sehr hohen Prozentsatz der Treibhausgase darstellen; in den USA machen sie nur etwa 3 Prozent der Emissionen aus.[92]

Allerdings hat man die F-Gase durchaus nicht übersehen. Im Jahr 2016 haben sich Vertreter aus 197 Ländern verpflichtet, Produktion und Einsatz bestimmter F-Gase bis 2045 um mehr als 80 Prozent zu reduzieren – diese Verpflichtung war nur möglich, weil mehrere Unternehmen neue Luftkühlverfahren entwickeln, bei denen F-Gase durch weniger schädliche Kühlmittel ersetzt werden können. Diese Ideen sind noch in den frühen Entwicklungsphasen – viel zu früh jedenfalls, um ihnen ein Preisschild verpassen zu können. Aber sie sind gute Beispiele für die Art von Innovationen, die wir brauchen, um es angenehm kühl zu haben, ohne dabei den Planeten weiter aufzuheizen.

Es mag im ersten Moment seltsam anmuten, in einem Buch über die globale Erwärmung ausgerechnet über Heizungen zu reden. Warum den Thermostat aufdrehen, wenn es draußen eh schon so heiß ist? Aber zum einen geht es beim Thema Heizen nicht allein um Raumluft – wir brauchen auch heißes Wasser, für die Dusche, für die Spülmaschine, für industrielle Prozesse und für vieles mehr. Aber vor allem: Die Erderwärmung schafft ja den Winter nicht aus der Welt. Auch wenn die globalen Temperaturen insgesamt steigen, bleiben Frost und Schnee Alltag in vielen Teilen der Welt. Und die Winter sind besonders hart für jeden, der sich auf erneuerbare Energien verlässt. In Deutschland sinkt beispielsweise über den Winter die verfügbare Menge Solarenergie um bis das Neunfache, und es gibt auch Phasen, in denen kein Wind weht. Strom wird aber trotzdem gebraucht – ohne ihn würden viele Menschen in ihren eigenen vier Wänden schlicht erfrieren.

Zusammengenommen machen Heizung und Warmwasserbereitung ein Drittel aller gebäudebezogenen Emissionen weltweit aus. Und im Unterschied zu Beleuchtung und Klimaanlagen werden die meisten davon nicht elektrisch betrieben, sondern mit fossilen Brennstoffen. (Ob es sich dabei um Erdgas, Heizöl oder Propangas handelt, hängt vor allem davon ab, wo Sie leben.) Wir können daher das Aufheizen von Wasser und Raumluft nicht einfach dadurch CO_2-neutral bekommen, dass wir unsere Stromnetze sauber betreiben. Wir müssen diese Wärme anders erzeugen als durch das Verbrennen von Öl und Gas.

Der Weg zu »null Kohlenstoff« beim Heizen stellt sich ganz ähnlich dar wie beim Individualverkehr:

1) Elektrifizieren: Wo immer möglich, Heizung und Warmwasserbereitung von Öl und Erdgas auf Strom umstellen, und

2) für den ganzen Rest saubere Kraftstoffe entwickeln.

Die gute Nachricht: Schritt 1 kann schon heute mit einem negativen Ökozuschlag punkten. Im Unterschied zu Elektroautos, die in Betrieb und Unterhalt teurer sind als die Konkurrenz mit Verbrennungsmotor, sparen Sie mit einer rein elektrischen Heizung und Kühlung schon heute bares Geld. Und das gilt unabhängig davon, ob Sie ein neues Haus bauen oder ein altes modernisieren. Fast überall werden Ihre Gesamtkosten sinken, wenn Sie die elektrische Klimaanlage und die Gas- oder Ölheizung durch eine elektrische Wärmepumpe ersetzen.

Die Idee hinter einer solchen Wärmepumpe mag auf den ersten Blick merkwürdig erscheinen. Wasser oder Luft durch Rohre zu pumpen kann sich jeder vorstellen, aber wie um alles in der Welt pumpt man Wärme?

Wärmepumpen nutzen die Tatsache, dass Gase und Flüssigkeiten beim Ausdehnen und Kontrahieren ihre Temperatur ändern. Die Pumpe bewegt ein Kühlmittel durch ein geschlossenes Rohrleitungssystem und nutzt dabei einen Kompressor und spezielle Ventile zur Druckveränderung im System, sodass das Kühlmittel Hitze an einer Stelle absorbiert und anderswo wieder abgibt. Im Winter transportieren Sie so Wärme von draußen nach drinnen (das funktioniert mit wenigen Ausnahmen sogar in kalten Klimazonen); im Sommer läuft die Sache andersherum: Die Wärme wird aus dem Haus heraus und nach draußen gepumpt.

Das ist weniger mysteriös, als es den Anschein hat. Sie haben bereits eine Wärmepumpe im Haus, und wahrscheinlich ist sie in diesem Moment auch in Betrieb: Das Ding nennt sich Kühlschrank. Die warme Luft, die unten am Kühlschrank herausbläst, ist genau das, was die Wärme von ihren Nahrungsmitteln fernhält und diese schön kühl hält.

Wie viel Geld lässt sich mit einer Wärmepumpe einsparen? Das variiert je nach Stadt oder Region, den dort üblichen Temperaturen im Winter, den örtlichen Strom- und Gaspreisen und weiteren Faktoren. Die folgende Tabelle zeigt einige Beispiele für Einsparungen bei Neubauten in verschiedenen Städten in den USA, ausgehend von den Einbaukosten der Wärmepumpe und einer Betriebsdauer von 15 Jahren:[93]

Ökozuschlag beim Einbau einer Luft-Wärmepumpe in ausgewählten US-Städten

Stadt	**Kosten bei Erdgasheizung und elektrisch betriebener Klimaanlage**	**Kosten bei Luft-Wärmepumpe**	**Ökozuschlag**
Providence (Rhode Island)	12.667 US-Dollar	9.912 US-Dollar	**–22** %
Chicago (Illinois)	12.583 US-Dollar	10.527 US-Dollar	**–16** %
Houston (Texas)	11.075 US-Dollar	8.074 US-Dollar	**–27** %
Oakland (Kalifornien)	10.660 US-Dollar	8.240 US-Dollar	**–23** %

Die Einsparung wird geringer ausfallen, wenn Sie ein älteres Haus nachrüsten, aber die Umstellung auf Wärmepumpentechnik spart in den meisten Städten immer noch bares Geld. In Houston kommen Sie damit zum Beispiel auf eine Ersparnis von 17 Prozent. In Chicago würden die Kosten dagegen um 6 Prozent steigen, weil dort Erdgas ungewöhnlich billig ist. Und in manchen älteren Häusern ist eine Umrüstung aus Platzgründen vielleicht gar nicht möglich.

Dennoch stellt sich auch bei diesen negativen Ökozuschlägen eine naheliegende Frage: Wenn Wärmepumpen schon jetzt so günstig sind, wieso gibt es sie dann nur in 11 Prozent der Haushalte in den USA?[94]

Zum Teil liegt das daran, dass wir unsere Heizsysteme höchstens alle zehn Jahre erneuern, und die meisten Leute haben nicht genug Geld flüssig, um »einfach so« eine einwandfrei funktionierende Heizung durch eine Wärmepumpe zu ersetzen.

Aber es gibt noch eine weitere Erklärung dafür: veraltete staatliche Vorgaben. Seit der Energiekrise der 1970er-Jahre waren wir stets bestrebt, den Energieverbrauch zu senken, deshalb haben die Behörden der Bundesstaaten verschiedene Anreize geschaffen, erdgasbetriebene Heizungen und Warmwassersysteme gegenüber weniger effizienten elektrischen Systemen zu bevorzugen. Manche Staaten gestalteten ihre Bauvorschriften so, dass es für Eigentümer schwieriger wurde, ihre Erdgassysteme durch elektrische Alternativen zu ersetzen. Viele dieser Vorgaben gelten bis heute und schränken die Möglichkeiten ein, eine Öl- oder Gasheizung durch eine elektrische Wärmepumpe zu ersetzen und damit Emissionen zu senken – obwohl es auch bares Geld sparen würde.

Das ist frustrierend und mag für viele die grundsätzlichen Zweifel an staatlichen Vorschriften bestätigen. Aber aus einem anderen Blickwinkel betrachtet ist es sogar eine gute Nachricht. Es bedeutet nämlich, dass wir gar keine technische Revolution brauchen, um die Emissionen in diesem Bereich zu senken, abgesehen von der Dekarbonisierung unserer Stromversorgung. Die elektrische Alternative ist bereits da, sie ist überall zu haben, und sie ist nicht nur wettbewerbsfähig – sie ist sogar schlicht billiger. Wir müssen bloß noch unsere behördlichen Vorgaben auf den heutigen Stand bringen.

Es ist also technisch *möglich*, unsere heizungsbedingten Emissionen durch Umstellen auf elektrische Systeme auf null herunterzufahren, aber leider wird das dauern. Selbst wenn wir die erwähnten unsinnigen oder überholten Vorschriften loswerden, ist es unrealistisch zu glauben, wir könnten über Nacht unsere sämtlichen erdgasbetriebenen Heizungen und Warmwasserbereiter durch elektrische Systeme ersetzen – das wird genauso wenig möglich sein wie die plötzliche Umstellung des weltweiten Individualverkehrs auf Elektroantrieb. Wenn wir angesichts der durchschnittlichen Lebensdauer von Heizungen das Ziel verfolgten, alle Öl- und Gasheizungen bis Mitte des Jahrhunderts aus dem Verkehr zu ziehen, müssten wir den Handel damit um das Jahr 2035 einstellen. Heute läuft rund die Hälfte aller in den USA verkauften Heizsysteme mit Erdgas; im weltweiten Maßstab liefern fossile Brennstoffe sechsmal mehr Heizenergie als Strom.

Für mich ist das ein weiteres Argument für die Notwendigkeit, moderne Biokraftstoffe und synthetische Kraftstoffe zu fördern, wie in Kapitel 7 ausgeführt. Diese Brennstoffe wären in unseren heutigen Heizungs- und Warmwassersystemen bereits einsetzbar, ohne diese umrüsten zu müssen, und sie würden die CO_2-Bilanz der Atmosphäre nicht zusätzlich belasten. Gegenwärtig leiden beide Optionen allerdings unter einem heftigen Ökozuschlag:[95]

Ökozuschlag beim Ersetzen heutiger Heizbrennstoffe durch CO_2-neutrale Alternativen

Brennstofftyp	Preis pro Gallone	Preis pro Gallone, CO_2-neutrale Option	Ökozuschlag
Heizöl (pro Gallone)	2,71 US-Dollar	5,50 US-Dollar (moderne Biokraftstoffe)	**103 %**
Heizöl (pro Gallone)	2,71 US-Dollar	9,05 US-Dollar (synthetische Kraftstoffe)	**234 %**
Erdgas (pro Wärmeeinheit)	1,01 US-Dollar	2,45 US-Dollar (moderne Biokraftstoffe)	**142 %**
Erdgas (pro Wärmeeinheit)	1,01 US-Dollar	5,30 US-Dollar (synthetische Kraftstoffe)	**425 %**

ANMERKUNG: Die Verkaufspreise pro Gallone entsprechen dem Durchschnitt in den USA im Zeitraum von 2015 bis 2018. Die Preisangaben zu den CO_2-neutralen Optionen sind jeweils geschätzte Werte.

Sehen wir uns an, wie sich diese Zuschläge auf den durchschnittlichen Familienhaushalt in den USA auswirken würden. Bei einer Ölheizung würde die Umstellung 1300 Dollar Mehrkosten (moderne Biokraftstoffe) beziehungsweise über 3200 Dollar (synthetische Kraftstoffe) ausmachen. Bei einer Erdgasheizung beliefen sich die Mehrkosten pro Winter bei Umstellung auf moderne Biokraftstoffe auf 840 Dollar beziehungsweise knapp 2600 Dollar bei der Umstellung auf synthetische Kraftstoffe.[96]

Wir müssen eindeutig den Preis für diese alternativen Brennstoffe drücken, wie bereits in Kapitel 7 ausgeführt. Und es gibt noch weitere Möglichkeiten, unsere Heizungen CO_2-frei zu bekommen:

Elektrifizierung, wo immer möglich, d. h. gasbetriebene Heizungen und Warmwasserbereiter durch elektrische Wärmepumpen ersetzen. In manchen Regionen müssen die Behörden ihre Vorschriften anpassen, um solche Modernisierungen zu ermöglichen – und zu fördern.

Dekarbonisierung der Stromversorgung durch den Einsatz der heute schon verfügbaren sauberen Energiequellen, wo diese sinnvoll einsetzbar sind, und durch Investitionen in die Entwicklung besserer Wege für Erzeugung, Speicherung und Transport der Energie.

Effizientere Nutzung der Energie. Das mag auf den ersten Blick widersprüchlich wirken – schließlich habe ich ein paar Absätze weiter oben beklagt, die Vorschriften würden höhere Effizienz teurer machen als geringere Emissionen. In Wirklichkeit brauchen wir beides.

Die Welt erlebt einen enormen Bauboom. Um Wohnraum für die wachsende Bevölkerung in den Städten zu schaffen, werden bis 2060 gut 230 Milliarden Quadratmeter zusätzlich bebaut werden – das entspricht, wie in Kapitel 2 erwähnt, dem Bau eines weiteren New York City monatlich, und das vierzig Jahre lang. Man muss wohl davon ausgehen, dass viele dieser Gebäude nicht auf das Einsparen von Energie ausgelegt sein werden und dass sie als reichlich ineffiziente Energieverbraucher viele Jahrzehnte dastehen werden.

Die gute Nachricht: Wir wissen, wie man »grün« bauen kann – solange wir bereit sind, einen Ökozuschlag zu bezahlen. Ein Extrembeispiel ist das Bullitt Center in Seattle, nach Angaben der Erbauer eines der grünsten Geschäftshäuser der Welt.[97] Das Bullitt Center wurde darauf ausgelegt, auf natürliche Weise im Winter warm und im Sommer kühl zu bleiben. Es senkt somit den Bedarf an Heizung und Klimaanlage und bietet außerdem noch weitere energiesparende Technologien, etwa einen supereffizienten Aufzug. Bisweilen erzeugt es dank der Solarmodule auf dem Dach 60 Prozent mehr Energie, als es verbraucht. Dennoch hängt es auch am städtischen Stromnetz und bezieht nachts und an besonders wolkigen Tagen auch externe Energie – und an wolkigen Tagen herrscht in Seattle gewiss kein Mangel.

Auch wenn viele der im Bullitt Center vorhandenen Technologien gegenwärtig für die großflächige Nutzung zu teuer sind

Das Bullitt Center in Seattle, eines der grünsten Geschäftshäuser der Welt.[98]

(deshalb ist es auch noch sieben Jahre nach seiner Eröffnung eines der grünsten Gebäude der Welt), können wir unsere Wohn- und Bürogebäude ohne großen finanziellen Aufwand energieeffizienter machen. Sie können mit einer besonders dichten Gebäudehülle konstruiert werden, die nur wenig Luftaustausch zulässt, mit guter Isolierung, Dreifachverglasung der Fenster und effizienten Türen. Auch das sogenannte »intelligente Glas« finde ich hochinteressant. Dabei werden die Fenster automatisch dunkler getönt, wenn die Räume gekühlt werden müssen, und heller, wenn es mehr Wärme braucht. Neue Bauvorschriften können zur Förderung solcher energiesparenden Ideen beitragen, was zugleich den Markt in die richtige Richtung erweitert und die Kosten für energiesparende Lösungen senkt. Wir können viele Gebäude energieeffizienter machen, auch wenn sie dann noch nicht alle das Niveau des Bullitt Center erreichen werden.

Damit haben wir die fünf wichtigsten Quellen unserer Treibhausgase abgehandelt: Stromversorgung, Landwirtschaft, industrielle Fertigung, Transport und Verkehr sowie Kühlen und

Heizen. Ich hoffe, dadurch sind drei Punkte ausreichend klar geworden:

1. Das Problem ist äußerst komplex und berührt fast jeden Aspekt menschlichen Handelns.
2. Wir haben Tools zur Hand, mit denen wir schon heute Emissionen senken können und sollten; aber:
3. Wir haben noch längst nicht alle Tools, die wir brauchen. Wir müssen den Ökozuschlag auf allen Gebieten reduzieren, sprich: Es braucht jede Menge Erfindergeist.

In den Kapiteln 10 bis 12 möchte ich die konkreten Schritte aufzeigen, mit denen wir meiner Ansicht nach die besten Chancen haben werden, diese benötigten Tools zu entwickeln und einzusetzen. Zunächst will ich aber noch eine Frage angehen, die mir den Schlaf raubt. Bisher ging es in diesem Buch ausschließlich darum, wie wir Emissionen reduzieren und dafür sorgen können, dass die Temperaturen erträglich bleiben. Aber was können wir tun, um mit den Klimaveränderungen umzugehen, die sich schon heute vollziehen? Und vor allem: Wie können wir den Ärmsten der Welt helfen, die am meisten zu verlieren, aber am wenigsten zum akuten Problem beigetragen haben?

KAPITEL 9

Anpassen an die Erderwärmung

Ich habe ausgeführt, dass wir auf null Emissionen kommen müssen und dafür eine Menge Innovation brauchen werden. Aber Innovation passiert nicht über Nacht. Es wird Jahrzehnte dauern, bis die hier beschriebenen ökologischen Produkte so umfassend verfügbar sein werden, dass sie einen echten Unterschied ausmachen können.

Derweil sind Menschen überall auf dem Planeten, Arme wie Reiche, schon heute auf die eine oder andere Weise vom Klimawandel betroffen. Praktisch alle heute lebenden Menschen werden sich auf die eine oder andere Weise an einen wärmeren Planeten anpassen müssen. Mit der Veränderung des Meeresspiegels und der Überflutungsgebiete werden wir überdenken müssen, wohin wir unsere Wohnhäuser, Bürogebäude und Fabriken bauen wollen. Wir müssen Stromnetze, Häfen und Brücken aufrüsten. Wir müssen mehr Mangrovenwälder pflanzen (auf die Mangrove komme ich später noch ausführlicher zurück) und unsere Frühwarnsysteme für Stürme und andere extreme Wetterereignisse verbessern.

Weiter unten in diesem Kapitel wird es um diese Projekte gehen. Jetzt will ich Ihnen aber zunächst von den Menschen berichten, an die ich zuerst denke, wenn ich mich frage, wer am meisten unter einer Klimakatastrophe zu leiden haben wird, und die deshalb am meisten Hilfe bei der Anpassung an die Veränderungen unseres Klimas verdienen. Stromnetze, Häfen oder Brücken wären für diese Menschen die geringste Sorge.

Ich hatte 2009 die Gelegenheit, Miriam und Laban Talam auf ihrer Farm in Kabiyet (Kenia) zu besuchen. Sie konnten eine wunderbare Erfolgsgeschichte erzählen, aber der Klimawandel könnte alle Fortschritte wieder zunichtemachen.[99]

Gemeint sind die Armen, denen ich in meinen globalen Projekten der Gesundheitsversorgung und Entwicklung begegne; für sie könnte der Klimawandel mit den schlimmsten Folgen verbunden sein. Und ihre Geschichten beschreiben, wie komplex der gleichzeitige Kampf gegen die Armut und die Erderwärmung sein kann.

Da ist zum Beispiel die Familie Talam – Laban, Miriam und ihre drei Kinder. Ich lernte sie im Jahr 2009 in Kenia kennen und erfuhr, wie das Leben von Bauern mit nur eineinhalb Hektar Land oder weniger aussieht (»Kleinbauern« im Sprachgebrauch der Entwicklungspolitik). Ich besuchte sie auf ihrem Hof ein paar Kilometer außerhalb von Eldoret, einer der am schnellsten wachsenden Städte Kenias. Die Talams besaßen nicht viel, nichts weiter als ein paar runde Lehmhütten mit Strohdächern und einen Pferch für die Tiere. Der Hof maß nicht ganz einen Hektar, weniger als ein Baseballfeld. Aber was auf diesem kleinen Stück Land passierte, lockte Hunderte von Bauern aus der ganzen Umgebung an, die sich anschauen wollten, was die Besitzer dort taten und wie sie es ihnen gleichtun konnten.

Laban und Miriam hießen mich willkommen und erzählten mir ihre Geschichte. Zwei Jahre zuvor waren sie Kleinbauern gewesen, die schlichte Subsistenzlandwirtschaft betrieben. Wie die meisten ihrer Nachbarn waren sie bettelarm. Sie bauten Mais und anderes Gemüse an, teils für den Eigenbedarf, teils für den Verkauf auf dem örtlichen Markt. Laban hielt die Familie zusätzlich mit Gelegenheitsjobs über Wasser. Zur Aufbesserung des Familieneinkommens hatte er eine Kuh gekauft, die die beiden zweimal täglich molken: Die Morgenmilch verkauften sie für ein bisschen Geld an einen örtlichen Händler, die Abendmilch behielten sie für sich und die Kinder. Insgesamt gab die Kuh drei Liter Milch pro Tag – die Hälfte wurde verkauft, die andere Hälfte war für den Eigenbedarf der fünfköpfigen Familie reserviert.

Zum Zeitpunkt unserer Begegnung hatten sich die Lebensumstände von Familie Talam dramatisch verbessert. Inzwischen besaßen sie vier Kühe, die zusammen 26 Liter Milch pro Tag gaben. Davon verkauften sie 20 Liter und behielten 6 Liter für sich. Die Kühe brachten so fast 4 Dollar täglich ein – in diesem Teil Kenias genügte das immerhin, um die heimische Hütte umbauen, Ananas für den Export anbauen und die Kinder in die Schule schicken zu können.

Der entscheidende Fortschritt war, wie sie erzählten, die Eröffnung einer Milchkühlanlage in der Nähe. Die Talams und andere Bauern brachten ihre Rohmilch zu der Anlage, wo sie kühl gehalten und im ganzen Land vertrieben wurde, wodurch höhere Preise zu erzielen waren als beim Verkauf auf dem örtlichen Markt. Das Milchwerk diente auch als eine Art Schulungszentrum. Örtliche Milchbauern konnten dort lernen, wie sie gesünderes und produktiveres Vieh züchten und halten konnten, sie konnten Impfstoffe für ihre Kühe besorgen und die Milch sogar auf Verunreinigungen testen lassen – so wurde sichergestellt, dass sie auch wirklich einen guten Preis dafür erzielten. Wenn es ein Problem gab, bekamen die Bauern Tipps zur Verbesserung der Milchqualität.

In Kenia, der Heimat der Talams, arbeitet rund ein Drittel der Bevölkerung in der Landwirtschaft. Weltweit gibt es 500 Millionen Kleinbauernhöfe, und rund zwei Drittel der Menschen, die in Armut leben, arbeiten in der Landwirtschaft.[100] Doch trotz ihrer großen Zahl gehen nur sehr wenige Treibhausgasemissionen auf das Konto dieser Kleinbauern – sie können sich die ganzen CO_2-intensiven Produkte und Dienstleistungen, die wir gewohnt sind, schlicht nicht leisten. Der durchschnittliche Kenianer produziert 55-mal weniger Kohlendioxid als ein durchschnittlicher US-Amerikaner[101], bei Kleinbauern wie den Talams ist es sogar noch weniger.

Aber wenn wir an die in Kapitel 6 erwähnten Probleme mit Nutzvieh denken, erkennen wir sogleich das Dilemma: Die Talams kauften Vieh dazu, und Kühe tragen mehr zum Klimawandel bei als jedes andere Nutztier.

In dieser Hinsicht waren die Talams keine Ausnahme. Für viele arme Bauern sind bessere Absatzbedingungen eine Chance, in höherwertigen Besitz zu investieren – also auch in Hühner, Ziegen und Kühe. Alle diese Nutztiere sind gute Proteinquellen und bieten den Bauern die Möglichkeit, durch Verkauf von Milch und Eiern zusätzliches Geld zu verdienen. Eine vernünftige Entscheidung, und kein Mensch, dem der Kampf gegen Armut am Herzen liegt, würde diesen Bauern davon abraten wollen. Und hier liegt das Dilemma: Je höher die Menschen auf der Einkommensleiter steigen, desto mehr Dinge tun sie, die Emissionen verursachen. Genau deshalb brauchen wir Innovationen – damit die Armen ihren Lebensstandard verbessern können, ohne die Klimaveränderungen noch zusätzlich zu verschärfen.

Die schlimme Ungerechtigkeit liegt darin, dass die Ärmsten

der Welt praktisch nichts zur Verursachung des Klimawandels beitragen, aber am stärksten darunter leiden werden. Das Klima verändert sich in einer Weise, die für relativ wohlhabende Landwirte in Amerika und Europa gewiss so manche Probleme bringen wird, für arme Bauern in Afrika und Asien jedoch können die Folgen tödlich sein.

Mit zunehmender Erderwärmung wird es immer häufiger zu Dürren und Überschwemmungen kommen, die entsprechend oft auch ganze Ernten vernichten können. Das Nutzvieh bekommt weniger Futter und produziert weniger Fleisch und Milch. Luft und Boden verlieren Feuchtigkeit, für die Pflanzen steht weniger Wasser zur Verfügung; in Südasien und Subsahara-Afrika werden viele Millionen Hektar Ackerland immer trockener werden. Schädlinge, die ganze Ernten vernichten können, finden immer mehr geeignete Lebensräume und befallen deshalb schon heute immer mehr Anbauflächen. Und auch die Vegetationsperiode wird immer kürzer; bei 4 Grad Erwärmung könnte sie in Subsahara-Afrika um 20 Prozent oder mehr schrumpfen.

Wenn Sie ohnehin schon am Rande des Existenzminimums leben, kann jede dieser Veränderungen zu einer Katastrophe führen. Wenn Sie keine finanziellen Rücklagen haben und Ihre Ernte verdorrt oder vernichtet wird, können Sie nicht einfach neues Saatgut kaufen – Sie stehen dann vor dem Nichts. Hinzu kommt, dass alle diese Probleme Nahrung gerade für diejenigen verteuern, die sich das am wenigsten leisten können. Aufgrund des Klimawandels werden die Preise für viele Hundert Millionen Menschen, die schon heute mehr als die Hälfte des verfügbaren Einkommens für Nahrung ausgeben müssen, in astronomische Höhen steigen.

Wenn weniger Nahrung zur Verfügung steht, wird sich die schon jetzt enorme Ungleichheit zwischen Armen und Reichen weiter verschärfen. Ein im Tschad geborenes Kind stirbt heute mit 50-mal höherer Wahrscheinlichkeit vor seinem fünften Geburtstag als ein Neugeborenes in Finnland. Bei zunehmender Nahrungsmittelknappheit werden immer mehr Kinder nicht mit den benötigten Nährstoffen versorgt werden; das schwächt ihr natürliches Immunsystem und macht schon eine Durchfallerkrankung, Malaria oder Lungenentzündung zur tödlichen Gefahr. Laut einer Studie könnte die Zahl der zusätzlichen hitzebedingten Todesfälle bis zum Ende des Jahrhunderts um bis zu zehn Millionen jährlich steigen (ungefähr so viele Menschen sterben heute weltweit an allen Infektionskrankheiten), wovon größtenteils die armen Länder betroffen wären. Und die Kinder, die überleben, werden mit weit größerer Wahrscheinlichkeit unter der Verkümmerung ihrer körperlichen oder geistigen Entwicklung zu leiden haben.

Am Ende wird die schlimmste Folge des Klimawandels in den armen Ländern die Schädigung der Gesundheit sein – Fehl- und Mangelernährung und die Todesraten werden zunehmen. Wir müssen also den Ärmsten helfen, ihre Gesundheit zu verbessern. Dafür sehe ich zwei Möglichkeiten.

Zum einen müssen wir die Überlebenschancen von unterernährten Kindern erhöhen. Dafür bedarf es einer Verbesserung der medizinischen Grundversorgung, einer Intensivierung der Malariaprävention und der Bereitstellung von Impfstoffen für Durchfallkrankheiten, Lungenentzündung und dergleichen. Obwohl die COVID-19-Pandemie all diese Dinge zweifellos erschwert, wissen wir schon eine ganze Menge darüber, wie man das hinbekommen kann; das Impfprogramm mit Namen GAVI, das seit 2000 immerhin 13 Millionen Menschen das Leben gerettet hat[102], zählt zu den großartigsten Errungenschaften der Menschheit. (Der Beitrag der Gates Foundation zu diesem globalen Unterfangen ist eine der Initiativen, auf die wir besonders stolz sind.) Wir dürfen nicht zulassen, dass der Klimawandel diese Fortschritte wieder zunichtemacht. Wir müssen unsere Anstrengungen sogar noch verstärken – Impfstoffe für weitere Krankheiten wie HIV, Malaria und Tuberkulose entwickeln und alle Menschen mit den Impfstoffen versorgen, die sie benötigen.

Und dann müssen wir – neben dem Retten des Lebens unterernährter Kinder – natürlich auch verhindern, dass es überhaupt erst zu Unterernährung kommt. Angesichts des Bevölkerungswachstums wird sich der Bedarf an Nahrungsmitteln in den Teilen der Welt, in denen die meisten Armen leben, vermutlich verdoppeln oder verdreifachen. Wir müssen daher den armen Bauern helfen, ihre Produktion zu steigern, selbst wenn Dürren oder Überschwemmungen drohen. Darauf will ich im nächsten Abschnitt ausführlich eingehen.

Ich verbringe viel Zeit mit Menschen, die die Aufsicht über die Entwicklungshilfebudgets reicher Länder haben. Selbst von sehr wohlmeinenden Leuten unter diesen Gesprächspartnern habe ich gehört: »Wir haben früher Impfungen finanziert. Heute müssen wir darauf achten, unsere Hilfsgelder klimagerecht einzusetzen.« Was nichts anderes bedeutet, als dass sie den Afrikanern helfen wollen, ihre Treibhausgasemissionen zu reduzieren.

Ich sage dann: »Verlagern Sie bitte nicht die Gelder von Impfstoffen auf Elektroautos. Afrika ist nur für rund 2 Prozent der Emissionen weltweit verantwortlich. Was Sie wirklich fördern sollten, ist die *Anpassung*. Wir helfen den Armen am besten bei der Anpassung an den Klimawandel, indem wir dafür sorgen, dass sie gesund genug sind, um ihn zu überleben, und trotz Erderwärmung Erfolg haben können.«

Vermutlich haben Sie noch nie etwas von CGIAR gehört.* Ich auch nicht, bis vor ungefähr zehn Jahren, als ich begann, mich mit den Problemen der Bauern in Entwicklungsländern zu beschäftigen. Nach meiner Beobachtung ist CGIAR die Organisation, die am meisten dafür getan hat, dass Familien – vor allem die ärmsten – mit nahrhaften Lebensmitteln versorgt werden. Und keine andere Organisation ist besser in der Lage, die Innovationen zu schaffen, die armen Bauern helfen können, sich

* CGIAR (eine etwas sperrige Abkürzung) geht auf den ursprünglichen Namen »Consultative Group on International Agricultural Research« (Beratungsgruppe für internationale Agrarforschung) zurück und wurde in dieser Funktion im Jahr 1971 gegründet.

auf den Klimawandel in den vor uns liegenden Jahren einzustellen.

CGIAR ist heute die weltgrößte Forschungsgruppe im Bereich Landwirtschaft: Vereinfacht ausgedrückt hilft die Organisation bei der Verbesserung der Pflanzen- und Tiergenetik. Es war ein CGIAR-Labor in Mexiko, in dem Norman Borlaug – Sie werden sich an den Namen aus Kapitel 6 erinnern – seine bahnbrechende Forschung über Weizen leistete und damit die Grüne Revolution auslöste. Andere CGIAR-Wissenschaftler, inspiriert durch Borlaugs Vorbild, entwickelten in ähnlicher Weise ertragreicheren und krankheitsresistenten Reis. In den Jahren danach erzielte die Gruppe in den Bereichen Nutzvieh, Kartoffeln und Mais weitere Erfolge, die Armut verringerten und die Ernährung verbesserten.

Es ist sehr schade, wenn auch kaum überraschend, dass nicht mehr Menschen von CGIAR wissen. Zum einen wird das Kürzel oft mit »Cigar« (Zigarre) verwechselt, was auf eine – nicht vorhandene – Verbindung zur Tabakindustrie schließen ließe. Außerdem ist CGIAR keine in sich geschlossene, einzelne Organisation, sondern ein Verbund aus 15 unabhängigen Forschungszentren, von denen die meisten eigene und nicht weniger verwirrende Kurznamen tragen, etwa CIFOR, ICARDA, CIAT, ICRISAT, IFPRI, IITA, ILRI, CIMMYT, CIP, IRRI, IWMI und ICRAF.

Trotz dieses Buchstabensalats wird CGIAR eine unverzichtbare Rolle bei der Schaffung neuer, klima-intelligenter Pflanzen und Nutztiere für die ärmsten Bauern auf dem Planeten spielen. Eines meiner Lieblingsbeispiele ist die Leistung der Organisation bei der Entwicklung von dürretolerantem Mais.

Die Maiserträge sind in Subsahara-Afrika geringer als anderswo in der Welt. Trotzdem sind über 200 Millionen Haushalte für ihren Lebensunterhalt auf Maisanbau angewiesen. Und mit den immer unberechenbarer werdenden Witterungsverhältnissen wächst für die Bauern auch die Gefahr von Ernteverlusten oder kompletten Ernteausfällen.

Deshalb entwickelten die Experten von CGIAR Dutzende neuer Maissorten, die Trockenheit besser vertrugen, jede davon optimiert für den Anbau in bestimmten Regionen Afrikas. Zunächst waren viele Kleinbauern sehr zurückhaltend gegenüber diesen neuen Sorten, und das ist durchaus verständlich: Wer sich wirtschaftlich nur gerade so über Wasser halten kann, wird wenig Lust verspüren, das Risiko einer neuen Aussaat einzugehen, die er zuvor niemals angepflanzt hat – wenn es schiefgeht, fällt die gesamte Lebensgrundlage weg. Aber nachdem die Experten mit Bauern und Saatguthändlern zusammenarbeiteten, um die Vorteile dieser neuen Sorten zu vermitteln, stellten immer mehr Menschen auf den Anbau dieser Sorten um.

Das Ergebnis hat das Leben vieler Familien verändert. In Simbabwe konnten beispielsweise Bauern in von Trockenheit besonders betroffenen Regionen, die auf dürretoleranten Mais umstellten, bis zu 600 Kilogramm pro Hektar mehr ernten als Bauern, die auf konventionelle Maissorten vertrauten. (Diese Menge reicht, um eine sechsköpfige Familie neun Monate lang zu ernähren.) Bauernfamilien, die ihre Ernte verkauften, konnten mit den zusätzlichen Einnahmen ihre Kinder zur Schule schicken und auch auf anderen Gebieten den täglichen Bedarf decken. Mit CGIAR verbundene Experten haben noch weitere Maissorten entwickelt, die auf schlechten Böden gut gedeihen; Sorten, die gegen Krankheiten, Schädlinge und Unkraut resistent sind; Sorten, die um bis zu 30 Prozent höhere Erträge liefern; Sorten, die zum Kampf gegen Hunger und Unterernährung beitragen.

Und wir reden nicht nur von Mais. Dank der Anstrengungen von CGIAR verbreiten sich neue Reissorten, die Trockenheit besser vertragen, rasch in ganz Indien, wo der Klimawandel während der Regenzeit immer mehr trockene Phasen verursacht. Sie haben auch eine Art »Tauchreis« entwickelt, der komplett überschwemmt bis zu zwei Wochen überleben kann. Generell reagieren Reispflanzen auf Überflutung, indem sie ihre Blätter quasi aus dem Wasser herausstrecken; wenn sie lange genug

Ein Feld, auf dem »Tauchreis« angebaut wird. Die Pflanze hält einer Überflutung bis zu zwei Wochen stand. Diese Eigenschaft wird immer wichtiger, je häufiger es zu Überflutungen kommt.[103]

unter Wasser stehen, verbrauchen sie ihre ganze Energie, um dem »Ertrinken« zu entgehen, und sterben quasi an Erschöpfung. Dieser »Tauchreis« hat dieses Problem nicht: Er enthält ein Gen namens SUB1, das bei Überflutung aktiviert wird und die Pflanze in eine Art Schlafzustand versetzt – sie beendet dann ihre Ausdehnung –, bis das Wasser wieder zurückgeht.

CGIAR konzentriert sich aber nicht allein auf die Aussaat neuer Pflanzensorten. Die Wissenschaftler haben auch eine App für das Smartphone entwickelt, mit der Bauern mithilfe ihrer Handykamera bestimmte Schädlinge und Krankheiten identifizieren können, die Maniok befallen, eine wertvolle Nutzpflanze in Afrika. Sie haben auch Programme für den Einsatz von Drohnen und Bodensensoren erarbeitet, mit denen die Bauern den Wasser- und Düngerbedarf ihrer Feldfrüchte ermitteln können.

Arme Bauern brauchen noch mehr Innovationen wie diese, aber um sie damit zu versorgen, brauchen CGIAR und andere landwirtschaftliche Forschungsgruppen schlicht mehr Geld. Die Agrarforschung ist chronisch unterfinanziert. Die Verdopplung der finanziellen Ausstattung von CGIAR und damit die Ausdehnung von dessen Reichweite auf mehr Bauern ist denn auch eine der wesentlichen Empfehlungen der Global Commission on Adaptation[104] – der Vorstand der Kommission besteht aus dem ehemaligen UN-Generalsekretär Ban Ki-moon, der ehemaligen Direktorin der Weltbank, Kristalina Georgieva, und meiner Wenigkeit.* Nach meiner festen Überzeugung ist dieses Geld sehr gut investiert: Jeder in die Forschung von CGIAR investierte Dollar generiert Nutzen im Wert von rund 6 Dollar. Warren Buffett würde für eine Investition, die sich sechsfach bezahlt macht und dabei auch noch Menschenleben rettet, seinen rechten Arm hergeben.

Unsere Anpassungskommission verhilft nicht nur Kleinbauern zu höheren Erträgen, sie bietet auch drei weitere Empfehlungen hinsichtlich der Landwirtschaft:

Hilfen für Bauern zur Bewältigung witterungsbedingter Risiken. Staaten können zum Beispiel Bauern helfen, damit

---

* Die Kommission wird von 34 Beauftragten geleitet, darunter Regierungschefs, Führungspersönlichkeiten aus Politik, Wirtschaft, gemeinnützigen Institutionen und der wissenschaftlichen Gemeinde sowie von 19 teilnehmenden Ländern, die alle Regionen des Globus abbilden. Ein weltweites Netzwerk von Forschungspartnern und Beratern unterstützt die Kommission. Sie wird gemeinsam mit dem Global Center on Adaptation und dem World Resources Institute verwaltet.

sie mehr Vielfalt in ihre angebauten Pflanzen und ihr Nutzvieh bringen, sodass ein einzelner Rückschlag nicht ganze Ernten oder Tierbestände vernichten kann. Die Politik sollte auch Möglichkeiten zur Stärkung der sozialen Sicherungssysteme und die Einrichtung einer wetterbasierten Agrarversicherung erkunden, die Bauern hilft, sich von Verlusten zu erholen.

Fokussierung auf die Schwächsten. Frauen sind nicht die einzige schutzbedürftige Gruppe, aber sie sind zweifellos die größte. Aus allen möglichen Gründen – kulturellen, politischen, wirtschaftlichen – haben es Bäuerinnen noch schwerer als Bauern. Manchmal können Frauen zum Beispiel noch nicht einmal Bodeneigentumsrechte geltend machen, oder sie haben keinen gleichberechtigten Zugang zu Wasser oder zur Finanzierung von Düngemitteln oder auch nur Zugriff auf eine Wettervorhersage. Wir müssen uns also um Dinge wie das Fördern der Eigentumsrechte von Frauen und die zielgenaue technische Beratung speziell für Bäuerinnen kümmern. Das könnte sich enorm auszahlen: Laut einer Studie einer UN-Agentur könnten Frauen, wenn sie den gleichen Zugang zu Ressourcen hätten wie Männer, 20 bis 30 Prozent mehr Nahrungsmittel auf ihrem Land anbauen und die Zahl der weltweit vom Hunger bedrohten Menschen um 12 bis 17 Prozent reduzieren.[105]

Einbeziehen des Klimawandels in die politische Entscheidungsfindung. Nur sehr wenig Geld fließt aktuell in Anpassungshilfen für Bauern; nur ein winziger Teil der 500 Milliarden Dollar, die Staaten zwischen 2014 und 2016 für den Agrarsektor ausgaben, floss in Maßnahmen, die die Folgen der Erderwärmung für die Ärmsten dämpfen könnten. Die Regierungen sollten Maßnahmen und Anreize schaffen, damit Bauern ihre Emissionen reduzieren und zugleich mehr Nahrungsmittel anbauen und ernten können.

Zusammenfassend ist festzuhalten: Menschen mit hohen und mittleren Einkommen sind die Hauptverursacher des Klimawandels. Die ärmsten Menschen tragen zu diesem globalen Problem am wenigsten bei, sind aber am stärksten von dessen Folgen bedroht. Sie verdienen die Hilfe der gesamten Menschheit, und sie brauchen mehr Hilfe, als sie gegenwärtig bekommen.

Über die Not der armen Bauern – und über die Folgen, die der Klimawandel für sie haben wird – habe ich in den vergangenen zwei Jahrzehnten durch meine Beschäftigung mit der weltweiten Armut eine Menge erfahren. Und es ist eine Herzensangelegenheit für mich, weil ich damit auch Einblicke in die faszinierende Welt der Wissenschaft hinter der Pflanzenzucht gewinne.

Bis vor Kurzem jedoch hatte ich mich mit anderen Teilen dieses Rätsels der Anpassung noch nicht ausreichend befasst, etwa mit der Frage, wie sich Großstädte auf diese Veränderungen vorbereiten sollten oder inwiefern verschiedene Ökosysteme betroffen sein werden. Im Zuge meiner gerade erwähnten Kommissionsarbeit hatte ich zuletzt aber die Gelegenheit, mich intensiver damit zu beschäftigen. Im Folgenden möchte ich einige Einblicke präsentieren, die sich für mich aus der Arbeit der Kommission ergaben – sie gründen auf dem Wissen Dutzender Fachleute aus Wissenschaft, Politik, Industrie und anderen Feldern – und die Ihnen ein Gefühl dafür vermitteln sollen, was es für die Menschen sonst noch braucht, um sich an die Erderwärmung anzupassen.

Allgemein gesprochen können wir uns diese Anpassung als dreistufigen Prozess vorstellen. Die erste Stufe ist das Reduzieren der mit dem Klimawandel einhergehenden Risiken durch Maßnahmen wie das Überprüfen von Gebäuden und anderer Infrastruktur auf »Klimasicherheit«, den Schutz von Feuchtgebieten gegen Hochwasser und – sofern nötig – die Unterstützung von Menschen dabei, sich dauerhaft aus Regionen zurückzuziehen, die absehbar nicht mehr bewohnbar sein werden.

Der nächste Schritt besteht darin, sich auf Notsituationen vorzubereiten und angemessen darauf zu reagieren. Wir müssen unsere Wettervorhersagen und Frühwarnsysteme weiter verbessern, um rechtzeitig alle wichtigen Informationen über Stürme und andere Extremereignisse zur Hand zu haben. Und wenn es zur Katastrophe kommt, brauchen wir gut ausgerüstete und geschulte Teams von Ersthelfern sowie ein vor Ort verfügbares System zur Abwicklung vorübergehender Evakuierungen.

Und schließlich muss auch an die Regenerationsphase nach einem Katastrophenfall gedacht werden. Wir müssen die Versorgung von durch die Katastrophe heimatlos gewordenen Menschen planen und sicherstellen – etwa in Sachen Gesundheitswesen und Schule –, und wir brauchen Versicherungen, die Menschen aller Einkommensgruppen helfen, wieder auf die Beine zu kommen, sowie Standards, die sicherstellen, dass das, was wiederaufgebaut wird, »klimafester« ist als das, was durch die Katastrophe zerstört wurde.

Hier sind vier zentrale Stichpunkte für eine ausreichende Anpassung an den Klimawandel:

Großstädte müssen ihr Wachstumsverhalten verändern. Mehr als die Hälfte der Menschheit lebt in urbanen Zentren – dieser Anteil wird in den kommenden Jahren noch zunehmen –, und diese sind verantwortlich für mehr als drei Viertel der Weltwirtschaft. Viele der am schnellsten wachsenden Metropolen der Welt überbauen im Verlauf dieses Wachstums letztendlich Überschwemmungsgebiete, Wälder und Auen, die ansonsten Hochwasser während eines Sturms aufnehmen oder Wasserreservoirs für Dürreperioden zurückhalten könnten.

Der Klimawandel wird sich auf alle Großstädte auswirken, die größten Probleme werden jedoch auf küstennahe Metropolen zukommen. Hunderte Millionen Menschen könnten zum Verlassen ihrer Häuser und Wohnungen gezwungen sein, wenn der Meeresspiegel steigt und Sturmfluten immer größere Ausmaße annehmen. Bis zur Mitte dieses Jahrhunderts könnten die Kosten des Klimawandels für alle küstennahen Großstädte der Welt die Zahl von 1 Billion Dollar übersteigen – pro Jahr! Zu behaupten, dies würde die Probleme verschärfen, mit denen die meisten Städte schon heute zu kämpfen haben – Armut, Obdachlosigkeit, Gesundheitsversorgung, Bildung –, wäre eine gewaltige Untertreibung.

Eine Stadt »klimasicher« machen – wie müssen wir uns das vorstellen? Zunächst benötigen Stadtplaner die aktuellsten Daten über Klimarisiken und Projektionen aus Computermodellen, die die Folgen des Klimawandels prognostizieren können. (Heute haben die Bürgermeister und Stadträte in den Entwicklungsländern noch nicht einmal die einfachsten Karten zur Hand, die ihnen zeigen könnten, welche Teile ihrer Stadt bei einer Überschwemmung am stärksten bedroht sind.) Diese aktuellsten Informationen ermöglichen ihnen bessere Entscheidungen bei der Planung von Wohn- und Gewerbegebieten, beim Bau und der Erweiterung von Uferdämmen, beim Schutz der Bevölkerung vor immer heftigeren Stürmen, beim Abstützen von Systemen für die Regenwasserableitung und beim Bau von Kais, damit diese nicht von steigenden Gezeitenströmen überschwemmt werden.

Um noch etwas konkreter zu werden: Wenn Sie eine Brücke über den örtlichen Fluss bauen, sollte diese 4 Meter oder lieber 6 Meter hoch werden? Je höher, desto (kurzfristig) teurer wird die Brücke werden, aber wenn Sie damit rechnen müssen, dass in absehbarer Zukunft eine massive Sturmflut kommen könnte, wäre die höhere Brücke vermutlich die klügere Wahl. Besser, Sie bauen eine teure Brücke nur einmal als eine billige zweimal.

Und es geht nicht nur um das Erneuern und Aufrüsten der bereits vorhandenen Infrastruktur; der Klimawandel wird uns zwingen, ganz neue Erfordernisse zu bedenken. Städte mit extrem heißen Tagen und vielen Bewohnern, die sich keine Klimaanlage leisten können, werden gekühlte Zentren einrichten müssen, in denen sich die Menschen vor der Hitze in Sicherheit bringen können. Dummerweise bedeutet der vermehrte Einsatz von Klimaanlagen auch mehr Treibhausgasemissionen – ein weiterer Grund, warum die in Kapitel 8 besprochenen Fortschritte bei Kühlsystemen so wichtig sind.

Wir müssen unsere natürlichen Schutzsysteme besser unterstützen. Wälder speichern Wasser und regulieren dessen Pegel. Feuchtgebiete fangen Überflutungen auf und stellen

Wasser für Landwirtschaft und Städte bereit. Korallenriffe sind Lebensraum von Fischen, die für Küstenbewohner eine Lebensgrundlage darstellen. Aber diese und andere Schutzeinrichtungen, die uns die Natur gegen den Klimawandel bietet, nehmen mit rasanter Geschwindigkeit ab. Rund 3,6 Millionen Hektar Altholzbestände wurden allein im Jahr 2018 zerstört, und wenn es – was wahrscheinlich ist – zu einer Erwärmung um 2 Grad kommt, werden die meisten Korallenriffe vor den Küsten der Welt absterben.

Andererseits kann sich das Wiederherstellen von Ökosystemen enorm lohnen. Die Wasserwerke der größten Städte der Welt könnten durch das Wiederherstellen von Wäldern und Wasserscheiden insgesamt 890 Millionen Dollar jährlich sparen. Viele Länder weisen in dieser Hinsicht schon heute den Weg: In Niger hat eine lokal begrenzte Maßnahme zur Wiederaufforstung unter der Führung von Bauern die Ernteerträge angekurbelt, die Bewaldung gesteigert und die Zeit, die die Frauen mit dem Sammeln von Feuerholz zubringen mussten, von drei Stunden täglich auf 30 Minuten verkürzt. China hat etwa ein Viertel seiner Landmasse als wichtige natürliche Ressourcen ausgewiesen, in denen die Bewahrung der Natur und der Schutz des Ökosystems oberste Priorität haben. Mexiko schützt ein Drittel seiner Flussgebiete, um die Wasserversorgung für 45 Millionen Menschen zu sichern.

Wenn wir auf diesen Beispielen aufbauen können, das Bewusstsein für die große Bedeutung von Ökosystemen verbreiten und mehr Ländern helfen, sich anzuschließen, werden wir vom natürlichen Schutz gegen den Klimawandel stärker profitieren können.

Und es gibt noch mehr, wenn man so will, recht tief hängende Früchte: Mangrovenwälder. Mangroven sind niedrige, an Küsten wachsende Bäume, die sich an das Leben im Salzwasser angepasst haben; sie dämpfen Sturmfluten, verhindern die Überflutung von Küstenregionen und schützen den Lebensraum von Fischen. Insgesamt tragen Mangroven dazu bei, der Menschheit

Das Pflanzen von Mangrovenbäumen ist eine großartige Investition – sie tragen zur Vermeidung von Überschwemmungsschäden in Höhe von jährlich rund 80 Milliarden Dollar bei.[106]

Schäden durch Überflutungen in Höhe von rund 80 Milliarden Dollar pro Jahr zu ersparen, und sie sparen noch viele weitere Milliarden auf anderen Wegen. Das Anpflanzen von Mangroven ist viel billiger als das Bauen von Wellenbrechern, und die Bäume verbessern noch dazu die Wasserqualität – sie stellen eine hervorragende Investition dar.

Wir werden mehr Trinkwasser brauchen, als wir bereitstellen können. Mit dem Schrumpfen oder der Verschmutzung von Seen und Grundwasserspeichern wird es immer schwieriger, alle Menschen ausreichend mit Trinkwasser zu versorgen. Die meisten Megacitys der Welt haben bereits jetzt mit massiver Wasserknappheit zu kämpfen, und wenn sich nichts ändert, wird bis zur Mitte des Jahrhunderts die Zahl der Menschen, die mindestens einmal im Monat keinen Zugang zu sauberem Wasser haben, um mehr als ein Drittel auf über fünf Milliarden steigen.

Die Technologie verspricht auch hier Abhilfe. Wir wissen bereits, wie wir Meerwasser vom Salz befreien und zu Trinkwasser aufbereiten können – dieser Prozess verschlingt aber eine

Menge Energie, ebenso wie der Transport des Wassers aus dem Ozean in die Entsalzungsanlage und von der Entsalzungsanlage zum Endverbraucher. (Das bedeutet, dass das Wasserproblem letztendlich, wie so viele andere, ein Energieproblem ist: Mit ausreichend billiger und sauberer Energie können wir trinkbares Wasser in praktisch unbegrenzter Menge herstellen.)

Eine raffinierte Idee, die ich genau im Auge behalte, ist die Entnahme von Wasser aus der Luft. Im Prinzip geht es dabei um einen solarbetriebenen Luftentfeuchter mit einem modernen Filtersystem – ohne den Filter würden Sie sozusagen Luftverschmutzung trinken. Dieses System ist schon heute verfügbar, kostet aber noch mehrere Tausend Dollar und ist für die ärmsten Menschen, die am meisten unter Wassermangel zu leiden haben werden, völlig unbezahlbar.

Solange wir keine vergleichbaren kostengünstigen Lösungen haben, sind praktische Maßnahmen gefragt – Anreize zur Reduzierung des Wasserbedarfs und Anstrengungen zur Steigerung des Wasserangebots. Dies umfasst alles von der Abwasseraufbereitung bis hin zur »Just-in-time-Bewässerung«, einem Verfahren, das den Wasserverbrauch dramatisch reduziert und zugleich die Ernteerträge der Bauern steigert.

Und schließlich müssen wir zur Finanzierung von Anpassungsprojekten neue Geldquellen erschließen. Ich rede dabei nicht von Hilfszahlungen an Entwicklungsländer – die brauchen wir auch –, sondern davon, wie wir über öffentliche Gelder private Investoren dazu bringen können, in die Finanzierung solcher Anpassungsprojekte einzusteigen.

Dabei müssen wir folgendes Problem überwinden: Die Leute bezahlen die Kosten der Anpassung beziehungsweise Umstellung im Voraus, aber der ökonomische Vorteil daraus wird mehrere Jahre auf sich warten lassen. Sie können beispielsweise schon heute ihr Büro- oder Fabrikgebäude hochwassersicher machen, aber die nächste große Sintflut kommt vielleicht erst in zehn oder zwanzig Jahren. Und Ihr Hochwasserschutz wird keinen Cashflow generieren, den Sie auf dem Bankkonto verbuchen können –

Ihre Kunden zahlen keinen Preisaufschlag auf Ihre Produkte, nur weil Sie dafür gesorgt haben, dass bei einer Überschwemmung der Keller nicht mit Abwasser vollläuft. Die Banken werden also wenig Neigung verspüren, Ihnen das Geld für Ihr Projekt zu leihen, oder sie verlangen höhere Zinsen dafür. In beiden Fällen werden Sie zumindest einen Teil der Kosten selbst tragen müssen, was am Ende dazu führen könnte, dass Sie sich gegen das Projekt entscheiden.

Spätestens wenn wir dieses eine Beispiel auf eine Stadt, einen Bundesstaat oder ein ganzes Land hochrechnen, wird klar, warum es sowohl bei der Finanzierung von Umstellungsprojekten als auch beim Gewinnen der Privatwirtschaft für diese Projekte auf den öffentlichen Sektor ankommt. Wir müssen dafür sorgen, dass die Umstellung zu einer attraktiven Investition wird.

Um das zu erreichen, müssen wir zunächst dafür sorgen, dass öffentliche und private Finanzmärkte bereit sind, die Risiken und Kosten des Klimawandels angemessen einzukalkulieren. Manche Staaten und Unternehmen klopfen ihre Projekte schon heute auf Klimarisiken ab; das sollten alle tun. Die Staaten können auch mehr Ressourcen für die Anpassung bereitstellen, mittel- und längerfristige Zielvorgaben für Investitionen festlegen und Maßnahmen treffen, die Risiken für private Investoren zumindest teilweise abfedern. Wenn der Nutzen dieser Anpassungsprojekte klarer wird, sollten auch die privaten Investitionen in diese Projekte anwachsen.

Sie werden sich vielleicht fragen, wie viel das alles wohl kosten würde. Es ist leider nicht möglich, alles, was die Menschheit unternehmen muss, um sich auf den Klimawandel einzustellen, mit einem Preisschild zu versehen. Die Kommission, bei der ich mitarbeite, hat immerhin die Kosten für fünf wichtige Ausgabenbereiche berechnet (Schaffen von Frühwarnsystemen, Bau klimaresilienter Infrastruktur, Steigern von Ernteerträgen, Wasserwirtschaft und Schutz von Mangrovenwäldern). Nach unseren Berechnungen würde die Investition von 1,8 Billionen Dollar im Zeitraum von 2020 bis 2030 einen Gegenwert von über 7 Billionen Dollar bringen. Um diese Zahlen in Relation zu bringen: Verteilt über ein Jahrzehnt entspricht dies etwa 0,2 Prozent des Bruttoinlandsprodukts weltweit und einer Rendite von nahezu 300 Prozent.

Die Rendite können Sie in Form des Ausbleibens negativer Ereignisse ausdrücken: keine Bürgerkriege um Wasserrechte, keine Vernichtung bäuerlicher Existenzen durch Hochwasser oder Dürren, keine Zerstörung von Städten durch Hurrikans, keine massenhaften Wanderungsbewegungen aufgrund der Folgen des Klimawandels (Stichwort Klimaflüchtlinge). Oder Sie bemessen die Rendite anhand von positiven Ereignissen, die sich *eben doch* einstellen: Kinder, die gesund ernährt aufwachsen, Familien, die der Armut entrinnen und sich der globalen Mittelschicht anschließen können, Unternehmen, Städte und Länder, die trotz Erderwärmung noch immer blühen und gedeihen.

Ganz gleich, wie Sie es betrachten, aus ökonomischer Sicht liegt der Fall klar, und aus moralischer Sicht ebenso. Extreme Armut ist im letzten Vierteljahrhundert deutlich zurückgegangen, von 36 Prozent der Weltbevölkerung im Jahr 1990 auf 10 Prozent 2015[107] – obwohl COVID-19 ein großer Rückschlag war, der viele Fortschritte zunichtemachte. Der Klimawandel könnte diesen Fortschritt noch weiter zunichtemachen und die Zahl der Menschen, die in extremer Armut leben, wieder um 13 Prozent erhöhen.

Diejenigen unter uns, die am meisten zur Entstehung dieses Problems beigetragen haben, sollten dem Rest der Welt wenigstens helfen, es zu überleben. Das ist das Mindeste, was wir ihnen schuldig sind.

Es gibt noch einen weiteren Aspekt der Anpassung, der weit mehr Aufmerksamkeit verdient, als ihm gegenwärtig zuteilwird: Wir müssen uns auf ein Worst-Case-Szenario einrichten.

Klimaforscher haben bereits mehrere Kipppunkte ausgemacht, die das Fortschreiten des Klimawandels dramatisch beschleunigen könnten – etwa wenn die eisähnlichen Kristallstrukturen am Meeresgrund, die große Mengen Methan enthalten, instabil werden und ausbrechen. In relativ kurzer Zeit könnten sich auf dem ganzen Globus Katastrophen vollziehen, die unsere Versuche, uns auf den Klimawandel vorzubereiten und entsprechend reagieren zu können, unter sich begraben würden. Und je höher die Temperatur ansteigt, desto wahrscheinlicher bewegen wir uns auf einen solchen Kipppunkt zu.

Wenn es allmählich so aussieht, als steuerten wir auf einen dieser Kipppunkte zu, werden Sie immer mehr über eine Reihe kühner – manche würden sagen: verrückter – Ideen hören, die unter den Oberbegriff *Geoengineering* fallen. Die Gangbarkeit dieser Visionen ist noch unbewiesen, und es stellen sich dabei heikle ethische Fragen. Aber sie sind es wert, studiert und diskutiert zu werden, solange wir uns den Luxus des Studierens und Diskutierens noch leisten können.

Geoengineering ist eine hochmoderne Technologie, eine Art Klima-Notbremse. Die Grundidee ist, temporäre Veränderungen an den Ozeanen oder der Atmosphäre der Erde vorzunehmen, die die Temperatur des Planeten senken. Diese Veränderungen hätten nicht zum Ziel, uns von der Verantwortung für das Reduzieren der Emissionen zu entbinden; wir würden lediglich Zeit gewinnen, um uns auf gemeinsames Handeln zu einigen.

Ein paar Jahre lang habe ich Studien zum Geoengineering finanziert (wobei diese Finanzierung nur einen Bruchteil dessen darstellt, was ich in die Entschärfung der und Anpassung an die Folgen der Erderwärmung investiere). Die meisten Ansätze des Geoengineering gründen auf der Idee, dass wir zum Ausgleich für die Erwärmung, die wir durch die von uns in die Atmosphäre geblasenen Treibhausgase herbeigeführt haben, die Menge der Sonneneinstrahlung auf die Erde um etwa 1 Prozent reduzieren müssen.*

---

* Wenn Sie sich für die exakten physikalischen Daten interessieren: Das Sonnenlicht wird von der Erdoberfläche mit durchschnittlich etwa 240 Watt pro Quadratmeter absorbiert. Inzwischen haben wir so viel

Dafür gibt es mehrere Möglichkeiten. Eine davon sieht das Verteilen extrem feiner Partikel – jedes hat nur einen Durchmesser von wenigen Mikrometern – in den oberen Schichten der Atmosphäre vor. Die Wissenschaft weiß, dass diese Partikel das Sonnenlicht streuen und damit eine gewisse Abkühlung bewirken würden, weil sie genau dies bereits beobachten konnten: Wenn es zu einem besonders starken Vulkanausbruch kommt, stößt dieser Vulkan ganz ähnliche Partikel aus, was eine messbare Senkung der globalen Temperatur zur Folge hat.

Ein weiterer Ansatz des Geoengineering betrifft das »Aufhellen« von Wolken. Da das Sonnenlicht von der Oberseite der Wolken gestreut wird, könnten wir diesen Streuungseffekt verstärken und die Erde abkühlen, indem wir die Wolken heller machen. Das wäre mit einem salzhaltigen Spray möglich, das die Fähigkeit der Wolken zur Lichtstreuung verstärkt. Und der Aufwand wäre überschaubar; um eine Abkühlung um 1 Prozent zu erreichen, müssten wir lediglich Wolken, die 10 Prozent der Erdoberfläche bedecken, um 10 Prozent aufhellen.

Es gibt noch andere denkbare Verfahren des Geoengineering, und alle haben drei Dinge gemeinsam. Erstens sind sie relativ billig, gemessen am Ausmaß des Problems; sie erfordern vorab Kapitalkosten von unter 10 Milliarden Dollar und minimalen Aufwand für den laufenden Betrieb. Zweitens hält die Wirkung bei Wolken ungefähr eine Woche an, sodass wir diese Technik nach Bedarf nutzen und dann ohne langfristige nachteilige Fol-

---

Kohlenstoff in der Atmosphäre, dass die Wärme mit durchschnittlich 2 Watt pro Quadratmeter absorbiert wird. Wir müssen die Sonne also um 2/240 (oder 0,83 Prozent) »abdunkeln«. Da sich allerdings Wolken an das »Geoengineering der Sonne« anpassen würden, müssten wir das einfallende Sonnenlicht um etwas mehr, also etwa 1 Prozent dämpfen. Wenn sich die Menge des Kohlendioxids in der Atmosphäre verdoppelt, würde es auch die doppelte Wärmemenge aufnehmen, also rund 4 Watt pro Quadratmeter, und wir müssten auch den Abdunklungseffekt entsprechend auf rund 2 Prozent verdoppeln.

gen wieder damit aufhören könnten. Und drittens: Welche technischen Hürden diese Ideen auch immer überwinden müssten, sie wären nichts im Vergleich zu den politischen Hürden, vor denen sie unweigerlich stünden.

Manche Kritiker sehen im Geoengineering ein gewaltiges Herumexperimentieren am Planeten. Die Verfechter des Geoengineering wenden darauf allerdings ein, der Ausstoß gewaltiger Mengen an Treibhausgasen, den wir betreiben, stelle doch ein schon jetzt und seit langer Zeit laufendes gewaltiges Experiment am Planeten dar.

Fairerweise muss gesagt werden, dass wir die potenziellen Folgen des Geoengineering auf lokaler Ebene noch besser verstehen müssen. Das ist eine berechtigte Sorge, die viel mehr Forschungsanstrengungen verdient, bevor wir auch nur daran denken dürfen, das Geoengineering in größerem Maßstab in der wirklichen Welt zu testen. Und da die Atmosphäre im wahrsten Sinne des Wortes ein globales Thema ist, darf keine einzelne Nation nur für sich entscheiden, den Weg zum Geoengineering versuchsweise einzuschlagen. Dafür braucht es ein Mindestmaß an Konsens.

Im Moment ist es nur schwer vorstellbar, wie man die Länder weltweit dazu bringen könnte, die Temperatur des Planeten quasi künstlich vorzugeben beziehungsweise einzuhalten. Aber das Geoengineering ist die einzige bekannte Option, mit der wir zumindest hoffen könnten, die globalen Temperaturen innerhalb von Jahren oder Jahrzehnten zu senken, ohne die Wirtschaft abzuwürgen. Vielleicht kommt der Tag, da uns nichts anderes mehr übrig bleibt. Bereiten wir uns besser schon heute auf diesen Tag vor.

KAPITEL 10

Warum es auf die Politik ankommt

Im Jahr 1943, mitten im Zweiten Weltkrieg, legte sich eine dicke Rauchwolke über Los Angeles. Der giftige Qualm brannte den Einwohnern in den Augen und ließ ihre Nasen tropfen. Den Autofahrern wurde die Sicht vernebelt. Manche Einheimischen fürchteten gar, die Japaner hätten die Stadt mit Chemiewaffen angegriffen.

L. A. war jedoch nicht angegriffen worden – zumindest nicht von einer feindlichen Armee. Der wahre Übeltäter war der Smog, der aus einer verhängnisvollen Kombination aus Luftverschmutzung und Witterungsbedingungen entstanden war.

Fast ein Jahrzehnt danach, im Dezember 1952, wurde London ebenfalls von extremem Smog heimgesucht. Busse und Krankenwagen fuhren nicht mehr. Selbst innerhalb von Gebäuden war die Sicht so schlecht, dass Kinos geschlossen wurden. Überall kam es zu Plünderungen, weil auch die Polizisten kaum noch die Hand vor den Augen sehen konnten. (Wenn Sie wie ich ein Fan der Netflixserie *The Crown* sind, werden Sie sich an eine dramatische Folge in der ersten Staffel erinnern, die während dieses schlimmen Ereignisses spielt.) Der »Great Smog of London« kostete damals mindestens 4000 Menschen das Leben.

Vorkommnisse wie diese markieren die 1950er- und 1960er-Jahre als die Zeit, in der Luftverschmutzung als Grund zu größerer Sorge in den USA und in Europa erstmals aufkam, und die Politik reagierte zügig. Der Kongress begann schon 1955, Mit-

Ein Polizist braucht eine Fackel, um während der Londoner Smog-Katastrophe 1952 den Verkehr zu regeln.[108]

tel für die Erforschung des Phänomens und möglicher Abhilfemaßnahmen bereitzustellen. Im Jahr darauf setzte die britische Regierung den Clean Air Act in Kraft, der im ganzen Land Luftreinhaltezonen festlegte, in denen nur sauberer verbrennende Kraftstoffe verwendet werden durften. Sieben Jahre später etablierte der Clean Air Act der USA das moderne System mit Vorschriften zur Überwachung der Luftverschmutzung in den Vereinigten Staaten; dieses Gesetz ist bis heute eines der umfassendsten – und einflussreichsten – im Hinblick auf die gesundheitlichen Gefahren der Luftverschmutzung. 1970 richtete Präsident Nixon zu seiner Umsetzung die Umweltschutzbehörde EPA (Environmental Protection Agency) ein.

Der US-amerikanische Clean Air Act leistete, was er leisten sollte – nämlich giftige Gase aus der Atemluft zu verbannen –, und seit 1990 ist der Gehalt an Stickstoffdioxid in den Emissionen in den USA um 56 Prozent zurückgegangen, bei Kohlenstoffmonoxid sind es 77 Prozent und bei Schwefeldioxid sogar 88 Prozent. Blei ist aus den Emissionen in den USA fast gänzlich verschwunden. All dies haben wir trotz Wirtschafts- und

Bevölkerungswachstum geschafft, auch wenn es natürlich noch einiges zu tun gibt.

Aber es bedarf keines Blicks in die Geschichte, um Beispiele zu finden, wie intelligente staatliche Maßnahmen ein Problem wie die Luftverschmutzung in den Griff bekommen können. Es passiert auch gerade jetzt. Im Jahr 2014 hat China begonnen, als Reaktion auf immer schlimmere Smogs in urbanen Zentren und wegen des beängstigenden Anstiegs gefährlicher Luftschadstoffe diverse Programme auf den Weg zu bringen. Die Regierung legte neue Ziele für die Reduzierung der Luftverschmutzung fest, verbot den Bau neuer Kohlekraftwerke in der Nähe der am stärksten von Luftverschmutzung betroffenen Großstädte und setzte Obergrenzen für die Nutzung nicht elektrisch betriebener Fahrzeuge in Großstädten fest. Innerhalb weniger Jahre konnte Peking einen Rückgang bestimmter Luftschadstoffe um 35 Prozent vermelden, in Baoding, einer Stadt mit elf Millionen Einwohnern, waren es sogar 38 Prozent.

Die Luftverschmutzung stellt noch immer eine bedeutende Krankheits- und Todesursache dar: Vermutlich ist sie jedes Jahr für mehr als sieben Millionen Tote verantwortlich. Aber die getroffenen Maßnahmen haben zweifellos dafür gesorgt, diese Zahl nicht noch größer werden zu lassen.* (Auch zur Reduzierung der Treibhausgase haben diese Maßnahmen ein wenig beigetragen, wenngleich dies nicht ihr ursprünglicher Zweck war.) Heute demonstrieren sie besser als alles andere, worin die führende Rolle staatlicher Politik beim Kampf gegen die Klimakatastrophe zu sehen ist.

Ich gebe zu: »Politik« ist ein vager und irgendwie langweilig klingender Begriff. Ein großer Durchbruch wie eine neue Bat-

---

* Waldbrände wie diejenigen, die zuletzt im Jahr 2020 große Gebiete im Westen der USA heimsuchten, sind ein separates, wenngleich thematisch verwandtes Problem. Wegen des Rauchs, der sich bei den Bränden von 2020 entwickelte, konnten Millionen Menschen nicht mehr ungefährdet ihre Häuser verlassen.

terie ist nun einmal aufregender als die Vorschriften, die irgendeinen Wissenschaftler dazu gebracht haben, sie zu erfinden. Aber den Durchbruch würde es gar nicht erst geben, wäre da nicht die Regierung, die Steuergelder in die Forschung, in Maßnahmen zur Umsetzung dieser Forschung vom Labor bis zur Marktreife und in Regelungen investiert hätte, die entsprechende Märkte schufen und die großflächige Verbreitung dieser Batterie ermöglichten.

In diesem Buch betone ich immer wieder die Erfindungen, die wir brauchen, um auf null Emissionen zu kommen – neue Formen der Speicherung elektrischer Energie, der Stahlerzeugung und so weiter. Beim Stichwort Innovation geht es jedoch nicht allein darum, irgendwelche neuen Geräte oder Technologien zu erfinden. Es geht auch darum, neue politische Vorgaben und Maßnahmen zu entwickeln, damit wir diese Erfindungen umsetzen und schnellstmöglich auf den Markt bringen können.

Zum Glück müssen wir hinsichtlich der Entwicklung solcher Vorgaben nicht bei null anfangen. Wir haben bereits *jede Menge* Erfahrung, was die Regelung des Energiemarkts angeht. Der Energiesektor ist sogar einer der am stärksten regulierten Bereiche der Wirtschaft, in den USA und weltweit. Intelligente Energiepolitik hat uns neben sauberer Luft noch andere Dinge gebracht:

Elektrifizierung. 1910 verfügten nur 12 Prozent der Amerikaner über Stromversorgung. 1950 waren es über 90 Prozent, dank Anstrengungen des Staates wie der Finanzierung von Staudämmen, der Einrichtung von Bundesbehörden zur Energieregulierung und eines riesigen Projekts, das dafür sorgte, auch ländliche Gegenden ans Stromnetz anzuschließen.

Energiesicherheit. Als Reaktion auf die Ölschocks der 1970er-Jahre unternahmen die USA beträchtliche Anstrengungen, um die heimische Produktion aus verschiedenen Energiequellen zu steigern. Die Bundesregierung startete ihre ersten bedeutenden Forschungs- und Entwicklungsprojekte im Jahr 1974. Im Jahr darauf wurden mehrere wichtige Gesetze zur

Energieeinsparung erlassen, zum Beispiel Standards für den effizienten Kraftstoffverbrauch bei Fahrzeugen. Zwei Jahre später wurde das Energieministerium der USA ins Leben gerufen. In den 1980er-Jahren brachen dann die Ölpreise ein, und wir gaben viele dieser Bemühungen auf – bis die Preise in den 2000er-Jahren wieder anzogen, was eine neue Welle von Investitionen und Regulierungen auslöste. Als Ergebnis dieser und anderer Bemühungen exportierten die USA im Jahr 2019 das erste Mal seit siebzig Jahren mehr Energie, als sie importierten.[109]

Wirtschaftliche Erholung. Nach der Finanzkrise und der Rezession von 2008 schufen die Regierungen Arbeitsplätze und förderten Investitionen, indem sie Geld für erneuerbare Energien, Energieeffizienz, die elektrische Infrastruktur und den Schienenverkehr aufwendeten. 2008 legte China ein 584 Milliarden Dollar schweres Konjunkturprogramm auf, von dem ein Großteil in ökologische Projekte floss. 2009 brachte die US-Regierung im Rahmen des American Recovery and Reinvestment Act Steuererleichterungen, Bundeszuschüsse, Anleihebürgschaften und die Finanzierung von Forschung und Entwicklung auf den Weg, um die Wirtschaft zu stützen und zugleich Emissionen zu reduzieren. Das war die größte Einzelinvestition in saubere Energie und Energieeffizienz in der Geschichte der USA – aber es war auch eine einmalige Finanzspritze, kein dauerhafter und nachhaltiger Politikwechsel.

Jetzt ist es an der Zeit, unsere Erfahrung in der politischen Gestaltung auf die vor uns liegende Aufgabe zu konzentrieren: die Treibhausgasemissionen auf null herunterzufahren.

Die nationalen Entscheidungsträger in aller Welt werden eine Vision formulieren müssen, wie die Weltwirtschaft den Übergang zur Null-CO_2-Ökonomie bewerkstelligen soll. Diese Vision kann wiederum das Handeln von Einzelpersonen und Unternehmen weltweit anleiten. Regierungen können Regeln vorgeben, wie viel CO_2 Kraftwerke, Autos und Fabriken ausstoßen dürfen. Sie können Vorschriften erlassen, die die Finanzmärkte in eine bestimmte Richtung lenken und die Risiken des Klimawandels für den privaten Sektor und die öffentliche Hand eindeutig benennen. Sie können als Hauptinvestoren in die wissenschaftliche Forschung auftreten, wie sie es heute schon tun, und die Regeln festlegen, die bestimmen, wie schnell neue Produkte auf den Markt kommen können. Und sie können dazu beitragen, einige der Probleme zu beheben, die der Markt allein nicht lösen kann – etwa die versteckten Kosten, die CO_2 emittierende Produkte der Umwelt und den Menschen aufbürden.

Viele dieser Entscheidungen fallen auf nationaler Ebene, aber auch einzelnen Bundesstaaten und lokalen Behörden kommt eine gewichtige Rolle zu. In vielen Ländern sind Behörden unterhalb der höchsten Regierungsebene für die Regelung des Strommarktes zuständig und geben Standards für den Energieverbrauch in Gebäuden vor. Sie planen riesige Bauprojekte – Dämme, Schienenverkehrssysteme, Brücken, Straßen – und entscheiden, welche dieser Projekte gebaut werden und mit welchen Materialien. Sie schaffen Fahrzeuge für Polizei und Feuerwehr an, sie bezahlen Schulverpflegung und Glühbirnen. Und bei jedem einzelnen Schritt muss jemand entscheiden, ob er oder sie ökologische Prioritäten setzt oder eben nicht.

Es mag geradezu ironisch wirken, dass ausgerechnet ich zu mehr staatlicher Intervention aufrufe. In den Anfangszeiten von Microsoft blieb ich zu den Entscheidungsträgern in Washington, D.C. und anderswo in der Welt stets auf Distanz – die würden uns, so dachte ich, nur im Weg stehen, wenn wir unser Bestes geben wollten.

Zum Teil verhalf mir das Kartellverfahren der US-Regierung gegen Microsoft in den späten 1990er-Jahren zu der Erkenntnis, dass wir auf dem ganzen Weg besser mit den politischen Entscheidungsträgern hätten zusammenarbeiten sollen. Mir ist auch klar, dass bei besonders umfangreichen Vorhaben – sei es nun der Bau eines nationalen Autobahnnetzes, das Impfen aller Kinder auf der Welt oder die Dekarbonisierung der Weltwirtschaft – den Regierungen eine entscheidende Rolle zukommt, wenn es darum geht, die richtigen Anreize zu schaffen und sicherzustellen, dass das System insgesamt allen Beteiligten gerecht wird.

Natürlich müssen auch die Unternehmen und jeder Einzelne von uns ihren Beitrag leisten. In den Kapiteln 11 und 12 will ich einen Plan skizzieren, wie wir auf null Emissionen kommen können. Dabei werde ich konkrete Schritte benennen, die Regierungen, Unternehmen und Individuen tun können. Aber da die Politik eine so wichtige Rolle dabei spielen wird, möchte ich zunächst sieben vorrangige Ziele benennen, die die Entscheidungsträger ins Auge fassen sollten.

1. Denken Sie an die Investitionslücke

Der erste Mikrowellenherd kam 1955 auf den Markt. Er kostete, umgerechnet auf die heutige Kaufkraft, fast 12 000 Dollar. Heute bekommen sie ein einwandfreies Gerät schon für 50 Dollar.

Warum sind Mikrowellengeräte so billig geworden? Weil für die Verbraucher sofort erkennbar war, warum sie etwas würden haben wollen, das ihr Mittagessen in einem Bruchteil der Zeit warm auf den Teller bringt, die Ihr herkömmlicher Ofen dafür benötigt. Die Verkaufszahlen von Mikrowellengeräten schossen rasch in die Höhe, was den Wettbewerb auf dem Markt anheizte, und das führte wiederum zur Herstellung immer billigerer Geräte.

Würde doch nur der Energiemarkt genauso einfach funktionieren. Strom ist nicht dasselbe wie eine Mikrowelle für die Küche – dort hat einfach das Produkt mit den besten Eigenschaften die besten Karten auf dem Markt. Ein »schmutziges« Elektron wird aber ihre Glühbirne genauso zum Leuchten bringen wie ein sauberes. Daraus folgt, dass es ohne lenkende Eingriffe der Politik – wie etwa eine Preisfestsetzung auf CO_2 oder Normen, die einen gewissen Anteil an CO_2-freien Elektronen auf dem Markt zwingend vorgeben – keine Garantie dafür gibt, dass das Unternehmen, das investiert, um Sie mit sauberen Elektronen zu versorgen, damit auch wirklich Geld verdient. Und es besteht ein beachtliches Risiko, da die Energiebranche stark reguliert und besonders kapitalintensiv ist.

Sie sehen also, warum die Privatwirtschaft systematisch zu wenig in Forschung und Entwicklung auf dem Energiesektor investiert. Firmen im Energiegeschäft geben durchschnittlich nur 0,3 Prozent ihres Umsatzes für branchenspezifische Forschung und Entwicklung aus. Zum Vergleich: Die Elektronikbranche und die Pharmaindustrie wenden dafür fast 10 Prozent beziehungsweise 13 Prozent auf.

Wir werden staatliche Maßnahmen und Investitionen brauchen, um diese Lücke zu schließen, wobei schwerpunktmäßig Bereiche ins Auge gefasst werden müssen, in denen wir auf die Erfindung CO_2-neutraler Technologien unbedingt angewiesen sind. Wenn sich eine Idee in der Anfangsphase befindet – wenn wir also noch nicht sicher sein können, ob die Sache funktioniert, und wenn es bis zum wirtschaftlichen Erfolg vielleicht länger dauert, als die Banken oder Risikokapitalgeber zu warten bereit sind –, dann können die richtigen politischen Vorgaben und Finanzhilfen dafür sorgen, dass die Idee zumindest vollständig erforscht wird. Es könnte sich um einen entscheidenden Durchbruch handeln, es kann aber auch schiefgehen. Wir müssen also bereit sein, auch den einen oder anderen Fehlschlag hinzunehmen.

Es ist, ganz allgemein gesprochen, die Aufgabe des Staates, Forschung und Entwicklung zu finanzieren, wenn private Unternehmen davon Abstand nehmen, weil sie nicht sehen, wie sie damit Gewinne erzielen können. Sobald erkennbar wird, wie ein Unternehmen tatsächlich auf dem Gebiet Geld verdienen kann, wird der private Sektor einsteigen und übernehmen. Genau auf diese Weise sind wir zu Produkten gekommen, die Sie vermutlich Tag für Tag benutzen – das Internet, lebenswichtige medizinische Geräte und Medikamente oder das GPS (Global Positioning System), das Ihnen auf Ihrem Handy den richtigen Weg zeigt. Die PC-Branche – Microsoft inklusive – wäre niemals so erfolgreich geworden, hätte die US-Regierung nicht viel Geld in die Erforschung kleinerer und schnellerer Mikroprozessoren investiert.

Auf manchen Feldern, etwa der Digitaltechnologie, erfolgt die Übergabe von der öffentlichen Hand an die Privatwirtschaft relativ schnell. Bei der sauberen Energie dauert das wesentlich länger, und sie erfordert zudem ein noch größeres finanzielles Engagement von staatlicher Seite, weil die technische und wissenschaftliche Arbeit besonders zeitaufwendig und teuer ist.

Die Investitionen in die Forschung haben aber noch einen weiteren Vorteil: Sie können dazu beitragen, Unternehmen in einem Land überhaupt erst auf die Beine zu stellen, die dann ihre Produkte in andere Länder exportieren können. Land Nr. 1 könnte beispielsweise einen billigen synthetischen Kraftstoff entwickeln und diesen an die eigene Bevölkerung verkaufen. Es könnte den Kraftstoff aber auch nach Land Nr. 2 exportieren. Selbst wenn Land Nr. 2 ansonsten kein großes Interesse am Senken seiner Emissionen zeigt, wird es am Ende genau das tun, einfach weil jemand anderes einen besseren und billigeren Kraftstoff erfunden hat.

Und letztendlich stellen Forschung und Entwicklung schon für sich genommen einen Gewinn dar. Am effektivsten ist dies, wenn sie diesen Bereich mit Anreizen der Nachfrageseite koppeln. Kein Unternehmen wird eine neue, in einer wissenschaftlichen Zeitschrift präsentierte Idee zu einem neuen Produkt weiterentwickeln, wenn es nicht sicher sein kann, dass es auch willige Käufer finden wird – vor allem in den frühen Marktphasen, wenn das Produkt noch relativ teuer ist.

2. Schaffen Sie faire Marktbedingungen

Wie bereits bis zum Gehtnichtmehr ausgeführt, müssen wir die Ökozuschläge auf null drücken. Zum Teil können wir das mit den in Kapitel 4 bis 8 beschriebenen Innovationen erreichen – indem wir beispielsweise dafür sorgen, dass die Produktion von Null-CO_2-Stahl billiger wird. Wir können aber auch die Kosten der fossilen Kraftstoffe so anheben, dass der von diesen Brennstoffen verursachte Schaden eingepreist ist.

Wenn heute Unternehmen Produkte herstellen oder Verbraucher Waren kaufen, tragen diese keine Kosten für das bei der Herstellung anfallende Kohlenstoffdioxid, obwohl dieses CO_2 der Gesellschaft einen sehr realen Preis auferlegt. Ökonomen sprechen hier von *Externalisierung*: die Kosten werden von der Gesellschaft getragen, nicht vom dafür verantwortlichen Individuum beziehungsweise Unternehmen. Es gibt verschiedene Möglichkeiten, zum Beispiel eine CO_2-Steuer oder ein Emissionshandelssystem, um zu gewährleisten, dass zumindest ein Teil dieser externen Kosten vom eigentlichen Verursacher bezahlt wird.

Wir können, vereinfacht ausgedrückt, den Ökozuschlag senken, indem wir die CO_2-neutralen Produkte billiger machen (dazu bedarf es technischer Innovation), indem wir CO_2-lastige Produkte teurer machen (dazu bedarf es politischer Innovation), oder mit einer Kombination aus beidem. Es geht dabei nicht darum, Menschen für das Verursachen von Treibhausgasen zu bestrafen; es geht darum, Anreize zu schaffen, damit kluge Köpfe wettbewerbsfähige CO_2-neutrale Alternativen erfinden. Durch abgestuftes Anheben des CO_2-Preises, bis dieser die realen Kosten auch wirklich abbildet, können Regierungen die Hersteller und Verbraucher zu effizienteren Entscheidungen bewegen und Innovationen fördern, die eine Senkung des Ökozuschlags bewirken. Sie werden mit höherer Wahrscheinlichkeit versuchen, einen neuen synthetischen Kraftstoff zu entwickeln, wenn Sie sicher sind, dass er nicht von künstlich billig gehaltenem konventionellem Sprit aus dem Markt gedrängt wird.

3. Überwinden Sie marktfremde Barrieren

Warum zögern Hausbesitzer, ihre mit fossilen Brennstoffen wie Öl oder Gas betriebene Heizung durch eine emissionsärmere elektrische Alternative zu ersetzen? Weil sie über die Alternativen gar nicht Bescheid wissen, weil es nicht genug qualifizierte Fachhändler und Heizungsbauer dafür gibt, und mancherorts ist eine solche Umstellung sogar schlicht illegal.

Warum statten Vermieter ihre Gebäude nicht mit energieeffizienten Geräten aus? Weil sie die Strom- oder Gasrechnung auf die Mieter umlegen, die oftmals nicht berechtigt sind, die Erneuerung solcher Geräte selbst in die Hand zu nehmen, und vielleicht wohnen sie auch gar nicht lange genug dort, um von den langfristigen Vorteilen der Erneuerung profitieren zu können.

Wie Sie festgestellt haben werden, hat keine dieser Barrieren viel mit Kosten zu tun. Sie existieren vor allem aus Mangel an Information, an geschultem Personal oder an entsprechenden Anreizen – alles Bereiche, in denen geeignete politische Schritte den entscheidenden Unterschied ausmachen können.

4. Bleiben Sie auf dem Laufenden

Manchmal ist die große Barriere nicht das Verbraucherbewusstsein oder ein aus den Fugen geratener Markt. Manchmal ist es die Politik selbst, die der Dekarbonisierung im Wege steht.

Wenn Sie beispielsweise Beton in einem Gebäude verbauen wollen, legen die Bauvorschriften bis ins kleinste Detail fest, welche Voraussetzungen dieser Beton erfüllen muss – wie stark er sein muss, wie viel Gewicht er tragen können muss und dergleichen mehr. Vielleicht geben sie sogar die exakte chemische Zusammensetzung des zu verwendenden Betons vor. Diese Materialnormen verbieten oft den von Ihnen eigentlich gewünschten emissionsarm hergestellten Zement, obwohl er alle Leistungsnormen erfüllen würde.

Kein Mensch will, dass Gebäude oder Brücken kollabieren, weil minderwertiger Beton verbaut wurde. Wir können aber doch dafür sorgen, dass die Normen die neuesten technologischen Fortschritte widerspiegeln und die Dringlichkeit, CO_2-Neutralität zu erreichen.

5. Planen Sie gerechte Übergangslösungen

Bei einer derart umfassenden Umstellung auf eine CO_2-neutrale Wirtschaft wird es zwangsläufig Gewinner und Verlierer geben. In den USA werden Bundesstaaten, deren Wirtschaft stark auf der Erschließung und Ausbeutung fossiler Energieträger aufbaut – wie etwa Texas und North Dakota –, neue Arbeitsplätze schaffen müssen, die so gut bezahlt sind wie diejenigen, die verloren gehen, und sie müssen auf irgendeine andere Weise an die Steuereinnahmen kommen, die gegenwärtig Schulen, Straßen und andere Grundbedürfnisse finanzieren. Ähnliches gilt für Staaten wie Nebraska – dort ist die Rinderzucht ein entscheidender Wirtschaftsfaktor –, wenn künstliche Fleischprodukte das konventionell produzierte Fleisch ersetzen. Und Geringverdiener, die schon jetzt einen beachtlichen Anteil ihres Einkommens für Energie ausgeben müssen, werden die Ökozuschläge viel stärker spüren als andere.

Ich wünschte, es gäbe einfache Lösungen für diese Probleme. Gewiss wird es in der einen oder anderen Gemeinde gelingen, gut bezahlte Jobs in der Öl- und Gasindustrie auf natürliche

Weise, zum Beispiel durch Jobs in der Solarbranche, zu ersetzen. Viele andere stehen jedoch vor einem schwierigen Übergang, nach welchem sie ihren Lebensunterhalt mit etwas anderem als der Förderung fossiler Energieträger werden bestreiten müssen. Da die konkreten Lösungen von Ort zu Ort unterschiedlich ausfallen werden, sind hier die lokalen Behörden gefordert. Die Bundesregierung kann aber dennoch helfen, indem sie – im Rahmen eines Gesamtplans für CO_2-Neutralität – finanzielle Mittel und technische Beratung bereitstellt und indem sie Kommunen im ganzen Land vernetzt, die vor vergleichbaren Problemen stehen, damit diese hilfreiche Informationen untereinander austauschen können.

Und schließlich ist es nur verständlich, dass die Menschen in Gemeinden, deren lokale Wirtschaft größtenteils auf der Förderung von Kohle oder Erdgas aufbaut, besorgt sind, die Umstellung könnte es für sie immer schwerer machen, überhaupt noch über die Runden zu kommen. Die Tatsache, dass sie diesen Bedenken Ausdruck geben, macht sie noch nicht zu Leugnern des Klimawandels. Man braucht kein Politologe zu sein, um zu erkennen, dass nationale Entscheidungsträger, die sich CO_2-Neutralität auf die Fahne geschrieben haben, mehr Unterstützung für ihre Vorhaben finden werden, wenn sie die Sorgen und Nöte der Familien und Gemeinden verstehen, deren Existenzgrundlage besonders schwer getroffen wird, und wenn sie diese Sorgen und Nöte ernst nehmen.

6. Gehen Sie auch da hin, wo's wehtut

Der Umgang mit dem Klimawandel konzentriert sich oft auf relativ einfache Wege der Emissionsreduzierung – Dinge wie die Umstellung auf Elektroautos oder auf eine Energieversorgung, die stärker auf Solar- und Windkraft setzt. Das ist durchaus sinnvoll, denn wer Fortschritte aufzeigt und schnelle Erfolge demonstriert, trägt dazu bei, mehr Leute mit ins Boot zu holen. Und es ist auch wichtig: Wir erledigen die relativ einfachen Dinge noch nicht annähernd im erforderlichen Maßstab, es gibt also jede Menge Chancen, damit jetzt sofort große Fortschritte zu erzielen.

Aber wir dürfen uns nicht darauf beschränken, nur die niedrig hängenden Früchte zu ernten. Jetzt, da sich in der Klimafrage ernsthaft etwas bewegt, müssen wir auch die schwierigen Felder beackern: Speichern von Strom, saubere Kraftstoffe, Zement, Stahl, Dünger und so weiter. Dafür bedarf es eines anderen Ansatzes der Politik. Es genügt nicht, nur mit den Tools zu arbeiten, die wir schon haben. Wir müssen mehr in Forschung und Entwicklung auf den schwierigen Feldern investieren und – da viel davon zentraler Bestandteil unserer physischen Infrastruktur ist, also Straßen, Gebäude und so weiter – Maßnahmen ergreifen, die speziell darauf ausgelegt sind, die benötigten Durchbrüche zu verwirklichen und auf den Markt zu bringen.

7. Behalten Sie Technologie, Politik und Märkte stets gleichzeitig im Blick

Neben Technologie und Politik gibt es noch einen dritten Aspekt, den wir in unsere Gleichung einbeziehen müssen: die Unternehmen, welche die neuen Erfindungen entwickeln und dafür sorgen müssen, dass diese in globalem Maßstab eingesetzt werden, sowie die Investoren und Finanzmärkte, die hinter diesen Unternehmen stehen. Da mir kein besserer Oberbegriff einfällt, bezeichne ich diese Gruppe schlicht als »Märkte«.

Märkte, Technologie und Politik sind wie drei Stellschrauben, an denen wir drehen müssen, wenn wir die Entwöhnung von der fossilen Energie hinbekommen wollen. Und wir müssen an allen drei Stellschrauben gleichzeitig drehen, und alle in die gleiche Richtung.

Eine simple politische Vorgabe – wie etwa Normen für die

Emissionsneutralität von Autos – bringt nicht viel, wenn Ihnen die Technologie fehlt, um Emissionen auszuschalten, oder wenn kein Unternehmen gewillt ist, Autos zu bauen und zu verkaufen, die diese Normen erfüllen. Wenn Sie andererseits eine emissionssenkende Technologie haben – zum Beispiel ein Gerät, das Kohlendioxid direkt am Abgaskamin eines Kohlekraftwerks auffängt und abscheidet –, bringt Ihnen diese auch nicht viel, wenn Sie den Energieversorgern keine finanziellen Anreize anbieten, damit diese das Ding auch einbauen. Und nur wenige Firmen werden auf die Erfindung einer Null-CO_2-Technologie wetten, wenn die Konkurrenz sie mit ihren fossilen Produkten im Preis unterbieten kann.

Deshalb müssen Märkte, Politik und Technologie Hand in Hand gehen. Politische Maßnahmen wie höhere Ausgaben für Forschung und Entwicklung können dazu beitragen, neue Technologien auf den Weg zu bringen und die Marktmechanismen zu schaffen, die dafür sorgen, dass diese Technologien bei vielen Millionen Menschen ankommen. Es funktioniert aber genauso andersherum: Die Technologien, die wir entwickeln, sollten auch in die konkrete Ausgestaltung politischer Maßnahmen einfließen. Wenn wir beispielsweise einen innovativen Flüssigkraftstoff herausbringen würden, dann sollte sich die Politik darauf fokussieren, die nötigen Investitions- und Finanzierungsstrategien zu entwickeln, um diesen Kraftstoff im weltweiten Maßstab auf den Markt zu bringen – und wir müssten uns beispielsweise weniger Gedanken über neue Wege zur Energiespeicherung machen.

Ich möchte anhand einiger Beispiele aufzeigen, was geschieht, wenn alle drei Faktoren ineinandergreifen, und was geschieht, wenn nicht.

Was geschieht, wenn die Politik nicht mit der Technologie Schritt hält, sehen wir an der Atomindustrie. Die Atomkraft ist die einzige CO_2-neutrale Energiequelle, die praktisch überall einsetzbar ist, rund um die Uhr und sieben Tage die Woche. Eine Handvoll Firmen, darunter auch TerraPower, arbeiten an der Entwicklung moderner Reaktoren, die das Problem beheben, das die fünfzig Jahre alte Bauweise der heute noch üblichen Reaktoren mit sich bringt: Das neue Design ist sicherer, billiger und produziert viel weniger Atommüll. Aber ohne die richtige Politik dahinter und ohne den richtigen Ansatz zum Marktzugang wird die wissenschaftliche und technische Arbeit an diesen modernen Reaktoren zu nichts führen.

Kein modernes Atomkraftwerk wird jemals gebaut werden, es sei denn, die Konstruktion kann validiert, die Lieferketten können eingerichtet und ein Pilotprojekt kann gestartet werden, um diese neue Technologie praxisnah demonstrieren zu können. Von einigen wenigen Ausnahmen wie China und Russland abgesehen – dort investieren die Staaten direkt in moderne staatliche Atomkraftunternehmen – haben die meisten Länder leider keine gangbaren Wege, auf denen sich solche Projekte umsetzen ließen. Es wäre hilfreich, wenn manche Regierungen gewillt wären, als Co-Investoren aufzutreten, um Demonstrationsprojekte zum Laufen bringen zu können – wie es die US-Regierung kürzlich getan hat. Mir ist schon klar, dass sich das eigennützig anhört, schließlich bin ich selbst Besitzer einer solchen modernen Atomkraftfirma, aber ich sehe keinen anderen Weg, die Atomenergie als Chance zur Bewältigung des Klimawandels ins Boot zu holen.

Das Beispiel der Biokraftstoffe veranschaulicht eine andere Herausforderung: Wir müssen uns darüber im Klaren sein, welches Problem wir zu lösen versuchen, und dann unser politisches Handeln danach ausrichten.

Im Jahr 2005 verabschiedete der Kongress angesichts steigender Ölpreise und im Bestreben, weniger Öl zu importieren, den »Renewable Fuel Standard«. Diese Norm für regenerative Kraftstoffe setzt Zielvorgaben für den Umfang der Nutzung von Biokraftstoff in den USA in den kommenden Jahren. Schon diese gesetzgeberische Maßnahme sandte ein starkes Signal an die Transportbranche, die viel in die zu jener Zeit bestehende Biokraftstofftechnologie investierte – Ethanol auf Maisbasis. Maisethanol war gegenüber herkömmlichem Benzin bereits recht konkurrenzfähig, weil die Spritpreise stiegen und Ethanolproduzenten von einer jahrzehntealten Steuervergünstigung profitierten.

Die Maßnahme wirkte. Die Ethanolproduktion überstieg rasch die vom Kongress festgelegten Zielvorgaben; heute kann eine Gallone Benzin, die Sie in den USA tanken, bis zu 10 Prozent Ethanol enthalten.

Dann, im Jahr 2007, machte sich der Kongress daran, Biokraftstoffe zur Lösung eines anderen Problems zu nutzen. Diesmal ging es nicht nur um steigende Ölpreise, es ging auch um den Klimawandel. Die Regierung erhöhte die Zielvorgaben für Biokraftstoff und verfügte darüber hinaus, dass ungefähr 60 Prozent aller in den USA gehandelten Biokraftstoffe nicht aus Mais, sondern aus anderen Stärkepflanzen erzeugt werden sollten. (Auf diese Weise hergestellte Biokraftstoffe reduzieren die Emissionen dreimal mehr als konventioneller Biosprit.) Die Raffinerien erfüllten zügig die Ziele für konventionellen Biosprit auf Maisbasis, aber die moderneren Alternativen hinkten diesen Vorgaben weit hinterher.

Warum? Teils weil die Wissenschaft moderner Biokraftstoffe ein ausgesprochen schwieriges Feld ist. Und die Ölpreise blieben relativ niedrig, da war es nicht so einfach, größere Investitionen in eine teurere Alternative zu rechtfertigen. Aber ein wichtiger Grund ist auch, dass die Unternehmen, die diese Biokraftstoffe herstellen könnten, und die möglichen Investoren dahinter keinerlei Gewissheit hinsichtlich der Marktchancen hatten.

Der Staat rechnet immer mit Lieferengpässen bei modernen Biokraftstoffen, deshalb senkt er die Zielvorgaben weiter. 2017 ging der angepeilte Wert von über 20 Milliarden Litern auf rund 1,2 Milliarden Liter zurück. Und manchmal werden die neuen Zielvorgaben so spät im Jahr kommuniziert, dass die Hersteller nicht wissen, mit welchen Verkaufsmengen sie rechnen können. Es ist ein Teufelskreis: Die Regierung senkt die Quoten, weil sie mit Lieferausfällen rechnet, und die Lieferausfälle stellen sich ein, weil die Regierung die Quoten immer weiter drückt.

Was wir daraus lernen sollten: Die politischen Entscheidungsträger müssen sich über die Ziele im Klaren sein, die sie erreichen wollen, und sie müssen über die Technologien Bescheid wissen, die sie zu fördern beabsichtigen. Das Festlegen von Zielvorgaben für Biosprit war schön und gut, um die importierten Ölmengen der USA zu reduzieren, weil bereits eine Technologie vorhanden war – Ethanol auf Maisbasis –, mit der sich dieses Ziel erreichen ließ. Die Politik löste Innovationen aus, entwickelte den Markt und dehnte ihn in angemessenem Umfang aus. Aber das Festlegen von Zielvorgaben für Biosprit war kein sehr effektiver Weg zur Senkung von Emissionen, weil die Politik übersah, dass die geeignete Technologie – moderne Biokraftstoffe – noch in den Kinderschuhen steckt, und sie hat nicht die Sicherheit geschaffen, die der Markt braucht, um die Technologie angemessen weiterzuentwickeln.

Sehen wir uns nun eine Erfolgsgeschichte an, bei der Politik, Technologie und Märkte viel besser zusammenarbeiteten. Schon in den 1970er-Jahren begannen Japan, die USA und die EU mit der Finanzierung von Forschung in verschiedene frühe Formen der Stromerzeugung aus Sonnenenergie. Bis zu den frühen 1990er-Jahren hatte sich die Solartechnologie so weit entwickelt, dass immer mehr Firmen Module produzierten, aber die Solartechnik fand noch immer keine allgemeine Verbreitung.

Deutschland schob den Markt an, indem der Staat zinsgünstige Kredite für die Installation von Solarmodulen anbot und eine Einspeisevergütung bezahlte – eine feste, vom Staat geleistete Zahlung pro erzeugter Strommenge durch erneuerbare Energien. Diese Vergütung erhielt jeder, der überschüssige Solarenergie erzeugte.[110] Im Jahr 2011 nutzten dann die USA Kreditgarantien zur Finanzierung der fünf größten Solaranlagen des Landes.[111] China war ein erfindungsreicher Wegbereiter, was die Senkung der Kosten für Solarmodule anging. Dank all dieser Innovationen ist der Preis von Solarstrom seit 2009 um 90 Prozent gesunken.

Die Windkraft liefert ein weiteres gutes Beispiel. Im letzten Jahrzehnt ist die installierte Windenergiekapazität um durch-

Dänemark war Vorreiter bei der Erzeugung bezahlbarer Windkraft. Diese Windräder stehen auf der Insel Samsø.[112]

schnittlich 20 Prozent jährlich gestiegen, und die Windkraftanlagen liefern heute rund 5 Prozent des weltweit verbrauchten Stroms. Die Windkraft wächst aus einem simplen Grund: Sie wird immer billiger. China, das für einen großen und immer weiter wachsenden Anteil der weltweit erzeugten Windkraft verantwortlich ist, hat angekündigt, die Subventionierung von Onshore-Windprojekten in Kürze einzustellen, weil der damit erzeugte Strom dann genauso billig sein wird wie Strom aus konventionellen Quellen.

Um diese Entwicklungen zu verstehen, werfen wir einen Blick nach Dänemark. Inmitten der Ölschocks der 1970er-Jahre setzte die Regierung Dänemarks eine Reihe von Maßnahmen mit dem Ziel in Kraft, die Windenergie zu fördern und weniger Öl zu importieren. Unter anderem steckte der Staat eine Menge Geld in die Erforschung und Entwicklung erneuerbarer Energien. Sie waren nicht die Einzigen, die das taten (etwa um diese Zeit begannen die USA, in Ohio mit Windturbinen im Kraftwerksmaßstab zu arbeiten), aber die Dänen machten etwas Ungewöhnliches. Sie verbanden die Unterstützung von Forschung und Entwicklung mit einer Einspeisevergütung, und später auch noch mit einer CO_2-Steuer.

Länder wie Spanien beschritten einen ähnlichen Weg, und die Windkraftbranche lernte immer mehr dazu. Die Unternehmen hatten nun Anreize, größere Rotoren und Anlagen mit immer höherer Kapazität zu bauen, sodass jede einzelne Windturbine mehr Strom erzeugen konnte, und sie begannen, immer mehr Einheiten zu verkaufen. Im Laufe der Zeit sanken die Kosten für eine Windkraftanlage dramatisch. Dasselbe galt für die Kosten des mit Windkraft erzeugten Stroms: In Dänemark halbierte sich der Preis zwischen 1987 und 2001. Heute bezieht das Land rund die Hälfte seines Stroms aus Onshore- und Offshore-Windkraft, und es ist der weltweit größte Exporteur von Windturbinen.

Um es klarzustellen: Bei diesen Erfolgsgeschichten geht es nicht darum, die regenerative Energie aus Solar- und Windkraft als Antwort auf alle unsere Fragen in Sachen Strombedarf hinzustellen. (Sie ist gewiss eine Antwort auf manche unserer diesbezüglichen Fragen, siehe Kapitel 4.) Es geht vor allem darum, dass wir durch das Berücksichtigen aller drei Aspekte – Technologie, Politik und Märkte – Innovationen auslösen, die Gründung neuer Unternehmen fördern und neue Produkte schneller auf den Markt bringen können.

Jeder Plan, der den Klimawandel in Angriff nimmt, muss so ausgelegt sein, dass alle drei Aspekte Hand in Hand arbeiten. Im nächsten Kapitel will ich einen solchen Plan vorstellen.

KAPITEL 11

Ein Plan zur Dekarbonisierung

Als ich 2015 die Klimakonferenz in Paris besuchte, drängte sich mir die Frage auf: *Können wir das wirklich schaffen?* Es war inspirierend zu sehen, wie politische Führer aus aller Welt zusammenkamen, um sich Klimazielen zu verschreiben, denn fast jedes Land verpflichtete sich, seine Emissionen herunterzufahren. Aber eine Umfrage nach der anderen zeigte, dass der Klimawandel noch immer (bestenfalls) als marginales politisches Problem wahrgenommen wurde, und ich fürchtete, wir würden niemals den Willen aufbringen, diese schwere Aufgabe wirklich anzupacken.

Mit Freude stelle ich fest, dass in der Öffentlichkeit der Klimawandel weit stärker ins Blickfeld gerückt ist, als ich es für möglich gehalten hatte. In den letzten Jahren hat die weltweite Diskussion über den Klimawandel eine bemerkenswerte Wende zum Besseren erfahren. Der politische Wille wächst auf allen Ebenen, während die Wähler überall auf der Welt die Politik zum Handeln auffordern und sich Städte, Länder und Bundesstaaten zu dramatischen Reduktionen verpflichten, die die jeweiligen nationalen Ziele erfüllen (oder, wie in den USA, für den Gesamtstaat einspringen).

Nun müssen wir diese Ziele mit konkreten Plänen verknüpfen, wie sie zu erreichen sind – auch Paul Allen und ich hatten in den frühen Tagen von Microsoft ein Ziel formuliert (»ein Computer auf jedem Schreibtisch, in jedem Haushalt« nannten wir das damals) und verbrachten die nächste Dekade damit, einen

Plan zur Verwirklichung dieses Ziels zu entwerfen und umzusetzen. Die Leute hielten uns für verrückt, angesichts dieses großen Traums, aber diese Aufgabe war gar nichts im Vergleich zu dem, was wir tun müssen, um mit dem Klimawandel fertigzuwerden – ein gewaltiges Unterfangen, in das Menschen und Institutionen auf der ganzen Welt eingebunden werden müssen.

In Kapitel 10 ging es vor allem um die Rolle der Regierungen beim Erreichen dieses Ziels. In diesem Kapitel will ich einen Plan zur Verhinderung einer Klimakatastrophe beschreiben, der sich auf die spezifischen Maßnahmen bezieht, die Staatenlenker und Entscheidungsträger ergreifen können. (Einzelheiten zu jedem einzelnen Aspekt finden Sie unter breakthroughenergy.org.) Und im nächsten Kapitel will ich dann noch zeigen, was jeder Einzelne von uns beitragen kann, um diesen Plan in die Tat umzusetzen.

Wie schnell müssen wir auf null kommen? Die Wissenschaft sagt uns, um eine Klimakatastrophe zu verhindern, müssten die reichen Länder bis 2050 CO_2-neutral werden. Sie werden vermutlich mitbekommen haben, dass manche Leute sagen, die Dekarbonisierung könnte sogar noch schneller gelingen – bis 2030.

Leider ist das Jahr 2030 aus allen hier beschriebenen Gründen kein realistisches Ziel. Wenn man bedenkt, welch fundamentale Bedeutung die fossilen Brennstoffe für unser Leben haben, ist es schlicht nicht vorstellbar, innerhalb eines Jahrzehnts vollständig darauf verzichten zu können.

Was wir aber in den nächsten zehn Jahren tun können – tun *müssen* –, ist das Ergreifen von Maßnahmen, die uns auf den richtigen Weg zur nachhaltigen Dekarbonisierung bis 2050 führen.

Das ist eine ganz wichtige Unterscheidung, auch wenn sie vielleicht nicht unmittelbar auf der Hand liegt. Man könnte auf den ersten Blick ja meinen, »bis 2030 reduzieren« und »bis 2050 auf null kommen« würden sich logisch ergänzen. Ist denn 2030 nicht einfach eine Zwischenstation auf dem Weg zum Ziel 2050?

Nicht zwangsläufig. Wenn wir unsere Reduzierung bis 2030 nicht richtig angehen, *hindert* uns das vielleicht sogar daran, jemals wirklich auf null zu kommen.

Wieso das? Weil sich die Maßnahmen, mit denen wir maßvolle Reduzierungen bis 2030 erreichen würden, radikal von dem unterscheiden, was wir in Angriff nehmen müssten, um bis 2050 echte CO_2-Neutralität zu schaffen. Das sind tatsächlich zwei ganz unterschiedliche Wege, die da beschritten würden, mit jeweils unterschiedlichen Erfolgsmaßstäben, und wir müssen uns für einen dieser Wege entscheiden. Es ist großartig, Ziele für 2030 zu haben, solange sie Meilensteine auf dem Weg zur Null bis 2050 sind.

Das ist der Grund. Wenn wir uns zum Ziel setzen, die Emissionen bis 2030 nur ein wenig herunterzufahren, werden wir uns auf Maßnahmen fokussieren, die zu diesem Ziel führen – und zwar selbst dann, wenn diese Maßnahmen das Erreichen des Endziels von null Emissionen erschweren oder gar unmöglich machen.

Ein Beispiel: Wenn wir »Reduzierung bis 2030« als einzigen Erfolgsmaßstab anlegen, wäre es verlockend, Kohlekraftwerke durch Gaskraftwerke zu ersetzen; immerhin ließen sich damit die CO_2-Emissionen real reduzieren. Aber jedes Gaskraftwerk, das von heute an bis 2030 gebaut wird, wird auch 2050 noch in Betrieb sein – sie brauchen diese jahrzehntelangen Laufzeiten, um sich überhaupt rechnen zu können. Und Kraftwerke auf Erdgasbasis produzieren auch dann noch Treibhausgase. Unser Ziel einer »Reduzierung bis 2030« hätten wir erreicht, aber die Chance, jemals auf null Emissionen zu kommen, für lange Zeit verspielt.

Wenn andererseits »Reduzierung bis 2030« ein Meilenstein in Richtung »null bis 2050« ist, ergibt es wenig Sinn, eine Menge Zeit und Geld in die Umstellung von Kohle auf Gas zu investieren. Vielmehr sollten wir dann eine doppelte Strategie verfolgen: Erstens müssen wir alles daran setzen, CO_2-neutralen Strom möglichst billig und verlässlich bereitzustellen; und zweitens braucht es eine möglichst umfassende Elektrifizierung – von Fahrzeugen über industrielle Prozesse bis hin zu Wärmepumpen, und das natürlich gerade dort, wo wir bisher für die Stromversorgung auf fossile Brennstoffe angewiesen sind.

Wenn wir glauben, dass es nur darauf ankommt, die Emissionen bis 2030 zu reduzieren, dann wäre dieses Vorgehen ein Fehlschlag, weil damit innerhalb eines Jahrzehnts nur marginale Reduzierungen zu erzielen wären. Aber wir wären auf dem richtigen Weg zum langfristigen Erfolg. Jede bedeutende Innovation in Sachen Erzeugung, Speicherung und Bereitstellung sauberen Stroms würde uns dem Ziel »null Emissionen bis 2050« näherbringen.

Wenn Sie beurteilen wollen, welche Länder in Sachen Klimawandel Fortschritte machen und welche nicht, achten Sie bitte nicht ausschließlich darauf, ob die jeweiligen Emissionen gerade sinken. Behalten Sie auch im Blick, ob sich Länder von vornherein auf das Ziel der Klimaneutralität ausrichten. Vielleicht bewegt sich dort bei den Emissionen vorerst nicht viel, aber sie verdienen Anerkennung dafür, jetzt schon den richtigen Weg einzuschlagen.

Ich stimme mit den Verfechtern des 2030-Ziels in einem Punkt überein: Die Sache duldet keinen Aufschub. Wir stehen heute in Sachen Klimawandel genau da, wo wir vor einigen Jahren bei der Bekämpfung von Pandemien standen. Die Gesundheitsexperten sagten uns, ein massiver Ausbruch sei praktisch unausweichlich. Trotz dieser Warnungen tat die Welt nicht genug, um sich auf den Ernstfall vorzubereiten – und musste plötzlich in aller Hektik versuchen, die verlorene Zeit aufzuholen. Versuchen wir doch, in der Frage des Klimawandels nicht den gleichen Fehler zu begehen.

Da wir diese bahnbrechenden Technologien vor 2050 brauchen und da wir wissen, wie lange der Vorlauf für Entwicklung und Implementierung neuer Energiequellen dauert, müssen wir uns schon heute auf den Weg machen. Wenn wir uns heute auf den Weg machen, indem wir die Innovationskraft der Wissenschaft zielgerichtet nutzen und darauf achten, dass unsere Lösungen auch für die Ärmsten der Welt umsetzbar sind, wird es uns gelingen, beim Klimawandel die Fehler zu vermeiden, die wir bei der Vorbereitung auf Pandemien begangen haben. Der folgende Plan setzt uns auf das richtige Gleis.

Innovation und das Gesetz von Angebot und Nachfrage

Wie bereits zu Beginn ausgeführt – und wie hoffentlich in den bisherigen Kapiteln deutlich gemacht –, muss jeder umfassende Klimaplan viele unterschiedliche Aspekte und Disziplinen einbeziehen. Die Klimaforschung sagt uns, *warum* wir dieses Problem anpacken müssen, sie sagt uns aber nicht, *wie*. Dafür brauchen wir viele Wissenschaften: Biologie, Chemie, Physik, aber auch Politikwissenschaften, Wirtschaftswissenschaften, Technik und Ingenieurwesen und andere Fachgebiete. Natürlich muss sich nicht jeder auf jedem Fachgebiet auskennen – als Paul und ich Microsoft gründeten, waren wir schließlich auch keine Experten für Marketing, Businesspartnerschaften oder die Zusammenarbeit mit Regierungen und Behörden. Was Microsoft damals brauchte – und was wir heute brauchen, um den Klimawandel in den Griff zu bekommen –, ist eine Vorgehensweise, die es vielen unterschiedlichen Disziplinen möglich macht, uns auf das richtige Gleis zu setzen.

Bei Energie, bei Software und bei so ziemlich jedem Thema dürfen wir Innovation nicht ausschließlich im engen technologischen Sinn des Wortes begreifen. Innovation heißt nicht bloß, eine neue Maschine oder ein neues Verfahren zu erfinden – es geht auch darum, neu und anders an Aspekte wie Geschäftsmodelle, Lieferketten, Märkte und politische Gestaltung heranzugehen, die neue Erfindungen erst zum Leben erwecken und ihnen zu globaler Reichweite verhelfen können. Innovation heißt neue Geräte, aber auch ein neues Herangehen an die Dinge.

Unter diesen Vorbehalten habe ich die verschiedenen Elemente meines Plans in zwei Kategorien unterteilt. Diese Kategorien werden Ihnen bekannt vorkommen, wenn Sie einen »Grundkurs Wirtschaft« besucht haben: Eine umfasst die Ausdehnung des *Angebots* von Innovationen – die Anzahl neuer Ideen, die die Testphase erreichen –, bei der anderen Kategorie geht es um das Forcieren der *Nachfrage* nach Innovationen. Beide greifen ineinander, in einer Art »Push-and-Pull«-Verfahren. Ohne Nachfrage nach Innovationen (»pull«) haben Erfinder und Entscheidungsträger keine Anreize, neue Ideen hervorzubringen; ohne ein stetiges Angebot an Innovationen (»push«) können die Verbraucher die ökologischen Produkte nicht kaufen, die die Welt braucht, um die Emissionen auf null zu reduzieren.

Mir ist klar, dass sich das ein bisschen nach volkswirtschaftlicher Vorlesung anhört, aber es ist in Wirklichkeit eine sehr praxistaugliche Überlegung. Der ganze Ansatz der Gates Foundation mit dem Ziel, Leben zu retten, gründet auf der Idee, dass wir Innovationen zum Nutzen der Armen voranbringen und zugleich die Nachfrage nach diesen Innovationen stärken müssen. Bei Microsoft haben wir damals eine große Gruppe eingerichtet, die sich um nichts weiter als Forschung kümmerte, und darauf bin ich bis heute stolz. Ihre Aufgabe besteht im Wesentlichen darin, das Angebot an Innovationen auszuweiten. Wir haben auch viel Zeit darauf verwendet, uns anzuhören, was die Kunden von unserer Software erwarteten – das ist die innovationsbezogene Nachfrageseite, und sie lieferte uns entscheidende Informationen, die unsere Forschungsbemühungen mitgestalteten.

Das Innovationsangebot erweitern

Die Arbeit in dieser ersten Phase ist klassische Forschung und Entwicklung, bei der sich herausragende Fachleute aus Wissenschaft und Technik die Technologien einfallen lassen, die wir brauchen. Wir haben zwar schon heute eine Reihe emissionsarmer Lösungen, die auch von den Kosten her konkurrenzfähig sind, aber wir haben noch längst nicht alle Technologien, die wir brauchen, um im weltweiten Maßstab auf null Emissionen zu kommen. Die wichtigsten noch fehlenden Technologien habe ich in Kapitel 4 bis 9 erwähnt; die Liste sei hier noch einmal kurz und knapp zusammengefasst (Sie können jeden Punkt in dieser Liste mit dem Hinweis »erschwinglich für Länder mit mittleren Durchschnittseinkommen« ergänzen):

Benötigte Technologien

- CO_2-freie Wasserstoffproduktion
- Stromspeicherung im Netzmaßstab, ausreichend für mehrere Monate
- Synthetische Kraftstoffe
- Moderne Biokraftstoffe
- CO_2-neutraler Zement
- CO_2-neutraler Stahl
- Fleisch und Milchprodukte auf Pflanzen- und Zellbasis
- CO_2-neutraler Dünger
- Kernspaltung der nächsten Generation
- Kernfusion
- CO_2-Abscheidung (sowohl direkte Luftentnahme als auch Abscheidung an der CO_2-Quelle)
- Unterirdische Stromleitungen
- CO_2-neutraler Kunststoff
- Geothermie
- Pumpspeicherkraftwerke
- Wärmespeicher
- Dürre- und hochwassertolerante Nutzpflanzen
- CO_2-neutrale Alternativen zu Palmöl
- Kühlmittel ohne F-Gase

Damit diese Technologien möglichst schnell einsatzbereit sind, um den entscheidenden Unterschied ausmachen zu können, sind die Regierungen in folgenden Punkten gefordert:

1. Verfünffachen des Aufwands für Forschung und Entwicklung auf dem Gebiet der sauberen Energien und in anderen klimarelevanten Bereichen innerhalb des nächsten Jahrzehnts. Direkte öffentliche Investitionen in Forschung und

Entwicklung sind mit die wichtigste Maßnahme überhaupt im Kampf gegen die Erderwärmung, aber die Staaten tun in diesem Bereich nicht annähernd genug. Insgesamt beläuft sich die staatliche Finanzierung der Erforschung und Entwicklung sauberer Energie auf etwa 22 Milliarden Dollar pro Jahr, das entspricht nur etwa 0,02 Prozent der Weltwirtschaft. Allein für Benzin geben die US-Amerikaner jeden Monat mehr aus. Auch die USA, der mit Abstand größte Investor in saubere Energie, geben nur 7 Milliarden Dollar pro Jahr dafür aus.

Wie viel müssen wir investieren? Ich denke, die National Institutes of Health (eine US-amerikanische Gesundheitsbehörde) bieten uns eine gute Vergleichsgröße. Die NIH arbeiten mit einem Budget von etwa 37 Milliarden Dollar pro Jahr, sie haben lebenswichtige Medikamente und Therapien entwickelt, auf die Amerikaner – und Menschen überall auf der Welt – Tag für Tag angewiesen sind. Das ist ein ausgezeichnetes Vorbild; genau diesen Einsatz sollten wir auch in Sachen Klimawandel aufbringen. Und auch wenn sich das Verfünffachen eines Budgets für Forschung und Entwicklung nach einer Menge Geld anhört, ist es nur eine Kleinigkeit, gemessen an der Größe der Aufgabe – und darüber hinaus ein klarer Indikator dafür, wie ernsthaft eine Regierung das Problem angeht.

2. Verstärktes Setzen auf risikoreiche, aber auch besonders chancenreiche Forschungs- und Entwicklungsprojekte. Es geht nicht nur darum, wie viel Geld die Regierungen in die Hand nehmen – es kommt auch darauf an, wofür sie es ausgeben.

Manche Staaten haben sich mit Investitionen in saubere Energien schon früher die Finger verbrannt (unter dem Suchbegriff »Solyndra-Skandal« finden Sie ein einschlägiges Beispiel), und die Volksvertreter wollen verständlicherweise nicht den Eindruck erwecken, sie würden das Geld der Steuerzahler zum Fenster hinauswerfen. Aber diese Angst vor dem Scheitern hat zur Folge, dass Portfolios für Forschung und Entwicklung nur sehr kurzsichtig angelegt werden. Man neigt tendenziell zu sicheren Geldanlagen, die auch von der Privatwirtschaft finanziert werden könnten und sollten. Der wahre Wert der Führungsrolle der Politik bei Forschung und Entwicklung liegt darin, dass die Staaten gerade bei kühnen Ideen Chancen ergreifen können, die gegebenenfalls auch scheitern könnten oder sich nicht unmittelbar auszahlen. Dies gilt besonders für wissenschaftliche Projekte, die aus den in Kapitel 10 dargelegten Gründen für private Investoren zu riskant sind und bleiben werden.

Was geschieht, wenn Staaten eine große Chance auf die richtige Weise ergreifen, zeigt uns das Humangenomprojekt (HGP). Dieses Projekt hatte zum Ziel, den kompletten Satz menschlicher Gene zu entschlüsseln und die Ergebnisse öffentlich zu machen. Es war ein Meilenstein unter den Forschungsprojekten unter Federführung des US-Energieministeriums und der National Institutes of Health, in Zusammenarbeit mit Partnern im Vereinigten Königreich, in Frankreich, Deutschland, Japan und China. Das Projekt lief über 13 Jahre und kostete viele Milliarden Dollar, aber es hat uns den Weg zu neuen Diagnosetests und Therapien für Dutzende genetisch bedingter Krankheiten gewiesen, darunter auch erblicher Darmkrebs, Alzheimer und erblicher Brustkrebs.[113] Laut einer unabhängigen Studie des HGP generierte jeder einzelne von der Bundesregierung in das Projekt investierte Dollar sage und schreibe 141 Dollar Ertrag für die amerikanische Wirtschaft.[114]

Aus dem gleichen Grund müssen wir die Politik dazu bringen, sich zur Finanzierung von Mega-Projekten zu verpflichten (es geht um Größenordnungen von mehreren Hundert Millionen bis zu Milliarden Dollar), die die Wissenschaft voranbringen können – vor allem auf den oben aufgelisteten Feldern. Und diese Finanzierungsverpflichtung muss langfristig angelegt sein, damit die Wissenschaftler die Gewissheit haben, über viele Jahre auf eine konstante staatliche Unterstützung bauen zu können.

3. Ausrichten von Forschung und Entwicklung auf die drängendsten Probleme. Es gibt eine praktische Unterscheidung zwischen *Grundlagenforschung* an neuartigen wissenschaftlichen Konzepten und Anstrengungen mit dem Ziel, vorliegende wissenschaftliche Entdeckungen mit einem praktischen Nutzen zu versehen (die *angewandte* oder *translationale Forschung*). Das sind zwar zwei Paar Stiefel, aber es wäre ein Fehler zu glauben – wie es manche Puristen tun –, die Grundlagenforschung dürfe nicht durch Überlegungen verdorben werden, wie daraus ein nützliches und kommerziell erfolgreiches Produkt zu machen wäre. Einige der besten Erfindungen entstanden nur, weil die Forscher bei ihrer Arbeit bereits eine mögliche praktische Anwendung im Auge hatten; Louis Pasteurs Arbeit im Bereich der Mikrobiologie verdanken wir beispielsweise diverse Impfstoffe und die Pasteurisierung. Wir benötigen mehr staatliche Programme, die gerade in den Bereichen, in denen wir dringend Innovationen brauchen, Grundlagen- und Anwendungsforschung miteinander verbinden.

Die »SunShot Initiative« des US-Energieministeriums liefert uns ein schönes Beispiel, wie das aussehen kann. Im Jahr 2011 legten die Leiter dieses wissenschaftlichen Programms ein Ziel fest: Die Kosten der Solarenergie sollten innerhalb eines Jahrzehnts auf 0,06 Dollar pro Kilowattstunde gesenkt werden. Sie konzentrierten sich auf Forschung und Entwicklung in der Frühphase, schufen aber auch Anreize für Privatunternehmen, Universitäten und öffentlich geförderte Forschungszentren, sich auf Dinge wie das Senken der Kosten von Solarenergiesystemen, das Beseitigen bürokratischer Hemmnisse und eine Verbilligung der Finanzierung von Solaranlagen zu konzentrieren. Dank dieser integrierten Vorgehensweise erreichte SunShot sein Ziel bereits 2017, drei Jahre vor dem angepeilten Termin.

4. Zusammenarbeit mit der Industrie von Anfang an. Eine weitere künstliche Unterscheidung, auf die ich immer wieder stoße, ist die Vorstellung, die Frühphase einer Innovation sei Sache der Regierungen, die späteren Phasen dagegen Sache der Industrie. So läuft das in der Wirklichkeit aber nicht – vor allem dann nicht, wenn es um so schwierige technische Herausforderungen wie im Energiebereich geht. Hier ist der wichtigste Gradmesser für den Erfolg einer neuen Idee die Möglichkeit, das Ganze im nationalen oder, besser noch, globalen Maßstab einsetzen zu können. Partnerschaften in der Frühphase holen Leute ins Boot, die wissen, wie man so etwas zuwege bringt. Regierungen und die Industrie müssen Hand in Hand arbeiten, um Hemmnisse zu überwinden und den Innovationszyklus zu beschleunigen. Unternehmen können dabei helfen, Prototypen neuer Technologien zu entwickeln, sie liefern wichtige Einblicke in die Marktsituation, und sie können als Co-Investor bei Projekten auftreten. Und natürlich sind sie es, die die Technologie kommerziell nutzbar machen, es ist also nur sinnvoll, sie so früh wie möglich einzubinden.

Die Nachfrage nach Innovation beschleunigen

Die Nachfrageseite ist ein wenig komplizierter als die Angebotsseite. Hier brauchen wir zwei Schritte: die Erprobungsphase und die Expansionsphase.

Nach dem Test eines neuen Verfahrens im Labor muss sich dieses unter Marktbedingungen bewähren. In der Tech-Welt ist diese Testphase kurz und billig; es braucht nicht lange, um zu zeigen, ob ein neues Smartphone-Modell funktioniert und die Kunden anspricht. Auf dem Energiesektor ist das viel schwieriger – und viel teurer.

Sie müssen herausfinden, ob sich die unter Laborbedingungen getestete Idee auch als praxistauglich erweisen wird. (Vielleicht sind die Agrarabfälle, die Sie in einen Biokraftstoff verwandeln wollen, viel feuchter als das Material, das sie im Labor zur Verfügung hatten, und produzieren deshalb viel weniger Energie als erwartet.) Sie müssen auch die Kosten und Risiken einer frühzeitigen Markteinführung minimieren, Lieferketten aufbauen, das Geschäftsmodell testen und den Kunden die neue Technologie schmackhaft machen. Ideen, die sich gegenwärtig in der Erprobungsphase befinden, sind zum Beispiel CO_2-armer

Zement, Kernspaltung der nächsten Generation, Kohlenstoffabscheidung und -sequestrierung, Offshore-Windkraft, Ethanol auf Zellulosebasis (ein Biokraftstoff der zweiten Generation) und Alternativen zu tierischem Fleisch.

Die Erprobungsphase ist ein Tal des Todes, ein Ort, an dem gute Ideen ihr Leben aushauchen. Oft sind die mit dem Testen und der Markteinführung neuer Produkte verbundenen Risiken einfach zu groß. Die Investoren bekommen kalte Füße. Das trifft in besonderem Maße auf CO_2-neutrale Technologien zu: Für diese braucht es eine Menge Kapital als Anschubfinanzierung, und nicht selten setzen sie eine recht gründliche Umstellung des Verbraucherverhaltens voraus.

Regierungen (aber auch Großunternehmen) können Startups im Energiebereich helfen, lebend durch dieses Tal zu kommen, denn sie selbst sind Verbraucher im großen Stil. Wenn Sie die Priorität auf den Kauf ökologischer Produkte legen, geben sie dem Anbieter Sicherheit, senken die Kosten und tragen so dazu bei, dass mehr entsprechende Produkte die Marktreife erreichen.

Beschaffungsmacht nutzen. Staatliche Stellen kaufen auf allen Ebenen – Bund, Länder und Kommunen – große Mengen Kraftstoff, Zement und Stahl. Sie bauen und betreiben Flugzeuge, Lkws und Pkws, und sie verbrauchen viele Gigawatt Strom. Damit eignen sie sich ideal, um neu entstehende Technologien zu relativ geringen Kosten in den Markt einzuführen – besonders wenn man die gesamtgesellschaftlichen Vorteile berücksichtigt, die eine möglichst große Verbreitung dieser Technologien mit sich bringt. Verteidigungsministerien können sich verpflichten, bei der Beschaffung auf emissionsarme Flüssigkraftstoffe für ihre Flugzeuge und Schiffe zu setzen. Regierungen von Bundesstaaten können CO_2-armen Zement und Stahl bei Bauprojekten einsetzen. Energieversorgungsunternehmen können in Technologien zur Langzeitspeicherung investieren.

Jeder Beamte, der Kaufentscheidungen trifft, sollte einen Anreiz verspüren, nach grünen Produkten Ausschau zu halten, und wissen, wie die in Kapitel 10 beschriebenen externen Kosten einzukalkulieren sind.

Das ist übrigens keine besonders neue Idee. Genau auf diese Weise kam das Internet einst aus den Startlöchern: Es gab öffentlich finanzierte Forschung und Entwicklung, gewiss, aber am anderen Ende wartete auch bereits ein williger Käufer – die US-Regierung.

Anreize schaffen, die für die Wirtschaft Kosten senken und Risiken minimieren. Neben dem Einkauf der Produkte können Regierungen auch der Privatwirtschaft verschiedene Anreize zur Umstellung auf grüne Produkte geben. Steuervorteile, Kreditbürgschaften und andere Maßnahmen tragen zum Senken der Ökozuschläge bei und steigern die Nachfrage nach neuen Technologien. Da viele dieser Produkte noch über eine gewisse Zeit relativ teuer sein werden, brauchen potenzielle Käufer Zugang zu langfristiger Finanzierung sowie die Gewissheit, die aus konsequentem und berechenbarem Handeln der Politik erwachsen kann.

Regierungen können die Akzeptanz CO_2-freier Maßnahmen entscheidend fördern und die Art und Weise gestalten, in der Märkte Geldmittel für diese Projekte anziehen. Grundsätzlich gilt: Maßnahmen der Politik sollten *technologieneutral* sein (und allen Lösungen Vorteile gewähren, die mit Emissionssenkung einhergehen, nicht nur einigen wenigen ausgesuchten Lösungen), sie sollten *berechenbar* sein (und nicht in regelmäßigen Abständen auslaufen und dann wieder verlängert werden, wie es heute oft der Fall ist), und sie sollten *flexibel* sein (damit möglichst viele verschiedene Unternehmen und Investoren darauf zurückgreifen können – und nicht nur die mit dem größten Steueraufkommen).

Die Infrastruktur schaffen, die den neuen Technologien den Marktzugang ebnet. Selbst preislich wettbewerbsfähige CO_2-arme Technologien erreichen keine nennenswerten Marktanteile, wenn die Infrastruktur für den Marktzugang nicht existiert. Der Staat muss auf allen Ebenen dafür sorgen, dass diese

Infrastruktur bereitgestellt wird. Dazu gehören Überlandleitungen für Wind- und Solarstrom, Ladestationen für Elektroautos und Pipelines für abgeschiedenes Kohlendioxid und für Wasserstoff.

Die Regeln so ändern, dass neue Technologien wettbewerbsfähig werden. Sobald die Infrastruktur steht, brauchen wir neue Marktregeln, die dafür sorgen, dass die neuen Technologien wettbewerbsfähig werden. Die Strommärkte, die auf Technologien des 20. Jahrhunderts zugeschnitten sind, benachteiligen oft die Technologien des 21. Jahrhunderts. Beispielsweise erhalten in den meisten Märkten Energieversorgungsunternehmen, die in die langfristige Speicherung von Strom investieren, keine angemessene Vergütung für den Wert, den sie damit für das Stromnetz bereitstellen. Oder die Vorschriften erschweren den Einsatz hochmoderner Biokraftstoffe in Autos und Lkws. Und wie bereits in Kapitel 10 ausgeführt, sind einige neue Arten emissionsarmen Betons aufgrund veralteter staatlicher Regelungen nicht konkurrenzfähig.

Bisher ging es in diesem Kapitel um die Entwicklungsphase – also um Maßnahmen und Vorgaben, die die Schaffung und den Einsatz bedeutender Innovationen im Energiebereich voranbringen. Wenden wir uns nun der Expansionsphase zu – rasche Implementierung im großen Maßstab. Diese Phase erreichen Sie nur, wenn die Kosten niedrig genug sind, Ihre Lieferketten und Geschäftsmodelle gut entwickelt sind und die Verbraucher gezeigt haben, dass sie das, was Sie anbieten, auch kaufen werden. Onshore-Windkraft, Solarenergie und Elektromobilität befinden sich allesamt in dieser Expansionsphase.

Aber es wird nicht einfach, damit nachhaltig erfolgreich zu sein. Wir müssen die Energiemenge innerhalb weniger Jahrzehnte mehr als verdreifachen, wobei der Großteil dieses neuen Stroms aus Wind-, Solarkraft und anderen Formen sauberer Energieerzeugung kommen muss. Wir müssen uns auf die Elektromobilität so schnell umstellen, wie wir einst bei Wäschetrocknern und Farbfernsehern zugegriffen haben, sobald diese zu haben waren. Wir müssen die Industrieproduktion und die Landwirtschaft umstellen und zugleich dafür sorgen, dass es die Straßen, Brücken und Nahrungsmittel, auf die wir angewiesen sind, auch weiterhin gibt.

Zum Glück sind wir, wie in Kapitel 10 beschrieben, keine Anfänger, was die Expansion von Energietechnologien angeht. Wir haben die Elektrifizierung ländlicher Regionen vorangetrieben und die heimische Produktion fossiler Kraftstoffe gefördert, weil Politik und Innovation Hand in Hand arbeiteten. Vielleicht sehen Sie in manchen dieser politischen Maßnahmen – etwa Steuervergünstigungen für Ölkonzerne – eine Subventionierung fossiler Kraftstoffe, aber in Wahrheit sind sie einfach nur ein Tool zum Bereitstellen einer Technologie, die wir für nützlich gehalten haben. Bedenken Sie, dass bis in die späten 1970er-Jahre – damals wurde der Begriff des Klimawandels erstmals zum Gegenstand der Diskussion auf nationaler Ebene – der Einsatz fossiler Kraftstoffe weithin als bester Weg galt, die Lebensqualität zu verbessern und die wirtschaftliche Entwicklung allgemein zu fördern. Heute können wir die Lektionen, die wir damals beim zielgerichteten Wachstum fossiler Kraftstoffe gelernt haben, auf die saubere Energie anwenden.

Aber was heißt das für die Praxis?

Bepreisen des Kohlendioxids. Ganz gleich, ob es eine CO_2-Steuer oder ein System des Emissionshandels ist, in dem Unternehmen CO_2-Emissionsrechte kaufen und verkaufen können: Emissionen einen Preis zu verpassen ist einer der wichtigsten Schritte auf dem Weg zur Beseitigung von Ökozuschlägen.

Für die nähere Zukunft geht es beim CO_2-Preis vor allem um eines: Die Anhebung der Kosten fossiler Energieträger sendet dem Markt die Botschaft, dass mit Produkten, die Treibhausgase verursachen, zusätzliche Kosten verbunden sind. Wo die Einnahmen aus diesem CO_2-Preis hingehen, ist nicht so wichtig wie diese Signalwirkung. Viele Ökonomen plädieren dafür, das Geld den Verbrauchern oder Unternehmen zurückzugeben, damit diese die resultierende Erhöhung der Energiepreise abfedern können, es spricht aber auch sehr viel dafür, dieses Geld in Forschung und Entwicklung sowie in andere Anreize zur Bewältigung des Klimawandels fließen zu lassen.

Langfristig könnte der CO_2-Preis, wenn wir dem Ziel der Netto-null-Emissionen näherkommen, den Kosten der direkten Luftentnahme (DAC) angeglichen werden, und die Einnahmen könnten dann die Kosten für diese CO_2-Abscheidung aus der Luft decken.

Das wäre zweifellos eine grundlegende Umstellung der Art und Weise, in der wir Preise für Waren und Güter festlegen, aber das Konzept der CO_2-Bepreisung findet breite Akzeptanz unter Wirtschaftsfachleuten verschiedener Denkrichtungen und über das gesamte politische Spektrum. Hier den richtigen Weg zu finden wird technisch und politisch nicht einfach, weder in den USA noch anderswo in der Welt. Werden die Menschen bereit sein, entsprechend mehr für ihr Benzin und alles andere zu bezahlen, was mit Treibhausgasemissionen verbunden ist – und das betrifft ja fast alle Lebensbereiche? Ich will hier niemandem vorschreiben, wie eine Lösung auszusehen hat, aber das Hauptziel muss sein, dass jeder für die wahren Kosten der selbst verursachten Emissionen aufkommt.

Normen für sauberen Strom. 29 US-Bundesstaaten und die EU haben sich auf eine Art Leistungsstandard verständigt, den sogenannten »Renewable Portfolio Standard«. Die Idee ist, Stromversorgungsunternehmen zu verpflichten, einen bestimmten Prozentsatz ihrer Energie aus erneuerbaren Quellen zu beziehen. Dies sind flexible, marktbasierte Mechanismen; so können zum Beispiel Versorger mit mehr Zugang zu erneuerbaren Energiequellen Gutschriften an Firmen mit weniger Ökoenergie verkaufen. Bei der gegenwärtigen Umsetzung dieses Prinzips gibt es allerdings ein Problem: Die Energieversorger dürfen dabei nur auf bestimmte CO_2-neutrale Technologien zurückgreifen (Wind, Sonne, Geothermie und in manchen Fällen Wasserkraft). Andere Optionen wie Atomstrom und CO_2-Abscheidung sind hiervon ausgenommen, was im Endeffekt die Gesamtkosten für das Verringern der Emissionen in die Höhe treibt.

Normen für sauberen Strom (Clean Electricity Standards – CES), denen sich inzwischen immer mehr Bundesstaaten anschließen wollen, sind der bessere Weg. Anstatt sich auf bestimmte erneuerbare Energiequellen zu versteifen, lassen sie für die Erfüllung dieser Standards jede Technologie zu, die saubere Energie erzeugt – also auch Atomenergie und CO_2-Abscheidung. Das ist ein flexibler und kosteneffektiver Ansatz.

Normen für sauberen Kraftstoff. Der Gedanke eines flexiblen Leistungsstandards ist auch auf andere Bereiche anwendbar. Er kann die Emissionen von Fahrzeugen und Gebäuden senken, aber auch von Kraftwerken. Die Anwendung einer solchen Norm (Clean Fuel Standards – CFS) auf den Verkehrssektor würde zum Beispiel die Umstellung auf Elektromobilität, moderne Biokraftstoffe, synthetische Kraftstoffe und andere CO_2-neutrale Lösungen erheblich beschleunigen. Wie bei einem Clean Electricity Standard wäre auch dieser Ansatz technologieneutral, und die regulierten Unternehmen/Organisationen könnten mit Emissionsrechten handeln – beides würde die Kosten für die Verbraucher senken. Kalifornien hat in dieser Hinsicht mit seinem »Low Carbon Fuel Standard« ein Modell geschaffen. Auf nationaler Ebene verfügen die USA mit dem »Renewable Fuel Standard« bereits über eine Basis für eine solche Strategie. Diese Norm ließe sich so anpassen, dass die in Kapitel 10 erwähnten Grenzen berücksichtigt würden, und sie könnte auch auf andere CO_2-neutrale Lösungen ausgedehnt werden (zum Beispiel auf Stromerzeugung und synthetische Kraftstoffe). Damit würde sie zu einem wichtigen Tool im Kampf gegen den Klimawandel. Die Erneuerbare-Energien-Richtlinie der EU bietet eine ähnliche Chance in Europa.

Normen für saubere Produkte. Leistungsstandards können auch dazu beitragen, bislang CO_2-intensive Materialien wie Zement, Stahl, Kunststoffe und andere bisher CO_2-lastige Produkte durch CO_2-neutrale Alternativen zu ersetzen. Die Regierungen können diesen Prozess anschieben, indem sie Standards für ihre Beschaffungsprogramme vorgeben. Dazu müssten sie Produkte entsprechend labeln, damit alle Käufer Informationen darüber erhalten, wie »sauber« die jeweiligen Anbieter sind. Anschließend können wir diese Standards auf alle CO_2-intensiven Güter am Markt ausdehnen und nicht nur die Stoffe einbeziehen, die von den Regierungen selbst eingekauft werden. Importierte Waren würden ebenfalls diesem System unterliegen. Damit wäre den Bedenken der Länder Rechnung getragen, die Reduzierung von Emissionen aus ihrer Fertigungsindustrie würde ihre Produkte teurer machen und ihnen einen Wettbewerbsnachteil aufbürden.

Raus mit dem alten Zeug! Neben der schnellstmöglichen Implementierung neuer Technologien müssen die Staaten auch bestrebt sein, ineffiziente, auf fossilen Kraftstoffen basierende Geräte, Maschinen und Anlagen aus dem Verkehr zu ziehen – seien es nun Kraftwerke oder Automobile –, und zwar schneller als ursprünglich geplant. Der Bau von Kraftwerken kostet eine Menge Geld, und die Energie, die diese Kraftwerke erzeugen, ist nur dann billig, wenn Sie die Baukosten über die Betriebsdauer dieser Kraftwerke verteilen können. Im Ergebnis sind Versorgungsunternehmen und die entsprechenden Regulierungsbehörden wenig geneigt, ein einwandfrei funktionsfähiges Kraftwerk zu schließen, das vielleicht noch viele Jahrzehnte Strom produzieren könnte. Anreize durch die Politik, entweder in Form steuerlicher Regelungen oder Vorgaben für Versorgungsunternehmen, können hier die Prozesse wesentlich beschleunigen.

Wer ist zuerst dran?

Einen Plan wie den hier umrissenen könnte keine der staatlichen Behörden allein durchführen – dafür sind die Entscheidungsbefugnisse schlicht zu weit gestreut. Wir brauchen aktives Handeln auf allen Regierungsebenen, von lokalen Verkehrsplanern bis hin zu nationalen Gesetzgebern und Umweltbehörden.

Die konkrete Mischung wird von Land zu Land variieren, ich möchte aber kurz ein paar Aspekte ansprechen, die heutzutage fast überall eine Rolle spielen.

Lokale Behörden spielen zum Beispiel eine wichtige Rolle, wenn es um Bauvorschriften und die in Gebäuden genutzten Energieträger geht. Sie entscheiden auch, ob Busse und Polizeifahrzeuge mit Elektroantrieb ausgestattet beziehungsweise angeschafft werden; von ihnen hängt die Verfügbarkeit einer Ladeinfrastruktur für E-Autos ab; und sie sind für die Abfallentsorgung zuständig.

Die meisten Bundesstaaten oder Provinzen wiederum haben eine zentrale Funktion bei der Regulierung der Stromversorgung, bei der Infrastrukturplanung (Straßen, Brücken und so weiter) und bei der Wahl der Materialien, die bei diesen Projekten verbaut werden.

Und die Bundesregierungen entscheiden im Allgemeinen über staatenübergreifende und internationale Maßnahmen: Sie bestimmen die Regeln zur Gestaltung des Strommarkts, entscheiden über Umweltschutzvorschriften und legen Normen für Fahrzeuge und Kraftstoffe fest. Und sie verfügen über eine große Beschaffungsmacht, sie sind der primäre Ausgangspunkt fiskalischer Anreize, und in der Regel finanzieren sie mehr öffentliche Projekte in Forschung und Entwicklung als jede andere staatliche Ebene.

Vereinfacht gesagt muss jede nationale Regierung drei Dinge erledigen:

Erstens muss die Klimaneutralität als Zielvorgabe festgelegt werden – bis 2050 für die reichen Länder, so bald wie möglich nach 2050 für Länder mit mittleren Durchschnittseinkommen.

Zweitens müssen spezifische Pläne für die Erfüllung dieser Zielvorgaben aufgestellt werden. Um bis 2050 auf null Emissionen zu kommen, müssen bis 2030 die politischen und marktwirtschaftlichen Rahmenbedingungen stehen.

Und drittens muss jedes Land, das die Finanzierung von Forschung leisten kann, darauf hinarbeiten, saubere Energie so billig zu machen – also die Ökozuschläge entsprechend zu reduzieren –, dass auch Länder mit mittlerem Durchschnittseinkommen klimaneutral werden können.

Um zu demonstrieren, wie das alles zu schaffen ist, möchte ich darlegen, wie ein solcher umfassender politischer Ansatz zur Beschleunigung der Innovation in den USA aussehen könnte.

Washington

Die US-Regierung leistet mehr Innovationsförderung im Energiebereich als irgendjemand sonst. Sie engagiert sich finanziell und aktiv bei Forschung und Entwicklung im Energiesektor; zwölf verschiedene Bundesbehörden befassen sich mit dieser Forschung (der Löwenanteil liegt beim Energieministerium). Sie verfügt über alle möglichen Tools, um die Ausrichtung und das Tempo von Forschung und Entwicklung auf dem Energiesektor zu steuern: Forschungsstipendien, Kreditprogramme, steuerliche Anreize, Laboreinrichtungen, Pilotprogramme, öffentlich-private Partnerschaften und vieles mehr.

Die US-Bundesregierung spielt auch eine entscheidende Rolle bei der Förderung der Nachfrage nach ökologischen Produkten und Maßnahmen. Sie unterstützt finanziell den Bau von Straßen und Brücken durch bundesstaatliche und kommunale Behörden, sie regelt grenzüberschreitende Infrastruktur wie Übertragungsleitungen, Pipelines und Highways, und sie trägt zur Festlegung von Regeln für mehrere Bundesstaaten umfassende Strom- und Kraftstoffmärkte bei. Außerdem nimmt sie die meisten Steuern ein, was zur Folge hat, dass finanzielle Anreize des Bundes bei der Förderung des Wandels die stärkste Wirkung erzielen.

Wenn es um die Expansion neuer Technologien im industriellen Maßstab geht, spielt die Politik auf Bundesebene eindeutig die wichtigste Rolle. Sie reguliert den Handel zwischen den Bundesstaaten und hat die oberste Entscheidungsbefugnis beim internationalen Handel und bei Investitionen. Wir brauchen daher das Handeln der Bundesebene für die Reduzierung jeder Emissionsquelle, die die Grenzen von Bundesstaaten oder internationale Grenzen überschreitet. (Laut *The Economist* – einer meiner bevorzugten Zeitschriften – wären die Emissionen der USA um ungefähr 8 Prozent höher, wenn man alle Produkte einrechnen würde, die die Amerikaner zwar verbrauchen, die aber anderswo hergestellt werden. Für Großbritannien läge dieser Wert bei 40 Prozent.) Auch wenn die CO_2-Bepreisung und die Normen für sauberen Strom, saubere Kraftstoffe und saubere Produkte allesamt auf der Ebene der Bundesstaaten eingeführt werden sollten, erzielen diese Maßnahmen mehr Wirkung, wenn wir sie landesweit umsetzen.

In der Praxis heißt das, der Kongress muss für die Finanzierung von Forschung und Entwicklung, staatlicher Beschaffung und Infrastrukturentwicklung sorgen, und er muss finanzielle Anreize für ökologisches Handeln und ökologische Produkte schaffen, anpassen oder ausdehnen.

Auf der Ebene der Exekutive betreibt derweil das Energieministerium interne Forschungen und finanziert auch andere Tätigkeiten; ihm würde eine zentrale Rolle bei der Implementierung einer Norm für sauberen Strom zukommen. Die Umweltschutzbehörde EPA hätte die Aufgabe, eine erweiterte Norm für saubere Kraftstoffe auszuarbeiten und festzulegen. Die Federal Energy Regulatory Commission (FERC), die den Großhandel an den Energiemärkten und zwischenstaatliche Übertragungs- und

Pipeline-Projekte überwacht, müsste Regeln für Infrastruktur- und Marktelemente eines Plans vorgeben.

Die Liste lässt sich fortsetzen. Das Landwirtschaftsministerium leistet entscheidende Arbeit in Sachen Flächenverbrauch und Agraremissionen; das Verteidigungsministerium kauft moderne, emissionsarme Kraftstoffe und Materialien ein; die National Science Foundation (NSF) finanziert Forschungsvorhaben; das Verkehrsministerium unterstützt die Finanzierung von Straßen und Brücken. Und so weiter.

Schließlich ist da noch die Frage, wie wir die ganze Arbeit bezahlen, die es braucht, um auf null zu kommen. Wir können die Kosten dieser langfristig anzustrebenden CO_2-Neutralität niemals genau beziffern – das hängt von Erfolg und Tempo der Innovationen und von der Effektivität ihrer praktischen Bereitstellung ab –, aber wir wissen natürlich, dass es eines enormen Investitionsaufwands bedarf.

Die USA sind in der glücklichen Lage, über ausgereifte und kreative Kapitalmärkte zu verfügen, die in der Lage sind, brillante neue Ideen aufzugreifen und deren rasche Entwicklung und Verwirklichung abzusichern; ich habe Wege aufgezeigt, auf denen die Bundesregierung dazu beitragen kann, diese Märkte in die richtige Richtung zu bewegen und mit der Privatwirtschaft auf ganz neue Art zu kooperieren. Andere Länder – China, Indien und viele europäische Nationen etwa – haben keine so starken privaten Kapitalmärkte, können aber dennoch umfangreiche staatliche Investitionen im Klimabereich leisten. Und multilaterale Banken wie die Weltbank und Entwicklungsbanken in Asien, Afrika und Europa streben ebenfalls eine stärkere Beteiligung an.

Zwei Dinge sind klar. Zunächst müssen die Finanzmittel, die in Klimaneutralität und in die Anpassung an die sicher auf uns zukommenden Schäden fließen, gewaltig aufgestockt und langfristig aufgebracht werden. Für mich heißt das, die Regierungen und die multilateralen Banken müssen viel bessere Wege finden, privates Kapital anzulocken. Allein mit den eigenen Mitteln können sie diese Aufgabe nicht stemmen.

Zweitens sind die Laufzeiten bei Klimainvestitionen lang und die Risiken groß. Deshalb muss der öffentliche Sektor seine Finanzkraft einsetzen, um den Investitionshorizont auszudehnen – und damit der Tatsache Rechnung tragen, dass sich über viele Jahre keine Erträge einstellen werden – und die Risiken solcher Investitionen zu minimieren. Es wird gewiss nicht einfach, öffentliche und private Mittel in derart großem Maßstab zu kombinieren, aber anders wird es kaum zu machen sein. Wir brauchen unsere besten Köpfe in der Finanzwirtschaft, um dieses Problem in den Griff zu bekommen.

Die Bundesstaaten

In den USA nehmen viele Bundesstaaten eine Vorreiterrolle ein. 24 Bundesstaaten sowie Puerto Rico haben sich der überparteilichen US-Klimaallianz angeschlossen und verpflichten sich dem Ziel des Übereinkommens von Paris, die Emissionen bis 2025 um mindestens 26 Prozent zu reduzieren. Auch wenn das alles längst nicht genügt, um die landesweiten Emissionen im notwendigen Umfang zu senken: Es ist auch kein Kampf gegen Windmühlen. Den Bundesstaaten kommt eine entscheidende Rolle zu, wenn es darum geht, die Praxistauglichkeit innovativer Technologien und Maßnahmen zu demonstrieren. So können sie zum Beispiel ihre Energieversorgungs- und Straßenbauprojekte dazu nutzen, Technologien wie Langzeitspeicherung und emissionsarmen Zement zu fördern und marktfähig zu machen.

Die Bundesstaaten können auch Maßnahmen wie die CO_2-Bepreisung oder Normen für sauberen Strom und saubere Kraftstoffe testen, bevor wir diese landesweit einführen. Und sie können sich zu regionalen Allianzen zusammenschließen, wie es Kalifornien und andere Staaten im Westen planen, um ihre Stromnetze zu verbinden, und wie es manche Bundesstaaten im Nordosten im Bereich Emissionshandel mit dem Ziel der Reduzierung von Emissionen bereits getan haben. Eine überparteiliche Gruppe von Bundesstaaten, die United States Climate Alliance, und die ihr angeschlossenen Städte repräsentieren mehr als 60 Prozent der US-Wirtschaft – damit besitzen sie phänomenale Möglichkeiten, Märkte zu schaffen und zu zeigen, wie wir neue Ideen in großem Stil aufziehen können.

Die Gesetzgeber der Bundesstaaten hätten die Aufgabe, Systeme zur CO_2-Bepreisung, Normen für saubere Energie und saubere Kraftstoffe auf bundesstaatlicher Ebene einzuführen. Sie würden auch bundesstaatliche Behörden und öffentliche Versorgungsbetriebe und Stadtwerke anweisen, ihre Einkaufspolitik auf die Priorisierung moderner und emissionsarmer Technologien auszurichten.

Bundesstaatliche Behörden sind verantwortlich für die Einhaltung der vom Gesetz und vom Gouverneur vorgegebenen Ziele. Sie haben die Aufsicht über Energieeffizienz und allgemeine Gebäudevorschriften, verwalten Maßnahmen und Investitionen im Verkehrsbereich auf der Ebene der Einzelstaaten, sorgen für die Einhaltung von Umweltschutznormen und regeln die Landwirtschaft und andere Formen der Landnutzung.

Für den unwahrscheinlichen Fall, dass jemand Sie plötzlich mit der Frage »Welches ist die obskurste Behörde mit weit unterschätztem Einfluss auf den Klimawandel?« überfällt, gäbe es schlechtere Antworten als »die Versorgungsbetriebe in meinem Bundesstaat« oder »die Kommission für öffentliche Dienstleistungen in meinem Bundesstaat«. (Die exakte Bezeichnung variiert je nach Bundesstaat.) Die meisten Leute haben von diesen staatlichen Kommissionen oder Dienststellen noch nie gehört, aber diese sind tatsächlich für viele Richtlinien und Vorschriften im Bereich Stromversorgung in den USA zuständig; so genehmigen sie beispielsweise Investitionspläne von Stromversorgungsunternehmen und bestimmen, welchen Preis die Endverbraucher für ihren Strom zu zahlen haben. Und sie werden immer wichtiger, je mehr unserer Energieziele wir mit Strom erfüllen.

Städte und Gemeinden

Bürgermeister in den USA und weltweit verpflichten sich heute zur Reduzierung von Emissionen. Zwölf große Städte in den USA haben sich vorgenommen, bis zum Jahr 2050 CO_2-neutral zu werden, und über 300 haben sich auf die Einhaltung des Übereinkommens von Paris verpflichtet.

Die Städte besitzen nicht so viel Einfluss auf Emissionen wie die Regierungen der Bundesstaaten und die Bundesregierungen, aber machtlos sind sie keineswegs. Sie können zwar beispielsweise keine eigenen Emissionsnormen für Fahrzeuge festlegen, aber sie können elektrische Busse anschaffen, mehr Ladestationen für Elektrofahrzeuge finanzieren, mit Raumordnungsgesetzen die Besiedlungsdichte steuern und so die Strecken für Berufspendler eingrenzen, und teilweise können sie sogar den Zugang zu ihren Straßen für fossil betriebene Autos einschränken. Sie können auch ökologische Bauvorschriften erlassen, ihre Fahrzeugflotten elektrifizieren und Einkaufsrichtlinien und Leistungsnormen für städtische Gebäude vorgeben.

Einige Städte – Seattle, Nashville und Austin beispielsweise – sind Eigentümer des örtlichen Versorgungsunternehmens, das heißt, sie können darüber entscheiden, ob sie ihren Strom aus sauberen Quellen beziehen. Städte wie diese können den Bau von Projekten für saubere Energie auf städtischem Grund und Boden zulassen.

Stadtverwaltungen können ähnliche Maßnahmen ergreifen wie Einzelstaaten oder der US-Kongress, sie können klimapolitische Prioritäten finanziell fördern und lokale Behörden zum Handeln bewegen.

Lokale Behörden haben wie ihre einzelstaatlichen und nationalen Pendants die Aufsicht über verschiedene politische Prioritäten. Baudezernate erlassen Vorgaben für Energieeffizienz; Verkehrsbetriebe können auf E-Antrieb umstellen und haben Einfluss auf die Wahl der Baumaterialien von Straßen und

Brücken; für die Abfallwirtschaft zuständige Stellen betreiben große Fahrzeugflotten und haben auch Einfluss auf Emissionen aus Deponien.

Kommen wir wegen eines letzten wichtigen Punkts zurück zur nationalen Ebene: das Problem der Trittbrettfahrer – und wie die reichen Länder es lösen können.

Es gibt nichts zu beschönigen: Emissionsneutralität wird nicht zum Nulltarif zu haben sein. Wir müssen mehr in die Forschung investieren, und wir brauchen politische Maßnahmen, die die Märkte auf saubere Energie und saubere Produkte ausrichten, die gegenwärtig teurer sind als die emissionslastige Konkurrenz.

Es ist aber nicht einfach, heute höhere Preise dafür zu verlangen, dass die Menschen später in einem besseren Klima leben können. Die Ökozuschläge verleiten Länder, vor allem solche mit geringen bis mittleren Durchschnittseinkommen, dazu, sich gegen das Herunterfahren ihrer Emissionen zu wehren. Wir haben schon diverse Beispiele auf der ganzen Welt erlebt – Kanada, die Philippinen, Brasilien, Australien, Frankreich und andere –, wo die Menschen mit öffentlichen Bekundungen und auch mit ihrem Wahlverhalten klargestellt haben, dass sie nicht gewillt sind, für Benzin, Heizöl und andere Produkte des Grundbedarfs mehr zu bezahlen.

Das Problem ist nicht, dass sich die Menschen in diesen Ländern ein heißeres Klima wünschen. Das Problem ist, dass sie die Frage nach den Kosten der Lösung umtreibt.

Wie also können wir das Trittbrettfahrer-Problem lösen?

Es ist hilfreich, sich ambitionierte Ziele zu setzen und sich zur Einhaltung dieser Ziele zu verpflichten, so wie es die Staaten weltweit mit dem Pariser Klimaübereinkommen von 2015 getan haben. Es ist nicht schwer, über internationale Vereinbarungen zu spotten, aber sie sind nun einmal Teil der konkreten Umsetzung von Fortschritten: Wenn Sie Wert auf eine Ozonschicht legen, dann bedanken Sie sich bei einer solchen internationalen Vereinbarung, dem Montreal-Protokoll.

Sobald die Ziele gesetzt sind, kommt es auf Foren wie die COP 21 an, wo die Länder zusammenkommen, über ihre Fortschritte berichten und positive Erfahrungen austauschen. Und sie dienen auch als Mechanismus, um nationale Regierungen zu drängen, ihren Teil beizutragen. Wenn die Regierungen der Welt sich über Sinn und Wert von Emissionsreduzierungen einig sind, wird es schwieriger – wenngleich nicht unmöglich, wie sich gezeigt hat –, im Schmollwinkel zu bleiben und zu sagen: »Ist mir egal, ich stoße weiter Treibhausgase aus.«

Was ist mit denen, die nicht mitziehen wollen? Es ist bekanntermaßen schwierig, ein Land für etwas wie seine CO_2-Emissionen zur Verantwortung zu ziehen. Aber unmöglich ist es nicht. Regierungen, die einen Preis für CO_2 festlegen, können beispielsweise sogenannte Grenzausgleichsmaßnahmen schaffen – diese sorgen dafür, dass der CO_2-Preis auf ein Produkt unabhängig davon bezahlt werden muss, ob dieses Produkt aus heimischer Fertigung stammt oder importiert wurde. (Hier müssten Nachlässe für Produkte aus Ländern mit geringem Einkommen vorgesehen werden, in denen die Priorität auf Wirtschaftswachstum liegt und nicht auf der Reduzierung ihrer ohnehin schon sehr geringen CO_2-Emissionen.)

Und selbst Länder ohne CO_2-Steuer können klarstellen, dass sie nicht gewillt sind, Handelsverträge und multilaterale Partnerschaften mit anderen Ländern einzugehen, wenn diese die Reduzierung von Treibhausgasemissionen nicht zu ihrer Priorität gemacht und entsprechende Maßnahmen ergriffen haben. (Auch hier sind Toleranzen für ärmere Länder zu berücksichtigen.) Im Wesentlichen können sich die Staaten darauf verständigen: »Wenn ihr mit uns ins Geschäft kommen wollt, müsst ihr den Klimawandel ernst nehmen.«

Am Ende des Tages müssen wir – und das ist meines Erachtens der wichtigste Punkt – die Ökozuschläge senken. Es ist die einzige Möglichkeit, Ländern mit geringen und mittleren Einkommen den Weg zu einer Reduzierung der Emissionen und letztlich zur CO_2-Neutralität zu ebnen. Dazu wird es nur kommen, wenn die reichen Länder – allen voran die USA, Japan und einige europäische Staaten – die Vorreiterrolle übernehmen. Schließlich kommt von dort auch der weltweit größte Teil der Innovationen.

Und – auch das ist ein sehr wichtiger Aspekt – *das Reduzieren des Ökozuschlags, den die Menschen zu bezahlen haben, ist keine Wohltätigkeitsveranstaltung.* Länder wie die USA sollten die Investition in Forschung und Entwicklung für saubere Energie nicht als Gefälligkeit gegenüber dem Rest der Welt betrachten. Sie sollten es als Chance begreifen, Durchbrüche in der Wissenschaft zu erzielen, die ganz neue Branchen entstehen lassen, in denen führende neue Unternehmen tätig werden, die Arbeitsplätze schaffen und zugleich Emissionen senken.

Denken Sie an all die guten Dinge, die wir der medizinischen Forschung verdanken, die von den National Institutes of Health finanziert werden. Die NIH veröffentlichen ihre Ergebnisse, sodass Wissenschaftler weltweit von ihrer Arbeit profitieren können, aber ihre Finanzierung lässt auch neue Kapazitäten an amerikanischen Universitäten entstehen, die wiederum sowohl mit Start-ups als auch mit großen Konzernen vernetzt sind. Das Ergebnis: ein amerikanischer Export – modernste medizinische Expertise –, der eine Vielzahl hoch bezahlter Jobs im eigenen Land schafft und auf der ganzen Welt Menschenleben rettet.

Mit der Technologie verhält es sich ganz ähnlich: Frühe Investitionen des Verteidigungsministeriums führten letztlich zum Entstehen des Internets und der Mikrochips, die die Revolution des Personal Computers vorantrieben.

Genau dasselbe ist auch bei der sauberen Energie möglich. Märkte, die viele Milliarden Dollar wert sind, warten nur darauf, dass jemand kommt und einen preiswerten CO_2-freien Zement oder Stahl erfindet, oder einen flüssigen Kraftstoff mit Netto-null-Emissionen. Ich habe aufzuzeigen versucht, dass es nicht einfach sein wird, diese Quantensprünge zu schaffen und in ausreichend großem Maßstab umzusetzen, aber die Chancen, die darin liegen, sind so gewaltig, dass es sich einfach lohnt, dem

Rest der Welt voranzugehen. Irgendjemand wird die erwähnten Technologien erfinden. Es ist nur die Frage, wer es sein und wie schnell es geschehen wird.

Jeder Einzelne von uns kann, auf lokaler wie auf nationaler Ebene, eine Menge tun, um auf diesem Gebiet schneller voranzukommen. Darauf komme ich im nächsten und abschließenden Kapitel zu sprechen.

KAPITEL 12

Was jeder Einzelne tun kann

Angesichts eines Problems von der gewaltigen Dimension des Klimawandels überkommt einen leicht das Gefühl völliger Machtlosigkeit. Sie sind aber keineswegs machtlos. Und Sie müssen kein Politiker oder Philanthrop sein, um etwas zu verändern. Sie haben Einfluss – als Bürger, als Verbraucher, als Berufstätiger oder Arbeitgeber.

Als Bürger

Wenn man sich fragt, was man selbst tun kann, um die Erderwärmung in Grenzen zu halten, fallen einem natürlich zuerst Dinge wie der Umstieg auf ein Elektroauto oder ein geringerer Fleischkonsum ein. Dieses individuelle Handeln ist wichtig, weil es auch Signale an den Markt sendet – mehr dazu im nächsten Abschnitt –, aber der Großteil unserer Emissionen beruht auf den größeren Zusammenhängen unseres Alltagslebens.

Wenn jemand gern Toast zum Frühstück isst, müssen wir dafür sorgen, dass ein System vorhanden ist, das das Brot, den Toaster und den Strom für dessen Betrieb bereitstellt, ohne die Atmosphäre mit zusätzlichen Treibhausgasen zu belasten. Wir lösen das Klimaproblem nicht dadurch, dass wir den Leuten sagen, sie sollen auf Toast verzichten.

Um dieses neue Energiesystem zu installieren, bedarf es jedoch eines abgestimmten politischen Handelns. Deshalb ist ein Engagement im politischen Prozess die wichtigste Einzelmaßnahme, die Menschen aus allen Lebensbereichen ergreifen können, um ihren Beitrag zur Vermeidung einer Klimakatastrophe zu leisten.

Bei meinen Begegnungen mit Politikern habe ich es als hilfreich empfunden, daran zu denken, dass der Klimawandel nicht das einzige Thema auf ihrer Tagesordnung ist. Regierungschefs müssen auch Bildung, Arbeitsplätze, das Gesundheitswesen, Außenpolitik und in jüngster Zeit COVID-19 im Blick behalten. Und das sollten sie auch: Alle diese Themen verdienen Aufmerksamkeit.

Aber die politischen Entscheidungsträger können nicht immer alles gleichzeitig auf dem Schirm haben. Und *was* sie auf dem Schirm haben, *welche* Themen sie vorrangig behandeln, entscheiden sie auf der Basis dessen, was sie aus ihren Wahlkreisen, von ihren Wählern hören.

Mit anderen Worten: Gewählte Volksvertreter werden sich um konkrete Pläne zum Eindämmen des Klimawandels kümmern, wenn ihre Wähler das von ihnen verlangen. Dank vieler Aktivisten in aller Welt brauchen wir diese Nachfrage nicht mehr zu generieren: Millionen Menschen fordern die Politik bereits zum Handeln auf. Was wir allerdings tun müssen, ist das Übersetzen dieser Handlungsaufrufe in Druck, der die Politiker ermutigt, die schwierigen Entscheidungen zu treffen und die notwendigen Kompromisse zu schließen, um ihr Versprechen einer Senkung von Emissionen auch erfüllen zu können.

Unabhängig von den Ressourcen, die Ihnen zur Verfügung stehen: Mit Ihrer Stimme – der gesprochenen und der Wählerstimme – können Sie immer Veränderungen bewirken.

Starten Sie Aufrufe, schreiben Sie Briefe, gehen Sie zu Bürgerversammlungen. Sie können Ihren politischen Entscheidungsträgern zumindest vermitteln, dass das Nachdenken über das langfristige Problem des Klimawandels genauso wichtig ist wie das Nachdenken über Arbeitsplätze oder Bildung oder Gesundheitsversorgung.

Es mag sich altmodisch ausnehmen, aber Briefe und Telefonanrufe können bei Ihren gewählten Vertretern tatsächlich wirken. Senatoren und Abgeordnete erhalten von ihren Büros oft Berichte über die Rückmeldungen von Wählern und Wählerinnen. Aber sagen Sie nicht einfach nur: »Tun Sie etwas gegen den Klimawandel!« Beschäftigen Sie sich mit der Haltung Ihres Abgeordneten zu dem Thema, stellen Sie Fragen und machen Sie ihm oder ihr klar, dass dies ein Thema ist, das über Ihre Stimme bei der nächsten Wahl mitentscheiden wird. Fordern Sie mehr finanzielle Förderung von Forschung und Entwicklung im Bereich sauberer Energie, einen Standard für sauberen Strom und saubere Kraftstoffe, einen Preis auf CO_2 oder andere der in Kapitel 11 angesprochenen konkreten Maßnahmen.

Behalten Sie gleichermaßen im Blick, was vor Ort und für das ganze Land wichtig ist. Viele der relevanten Entscheidungen werden auf der Ebene von Bundesländern und Kommunen getroffen, von Ministerpräsidenten, Bürgermeistern, Landesparlamenten und Gemeindeverwaltungen – dort kann jeder einzelne Bürger oft noch mehr Wirkung erzielen als auf Bundesebene. In den USA wird die Stromversorgung zum Beispiel überwiegend von bundesstaatlichen öffentlichen Versorgungskommissionen reguliert, die Kommissionsmitglieder werden entweder gewählt oder ernannt. Machen Sie sich schlau, wer Ihre Vertreter dort sind, und halten Sie zu diesen Kontakt.

Bewerben Sie sich um ein Amt. Für den US-Kongress – oder den deutschen Bundestag – zu kandidieren ist ganz schön viel verlangt. Aber Sie müssen ja nicht gleich ganz oben anfangen. Bewerben Sie sich um einen Sitz im Landesparlament oder im Gemeinderat, wo Sie wahrscheinlich ohnehin mehr Einfluss haben werden. Wir brauchen alle politische Klugheit, allen Mut und alle Kreativität in den öffentlichen Ämtern, die wir bekommen können.

Als Verbraucher

Angebot und Nachfrage regeln den Markt, und als Verbraucher können Sie auf der Nachfrageseite einen enormen Einfluss ausüben. Wenn jeder Einzelne sein Einkaufs- und Verbrauchsverhalten verändert, kommt eine Menge zusammen – zumindest solange wir uns dabei auf Veränderungen konzentrieren, die wirklich von Bedeutung sind. Wenn Sie sich beispielsweise den Einbau eines intelligenten Thermostaten leisten können, der Ihren häuslichen Energieverbrauch herunterfährt, wenn niemand zu Hause ist, dann tun Sie es bitte! Sie sparen bei Ihrer Strom- oder Heizungsrechnung, und Sie senken Ihre Treibhausgasemissionen.

Aber das Senken der eigenen CO_2-Emissionen ist nicht der stärkste Machthebel, den Sie als Verbraucher in Händen haben. Sie können dem Markt signalisieren, dass die Leute CO_2-freie Alternativen haben wollen und auch bereit sind, Geld dafür auszugeben. Wenn Sie mehr Geld für ein Elektroauto, eine Wärmepumpe oder einen Burger auf pflanzlicher Basis ausgeben, tun Sie damit kund: »Es gibt einen Markt für diese Dinge. Wir kaufen sie.« Und wenn genug Menschen dasselbe Signal aussenden, werden die Hersteller und Anbieter reagieren – und das sogar recht schnell, sagt mir die Erfahrung. Sie werden mehr Zeit und Geld in die Herstellung emissionsarmer Produkte investieren, was den Preis dieser Produkte reduziert, was wiederum zur Folge hat, dass sie in viel größerem Maßstab von den Verbrauchern angenommen werden. Investoren werden mehr Vertrauen in die Finanzierung neuer und besonders innovativer Unternehmen setzen, und all dies wird uns dem Ziel der CO_2-Neutralität näherbringen.

Ohne Signale von der Nachfrageseite bleiben die Innovationen, in die Regierungen und die Wirtschaft investieren, letztendlich Ladenhüter – oder sie werden nicht zur Marktreife entwickelt, weil kein ökonomischer Anreiz besteht, sie herzustellen.

Hier sind einige konkrete Schritte, die Sie als Verbraucher tun können:

Beziehen Sie Ökostrom. Manche Energieversorgungsunternehmen bieten Privathaushalten und Firmenkunden die Möglichkeit, gegen Aufpreis Strom aus regenerativen Quellen zu beziehen. In 13 US-Bundesstaaten sind die Versorger sogar verpflichtet, eine solche Option anzubieten.[115] Kunden, die diese Option wahrnehmen, zahlen einen Zuschlag auf ihre Stromrechnung und decken damit die Kosten der erneuerbaren Energie. In den USA macht das im Durchschnitt 1 bis 2 Cent pro Kilowattstunde aus, das entspricht 9 bis 18 Dollar monatlich für einen durchschnittlichen amerikanischen Haushalt. Wenn Sie an so einem Programm teilnehmen, sagen Sie Ihrem Energieversorgungsunternehmen, dass Sie bereit sind, mehr für die Bekämpfung des Klimawandels zu zahlen. Das ist ein wichtiges Marktsignal.

Doch diese Programme gleichen nicht die Emissionen aus, und sie führen auch nicht zu einer sinnvollen Erhöhung der Menge an erneuerbarer Energie im Stromnetz. Das können nur die Regierungspolitik und erhöhte Investitionen bewirken.

Senken Sie die Emissionen in Ihrem Haushalt: Je nachdem, wie viel Zeit und Geld Sie übrig haben, können Sie Ihre herkömmlichen Glühlampen durch LEDs ersetzen, intelligente Thermostate installieren, die Fenster isolieren, bei der Anschaffung von Haushaltsgeräten auf Energieeffizienz achten oder Heizung und Klimaanlage durch eine Wärmepumpe ersetzen (sofern Sie in einer Klimaregion wohnen, in der diese sinnvoll eingesetzt werden kann). Auch wenn Sie zur Miete wohnen, können Sie manche Dinge verändern – zum Beispiel auf Energiesparlampen umstellen – und Ihren Vermieter zu den weiteren Maßnahmen ermuntern. Wenn Sie ein neues Haus bauen oder ein altes renovieren, können Sie Recycling-Stahl nutzen und die Energieeffizienz des Hauses mit strukturellen Isolierplatten, Isolierbeton, Sonnenwärmeisolierung für Ober- und Dachgeschosse, Hitzeschutzisolierung und Fundamentisolierung optimieren.

Legen Sie sich ein Elektroauto zu: E-Autos haben in Sachen Preis und Leistung große Fortschritte gemacht. Sie sind wohl nicht für jeden das Richtige (zum Beispiel wenn man oft lange Strecken fahren muss, und nicht jeder kann ohne Weiteres die Batterie zu Hause aufladen), aber sie werden für viele Kunden immer erschwinglicher. Das ist einer der Ansatzpunkte, an denen Verbraucher enormen Einfluss ausüben können: Wenn die Leute viele E-Autos kaufen, werden die Hersteller ihre Produktion danach ausrichten.

Probieren Sie mal einen Burger auf pflanzlicher Basis: Ich gebe zu, Veggie-Burger waren und sind nicht jedermanns Sache, aber die neue Generation von Protein-Alternativen auf pflanzlicher Basis kommt Fleisch in Qualität, Geschmack und Konsistenz näher als alles, was es früher gab. Sie bekommen diese Produkte inzwischen in vielen Restaurants, Supermärkten, auch die Fast-Food-Ketten sind auf den Trend aufgesprungen. Der Kauf solcher Produkte sendet ein klares Signal an die Anbieter: Die Herstellung dieser Alternativen ist eine kluge Investition. Außerdem reduziert der Verzehr eines Fleischersatzprodukts (oder der Verzicht auf Fleisch) ein- oder zweimal pro Woche Ihren individuellen CO_2-Fußabdruck. Dasselbe gilt übrigens für Milchprodukte.

Als Berufstätiger oder Arbeitgeber

Auch als Berufstätiger oder als Anteilseigner können Sie Ihre Firma dazu bewegen, ihren Teil beizutragen. Natürlich haben Großunternehmen auf vielen Feldern den größten Einfluss, aber auch kleine Firmen können eine Menge tun, vor allem wenn sie über Organisationen wie die örtliche Handelskammer gemeinsam und koordiniert handeln.

Einige Schritte sind einfacher als andere. Es kommt auf die einfachen Dinge an – Bäume zu pflanzen, um Emissionen auszugleichen, ist zum Beispiel aus ökologischen und politischen Gründen eine gute Sache. Das zeigt, dass Ihnen der Klimawandel am Herzen liegt.

Aber nur die einfachen Dinge zu tun, wird das Problem nicht lösen. Der private Sektor wird auch die schwierigeren Schritte unternehmen müssen.

Das bedeutet zum einen, mehr Risiken einzugehen – zum Beispiel die Finanzierung von Projekten, die zwar scheitern, aber zu einem Durchbruch im Bereich der sauberen Energie führen könnten. Aktionäre und Vorstandsmitglieder müssen bereit sein, sich an diesem Risiko zu beteiligen, indem sie den Führungskräften klarmachen, dass sie kluge Investitionen auch dann unterstützen, wenn sie sich letztlich nicht bewähren. Unternehmen und ihre Führungskräfte müssen belohnt werden, wenn sie Wetten eingehen, die uns beim Klimawandel voranbringen könnten.

Unternehmen können auch zusammenarbeiten, um die schwierigsten Klimaherausforderungen zu identifizieren und zu versuchen, sie zu lösen. Das bedeutet, nach den fettesten Ökozuschlägen zu suchen und zu versuchen, sie zu reduzieren. Wenn sich die weltweit größten privaten Verbraucher von Materialien wie Stahl und Zement zusammentun und sauberere Ersatzstoffe fordern würden – und sich verpflichten würden, in die dafür notwendige Infrastruktur zu investieren – würde dies die Forschung beschleunigen und den Markt in die richtige Richtung lenken.

Zu guter Letzt kann sich der Privatsektor dafür einsetzen, dass diese harten Entscheidungen getroffen werden – zum Beispiel, indem er sich bereit erklärt, seine Ressourcen für die Entwicklung dieser Märkte einzusetzen, und indem er von den Regierungen die Einrichtung von Regulierungsstrukturen fordert, in denen neue Technologien Erfolg haben können. Konzentrieren sich die politischen Führer auf die größten Emissionsquellen und die schwierigsten technischen Herausforderungen? Sprechen sie über Energiespeicherung, Elektrokraftstoffe, Kernfusion, Kohlenstoffabscheidung sowie kohlenstofffreien Zement und Stahl? Wenn nicht, helfen sie uns nicht auf dem Weg zur Emissionsfreiheit bis 2050.

Hier sind einige konkrete Schritte, die der private Sektor in diesem Sinne unternehmen kann:

Einführung einer internen Kohlenstoffsteuer. Einige große Unternehmen erheben mittlerweile eine Kohlenstoffsteuer für jede ihrer Abteilungen. Diese Unternehmen machen keine leeren Versprechungen. Sie helfen den Produkten, ihren Weg vom Labor auf den Markt zu finden, denn die Einnahmen aus internen Steuern können direkt in Aktivitäten fließen, die die Ökozuschläge reduzieren und dazu beitragen, einen Markt für die sauberen Energieprodukte zu schaffen, die diese Firmen brauchen. Angestellte, Investoren und Kunden können sich für diesen Ansatz einsetzen, indem sie den für die Umsetzung verantwortlichen Führungskräften Deckung geben.

Legen Sie die Priorität auf Innovationen in CO_2-neutrale Lösungen. Investitionen in neue Ideen waren in den meisten Branchen stets Vorzeigeprojekte, aber die goldenen Zeiten für Forschung und Entwicklung in Unternehmen sind lange vorbei. Heute geben die Unternehmen in den Bereichen Luft- und Raumfahrt, Werkstofftechnik und Energie im Schnitt weniger als 5 Prozent ihrer Erträge für Forschung und Entwicklung aus. (Bei Softwareunternehmen sind es mehr als 15 Prozent.) Die Unternehmen sollten ihren Anstrengungen im Bereich Forschung und Entwicklung wieder mehr Priorität verleihen, besonders im Bereich CO_2-armer Innovationen, von denen viele ein langfristiges Engagement erfordern werden. Größere Unternehmen können Partnerschaften mit staatlichen Forschungseinrichtungen anstreben, um ihre Erfahrung aus der Praxis in die wissenschaftliche Forschung einzubringen.

Seien Sie ein Early Adopter, steigen Sie frühzeitig ein. Wie die Regierungen können auch Unternehmen mit ihrer Einkaufspolitik die Übernahme neuer Technologien aktiv vorantreiben. Das kann unter anderem die Umrüstung des Firmenfuhrparks auf Elektrofahrzeuge sein, der Einkauf CO_2-ärmerer Materialien für den Neu- oder Umbau von Firmengebäuden oder die Verpflichtung auf den Einsatz eines bestimmten Anteils an sauberem Strom. Viele Firmen weltweit haben sich bereits zur Nutzung erneuerbarer Energiequellen für einen Großteil ihrer Geschäftstätigkeit verpflichtet, darunter Microsoft, Google, Amazon und Disney. Die Reederei Maersk sagt, sie werde ihre Nettoemissionen bis 2050 auf null drücken.

Auch wenn diese Absichtserklärungen nur schwer erfüllbar sind, sind es wichtige Signale an den Markt, was den Wert der Entwicklung CO_2-freier Konzepte und Verfahren angeht. Innovatoren sehen die Nachfrage und wissen, dass ein Markt da ist, der ihre Produkte auch kaufen wird.

Engagieren Sie sich im politischen Entscheidungsprozess. Die Unternehmen dürfen sich nicht scheuen, mit der Politik zu kooperieren, und ebenso dürfen die Regierungen keine Berührungsängste gegenüber den Unternehmen zeigen. Die Wirtschaft sollte sich Netto-null-Emissionen als Ziel vornehmen und die Finanzierung von Grundlagenforschung und anwendungsorientierten Forschungs- und Entwicklungsprogrammen unterstützen, die uns den Weg dorthin ebnen. Gerade das ist angesichts des Rückgangs der unternehmenseigenen Forschung und Entwicklung in den zurückliegenden Jahrzehnten ganz besonders wichtig.

Schließen Sie sich staatlich finanzierten Forschungsprojekten an. Unternehmen sollten staatliche Forschungs- und Entwicklungsprogramme beratend unterstützen, damit Grundlagen- und Anwendungsforschung auf die Ideen ausgerichtet werden, die die größten Chancen haben, sich zu realen Produkten weiterzuentwickeln. (Niemand weiß besser, was Erfolg verspricht – oder eben nicht –, als die Unternehmen, die Tag für Tag Produkte entwickeln und auf den Markt bringen.) Die Teilnahme an Wirtschaftsbeiräten und bei Planspielen ist eine kostengünstige Möglichkeit, staatliche Forschungs- und Entwicklungsprogramme mit Informationen zu versorgen.

Die Firmen können bei der Finanzierung von Forschung

und Entwicklung auch durch eine Kostenteilung und gemeinsame Forschungsprojekte helfen – es ist diese Art öffentlich-privater Zusammenarbeit, der wir beispielsweise Gasturbinen und moderne Dieselmotoren verdanken.

Helfen Sie Innovatoren in der Frühphase durch das Tal des Todes. Viele Wissenschaftler schaffen es niemals, ihre guten Ideen zu marktreifen Produkten zu entwickeln, weil das Unterfangen zu riskant oder zu teuer wäre. Etablierte Unternehmen können hier helfen, indem sie Zugang zu ihren Versuchsanlagen gewähren und beispielsweise Daten zur Kostenmetrik zur Verfügung stellen. Wenn Sie mehr tun möchten, können Sie auch Stipendien und Inkubationsprogramme für Existenzgründer anbieten, in neue Technologien investieren, Abteilungen einrichten, die speziell auf CO_2-arme Innovation fokussiert sind, und neue Projekte im Bereich CO_2-Neutralität finanzieren.

Eine letzte Überlegung

Leider ist die Diskussion über den Klimawandel zuletzt unnötig polarisierend geführt worden, ganz zu schweigen von den widersprüchlichen Informationen und verwirrenden Geschichten, die die ganze Thematik vernebeln. Wir müssen die Debatte wieder sachlicher und konstruktiver gestalten, und vor allem müssen wir sie auf realistische, konkrete Pläne ausrichten, um auf null Emissionen zu kommen.

Ich wünschte, es gäbe irgendeine magische Erfindung, die den Diskurs in eine produktivere Richtung lenken würde. Natürlich existiert so etwas nicht – es liegt also an jedem Einzelnen von uns.

Meine Hoffnung ist, dass wir die Diskussion verlagern können, indem wir den Menschen in unserem persönlichen Umfeld – Familie, Freunden, aber auch Entscheidungsträgern – die Fakten vermitteln. Und dabei geht es nicht nur um die Fakten, die uns sagen, warum wir aktiv werden müssen, sondern auch um diejenigen, die uns zeigen, was uns am meisten voranbringt. Eines der Ziele, die ich mit diesem Buch verfolge, ist es, mehr solche Diskussionen anzuregen.

Ich hoffe auch, wir können uns gemeinsam auf Pläne verständigen, die politische Spaltungen überwinden. Ich habe aufzuzeigen versucht, dass dies nicht so naiv ist, wie es sich anhört. Niemand hat die Märkte bisher wirklich auf effektive Lösungen gegen den Klimawandel festgenagelt. Ob Sie nun auf die Privatwirtschaft vertrauen oder an staatliche Intervention glauben oder an Aktivismus oder an eine Kombination aus allem, es gibt garantiert eine praxistaugliche Idee, die Sie unterstützen können. Und was die Ideen angeht, die Ihnen gegen den Strich gehen, verspüren Sie vielleicht den Drang, sich Gehör zu verschaffen, und das ist nur zu verständlich. Ich hoffe jedoch, Sie verwenden mehr Zeit und Energie darauf, das zu unterstützen, was Sie gut finden, und weniger darauf, das zu verhindern, was Sie schlecht finden.

Angesichts des drohenden Klimawandels ist es nicht so einfach, hoffnungsvoll in die Zukunft zu blicken. Aber wie mein Freund Hans Rosling, der verstorbene Professor für internationale Gesundheit, in seinem faszinierenden Buch *Factfulness* schrieb: »Wenn wir über eine faktengestützte Weltsicht verfügen, können wir sehen, dass die Welt nicht so schlecht ist, wie sie erscheint – und wir können erkennen, was wir tun müssen, um sie besser zu machen.«[116]

Mit einer faktengestützten Weltsicht zum Thema Klimawandel werden wir erkennen, dass wir einige der Dinge, die wir zur Vermeidung einer Klimakatastrophe benötigen, bereits haben, wenn auch nicht alle. Wir werden erkennen, was der praktischen Umsetzung der vorhandenen Lösungen und der Entwicklung der notwendigen bahnbrechenden Neuerungen im Wege steht. Und wir werden erkennen, was an Arbeit vor uns liegt, die wir erledigen müssen, um diese Hürden zu überwinden.

Ich bin Optimist, weil ich weiß, wozu Technologie in der

Lage ist, und weil ich weiß, wozu *Menschen* in der Lage sind. Ich bin zutiefst inspiriert durch all die Leidenschaft, mit der vor allem junge Menschen die Lösung dieses Problems angehen. Wenn wir das große Ziel – die Emissionen auf null zu bringen – im Auge behalten und seriöse Pläne zum Erreichen dieses Ziels entwerfen, können wir eine Katastrophe verhindern. Wir können dafür sorgen, dass das Klima für alle erträglich bleibt, wir können Hunderten Millionen armen Menschen helfen, das Beste aus ihrem Leben zu machen, und wir können den Planeten für die kommenden Generationen bewahren.

NACHWORT

Klimawandel und COVID-19

Die Arbeit an diesem Buch kam gegen Ende des turbulentesten Jahres der jüngeren Geschichte zum Abschluss. Während ich im November 2020 dieses Nachwort schreibe, hat COVID-19 weltweit bereits über 1,4 Millionen Menschen das Leben gekostet und tritt inzwischen in eine weitere Welle von Infektionszahlen und Todesopfern ein. Die Pandemie hat alles verändert – wie wir arbeiten, wie wir leben, wie wir Kontakte pflegen und kommunizieren.

Zugleich brachte das Jahr 2020 auch neue Gründe zur Hoffnung in Sachen Klimawandel. Mit der Wahl von Joe Biden zum Präsidenten stehen die Vereinigten Staaten bereit, wieder eine führende Rolle in dieser Frage einzunehmen. China hat sich zu dem ambitionierten Ziel verpflichtet, bis 2060 CO_2-neutral zu sein. 2021 werden die Vereinten Nationen in Glasgow zu einem weiteren bedeutenden Gipfel zum Thema Klimawandel zusammenkommen. Natürlich garantiert nichts davon, dass wir wirklich vorankommen, aber die Chancen dafür sind gegeben.

2021 werde ich wahrscheinlich viel Zeit damit verbringen, Gespräche mit politischen Führern weltweit über den Klimawandel und COVID-19 zu führen. Ich werde ihnen gegenüber argumentieren, dass viele der Lektionen aus der Pandemie – und aus den Werten und Grundsätzen, die unseren Umgang damit leiten – in gleicher Weise auf den Klimawandel zutreffen. Auf die Gefahr, Dinge zu wiederholen, die ich schon in den früheren Kapiteln des Buchs festgehalten habe, fasse ich diese Punkte noch einmal zusammen.

Zuallererst braucht es internationale Zusammenarbeit. Ein Satz wie »Wir müssen kooperieren und an einem Strang ziehen« mag phrasenhaft oder klischeebeladen klingen, das ändert aber nichts daran, dass er schlicht zutrifft. Als Regierungen, Wissenschaftler und Pharmaunternehmen im Kampf gegen COVID-19 an einem Strang zogen, machte die Welt beachtliche Fortschritte – beispielsweise beim Entwickeln und Testen von Impfstoffen in Rekordzeit. Und wer es ablehnte, voneinander zu lernen, und stattdessen andere Länder dämonisierte oder sich der Erkenntnis verweigerte, dass Masken und Social Distancing die Verbreitung des Virus einzudämmen vermögen, machte das ganze Elend nur noch schlimmer.

Nicht anders verhält es sich beim Klimawandel. Wenn die reichen Länder nur darauf schauen, wie sie ihre eigenen Emissionen senken können, und nicht daran arbeiten, dass saubere Technologien für alle Menschen verfügbar und praktikabel zu machen, werden wir niemals auf null Emissionen kommen. So gesehen ist die Hilfe für andere kein bloßer Akt von Altruismus, sie liegt auch im eigenen Interesse. Wir alle haben gute Gründe, auf null zu kommen und anderen zu helfen, damit sie das ebenfalls schaffen. Die Temperaturen in Texas werden nicht aufhören zu steigen, wenn wir den Anstieg der Emissionen in Indien nicht aufhalten.

Zweitens müssen sich unsere Bemühungen an der wissenschaftlichen Expertise aus den verschiedensten Fachgebieten orientieren. Bei COVID-19 blicken wir auf die Biologie, Virologie und Pharmakologie, aber auch auf politische Wissenschaften und Ökonomie – immerhin ist die Entscheidung über die gerechte Verteilung von Impfstoffen ein inhärent politischer Akt. Die Epidemiologie kann uns zwar über die Gefahren von COVID-19 aufklären, sie sagt uns aber nicht, wie wir die Pandemie aufhalten können. Ebenso verrät uns die Klimawissenschaft zwar, warum wir einen Kurswechsel brauchen, sie verrät uns aber nicht, wie wir das bewerkstelligen. Dazu müssen wir uns auf die Ingenieurwissenschaften, die Physik, Umweltwissenschaft, Ökonomie und andere Fachgebiete stützen.

Drittens müssen unsere Lösungen die Erfordernisse der Menschen erfüllen, die am schwersten getroffen sind. Bei COVID-19 sind die Menschen, die am stärksten zu leiden haben, auch diejenigen, denen die wenigsten Optionen bleiben – die also nicht ohne Weiteres auf Homeoffice umstellen oder eine Auszeit nehmen können, um sich um ihre Angehörigen oder sich selbst zu kümmern. Und dies sind zumeist People of Color und Menschen mit geringem Einkommen.

In den USA sind Schwarze und Latinos[117] unverhältnismäßig stärker gefährdet, am Coronavirus zu erkranken oder zu sterben. Auch Schüler, die zu diesen Bevölkerungsgruppen gehören, haben mit geringerer Wahrscheinlichkeit als ihre weißen Mitschüler die Möglichkeit, auf digitalen Unterricht umzustellen. Unter den Empfängern von Medicare weisen die Armen eine viermal höhere Todesrate durch COVID-19 auf als die übrige Bevölkerung.[118] Diese Nachteile auszugleichen wird entscheidend sein, wenn wir das Virus in den USA unter Kontrolle bekommen wollen.

Global betrachtet hat COVID-19 Jahrzehnte des Fortschritts bei der Bekämpfung von Armut und Krankheit zunichtegemacht. Während sich die Regierungen um sinnvolle Maßnahmen gegen die Pandemie bemühten, mussten sie Geld und Personal von anderen Prioritäten abziehen, darunter auch Impfprogramme. Einer Studie des Institute for Health Metrics and Evaluation aus dem Jahr 2020 zufolge sind die Impfquoten auf ein Niveau gesunken, das wir zuletzt in den 1990er-Jahren hatten.[119] 25 Wochen haben ausgereicht, um die Fortschritte aus 25 Jahren zunichtezumachen.

Reiche Nationen, die bereits großzügig Geld für die globale Gesundheit bereitstellen, werden noch großzügiger sein müssen, wollen wir diese Verluste wieder wettmachen. Je mehr sie in die Stärkung der Gesundheitssysteme weltweit investieren, desto besser werden wir auf die nächste Pandemie vorbereitet sein.

Entsprechend müssen wir auch einen Plan für den gerechten Übergang in eine Zukunft mit null Emissionen entwerfen. Wie in Kapitel 9 ausgeführt, brauchen die Menschen in den armen Ländern Hilfe, um sich an eine wärmer werdende Welt anpassen zu können. Und die reicheren Länder müssen sich darüber im Klaren sein, dass die Umstellung der Energieversorgung an Regionen, die heute noch auf die Energiesysteme der Gegenwart bauen, nicht spurlos vorübergehen wird: Die Rede ist von Standorten, wo Kohleförderung der Hauptindustriezweig ist, wo Zement hergestellt wird, Stahl produziert wird oder Autos gebaut werden. Überdies haben viele Menschen Jobs, die indirekt von diesen Branchen abhängig sind – wo es weniger Kohle und Treibstoff zu transportieren gibt, da werden auch weniger LKW-Fahrer und Arbeiter im Güterbahnverkehr gebraucht. Davon wird ein signifikanter Teil der arbeitenden Bevölkerung betroffen sein, und wir brauchen für die entsprechenden Regionen einen fertig ausgearbeiteten Plan für den Übergang.

Und schließlich können wir Dinge auf den Weg bringen, die die Volkswirtschaften nicht nur vor der Corona-Katastrophe bewahren, sondern zugleich Innovationen anstoßen, die zur Vermeidung einer Klimakatastrophe beitragen. Durch Investitionen in Forschung und Entwicklung im Bereich sauberer Energien können die Regierungen eine wirtschaftliche Erholung in Gang setzen, die zugleich zur Emissionssenkung beiträgt. Zwar wirken Investitionen in Forschung und Entwicklung vor allem langfristig, es gibt aber auch eine unmittelbare Folge: Dieses Geld schafft rasch neue Arbeitsplätze. Im Jahr 2018 unterstützten die branchenübergreifenden Investitionen der US-Regierung in Forschung und Entwicklung auf direkte und indirekte Weise über 1,6 Millionen Arbeitsplätze – dies generierte 126 Milliarden Dollar Arbeitereinkommen und 39 Milliarden an Steuereinnahmen auf Bundes- und Bundesstaatsebene.[120]

Forschung und Entwicklung ist nicht das einzige Feld, auf dem Wirtschaftswachstum mit Innovationen in Sachen Emissionsfreiheit einhergeht. Die Regierungen können auch den Erzeugerfirmen sauberer Energie Wachstum ermöglichen, indem sie Vorgaben einführen, die die Ökozuschläge reduzieren, und es für grüne Produkte einfacher machen, in Wettbewerb zur auf fossilen Energieträgern basierenden Konkurrenz zu treten. Und sie können Finanzmittel aus ihren Corona-Hilfspaketen zum Beispiel auch dafür einsetzen, die Nutzung erneuerbarer Energien zu fördern und integrierte Stromnetze zu errichten.

Das Jahr 2020 war ein enormer und tragischer Rückschlag. Ich bin jedoch optimistisch, dass wir COVID-19 im Jahr 2021 in den Griff bekommen werden. Und ich bin auch optimistisch, dass wir beim Klimawandel echte Fortschritte erzielen werden – weil die Welt entschlossener ist als je zuvor, dieses Problem wirklich anzupacken.

Als die Weltwirtschaft im Jahr 2008 in eine schwere Rezession stürzte, brachen die öffentlichen Mittel für Maßnahmen gegen den Klimawandel ein. Die Menschen sahen einfach keine Möglichkeit, auf beide Krisen gleichzeitig zu reagieren.

Diesmal liegen die Dinge anders. Auch wenn die Pandemie die globale Wirtschaft schwer in Mitleidenschaft gezogen hat, ist die Unterstützung für Maßnahmen gegen den Klimawandel ebenso hoch, wie sie 2019 war. Unsere Emissionen, so scheint es, gelten heute nicht mehr als Randproblem, das wir je nach Kassenlage auf die lange Bank zu schieben bereit sind.

Die Frage lautet jetzt: Wie können wir dieses Momentum nutzen? Für mich liegt die Antwort auf der Hand. Wir müssen uns im nächsten Jahrzehnt massiv auf Technologien, Maßnahmen und Marktstrukturen fokussieren, die uns auf den Weg bringen, die Treibhausgase bis 2050 zu eliminieren. Ich kann mir jedenfalls nur schwer eine bessere Antwort auf das schlimme Jahr 2020 vorstellen, als uns die nächsten zehn Jahre diesem ehrgeizigen Ziel zu verschreiben.

DANK

Ich möchte den Menschen von Gates Ventures und Breakthrough Energy danken, die *Wie wir die Klimakatastrophe verhindern* erst möglich gemacht haben.

Josh Daniel war ein unersetzlicher Partner beim Verfassen des Buchs. Er hat mir geholfen, die komplexen Zusammenhänge und Sachverhalte des Klimawandels und der sauberen Energien so einfach und klar wie möglich darzustellen. Wenn dieses Buch die Wirkung erzielt, die ich mir erhoffe, ist das vor allem Joshs Fähigkeiten zu verdanken.

Ich habe dieses Buch geschrieben, weil ich die ganze Welt dazu ermutigen möchte, effektive Pläne für den Umgang mit dem Klimawandel zu verabschieden. Bei diesem Anliegen hätte ich keine besseren Partner haben können als Jonah Goldman und sein Team einschließlich Robin Millican, Mike Boots und Lauren Nevin. Sie sind wichtige Ratgeber im Bereich Klimapolitik und hinsichtlich der Strategien, mit denen wir dafür sorgen können, dass die hier dargelegten Ideen Wirkung zeigen.

Ian Saunders leitete den Kreativ- und Produktionsprozess mit dem Einfallsreichtum, auf den ich bei ihm seit jeher zählen kann. Anu Horsman und Brent Christofferson gestalteten die Diagramme – mit Expertenhilfe von Beyond Words – und wählten die Fotos aus, dank denen dieses Buch gleich viel lebendiger wirkt.

Bridgitt Arnold und Andy Cook kümmerten sich um die Werbung.

Und Larry Cohen managte das Ganze mit seiner gewohnt abgeklärten Weisheit.

Das Team bei der Rhodium Group unter Leitung von Trevor Houser und Kate Larsen war eine außerordentlich große Hilfe. Ihre Forschungsarbeit und ihr Rat spiegeln sich im gesamten Buch wider.

Mein herzlicher Dank gilt auch dem Vorstand von Breakthrough Energy Ventures: Mukesh Ambani, John Arnold, John Doerr, Rodi Guidero, Abby Johnson, Vinod Khosla, Jack Ma, Hasso Plattner, Carmichael Roberts und Eric Toone.

Jabe Blumenthal und Karen Fries sind zwei ehemalige Microsoft-Kollegen, die meine erste Lern-Session zum Thema Klimawandel im Jahr 2006 organisierten. Dabei machten sie mich mit zwei Klimaforschern bekannt, Ken Caldeira – damals bei der Carnegie Institution for Science – und David Keith vom Harvard University Center for the Environment. Seitdem hatte ich zahllose Gespräche mit Ken und David, die mein Denken geprägt haben.

Ken und ein Team seiner Postdoktoranden – Candise Henry, Rebecca Peer und Tyler Ruggles – brüteten Zeile für Zeile über dem Manuskript, um es auf sachliche Fehler zu durchleuchten. Ich danke ihnen für ihre akribische Arbeit. Für alle verbliebenen Fehler bin ausschließlich ich selbst verantwortlich.

Der verstorbene David MacKay von der Cambridge University inspirierte mich mit seinem Scharfsinn und seinen Einsichten. Ich empfehle sein phänomenales Buch *Sustainable Energy – Without the Hot Air* jedem, der sich eingehend mit dem Thema Energie und Klimawandel beschäftigen möchte.

Vaclav Smil, emeritierter Professor der University of Manitoba, ist einer der brillantesten Systemdenker, denen ich je begegnet bin. Sein Einfluss auf das Buch ist besonders augenfällig in den Passagen über die Geschichte von Energiewenden – und in den Fehlern, die zu vermeiden er mir geholfen hat.

Ich hatte das Glück, im Lauf der Jahre einer ganzen Reihe kluger und sachkundiger Menschen zu begegnen und von ihnen lernen zu dürfen. Herzlichen Dank an Senator Lamar Alexander, Josh Bolten, Carol Browner, Steven Chu, Arun Majumdar, Ernest Moniz, Senatorin Lisa Murkowski, Henry Paulson und John Podesta, die großzügig ihre Zeit für mich opferten.

Nathan Myhrvold gab mir sein kluges Feedback zu einem frühen Entwurf. Nathan zögert niemals, mir offen seine Meinung zu sagen – eine Eigenschaft, die ich sehr schätze, selbst dann, wenn ich seinen Rat einmal nicht beherzige.

Weitere Freunde und Kollegen nahmen sich freundlicherweise Zeit zum Lesen des Manuskripts und gaben mir ihr Feedback, darunter Warren Buffett, Sheila Gulati, Charlotte Guyman, Geoff Lamb, Brad Smith, Marc St. John, Mark Suzman und Lowell Wood.

Ich möchte dem Rest des Teams von Breakthrough Energy danken: Meghan Bader, Julie Barger, Adam Barnes, Farah Benahmed, Ken Caldeira, Saad Chaudhry, Jay Dessy, Gail Easley, Ben Gaddy, Ashley Grosh, Jon Hagg, Conor Hand, Aliya Haq, Victoria Hunt, Anna Hurlimann, Krzysztof Ignaciuk, Kamilah Jenkins, Christie Jones, Casey Leiber, Yifan Li, Dan Livengood, Jennifer Maes, Lidya Makonnen, Maria Martinez, Ann Mettler, Trisha Miller, Kaspar Mueller, Daniel Muldrew, Philipp Offenberg, Daniel Olsen, Merrielle Ondreicka, Julia Reinaud, Ben Rouillé d'Orfeuil, Dhileep Sivam, Jim VandePutte, Demaris Webster, Bainan Xia, Yixing Xu und Allison Zelman.

Ich bin dankbar für all die Unterstützung, die ich vom Team von Gates Ventures erhalte. Mein Dank geht an: Katherine Augustin, Laura Ayers, Becky Bartlein, Sharon Bergquist, Lisa Bishop, Aubree Bogdonovich, Niranjan Bose, Hillary Bounds, Bradley Castaneda, Quinn Cornelius, Zephira Davis, Prarthna Desai, Pia Dierking, Gregg Eskenazi, Sarah Fosmo, Josh Friedman, Joanna Fuller, Meghan Groob, Rodi Guidero, Rob Guth, Diane Henson, Tony Hoelscher, Mina Hogan, Margaret Holsinger, Jeff Huston, Tricia Jester, Lauren Jiloty, Chloe Johnson, Goutham Kandru, Liesel Kiel, Meredith Kimball, Todd Krahenbuhl, Jen Krajicek, Geoff Lamb, Jen Langston, Jordyn Lerum,

Jacob Limestall, Abbey Loos, Jennie Lyman, Mike Maguire, Kristina Malzbender, Greg Martinez, Nicole MacDougall, Kim McGee, Emma McHugh, Kerry McNellis, Joe Michaels, Craig Miller, Ray Minchew, Valerie Morones, John Murphy, Dillon Mydland, Kyle Nettelbladt, Paul Nevin, Patrick Owens, Hannah Palko, Mukta Phatak, David Phillips, Tony Pound, Bob Regan, Kate Reizner, Oliver Rothschild, Katie Rupp, Maheen Sahoo, Alicia Salmond, Brian Sanders, KJ Sherman, Kevin Smallwood, Jacqueline Smith, Steve Springmeyer, Rachel Strege, Khiota Therrien, Caroline Tilden, Sean Williams, Sunrise Swanson Williams, Yasmin Wazir, Cailin Wyatt, Mariah Young und Naomi Zukor.

Ich möchte dem Team bei Knopf danken. Bob Gottliebs frühzeitige Unterstützung für das Buch sorgte dafür, dass wirklich etwas daraus wurde. Alles, was Sie über seine brillante redaktionelle Arbeit gehört haben, trifft absolut zu. Katherine Hourigan begleitete dieses Buch mit Geschick und Anmut durch alle Phasen des Lektorats und der Produktion. Mein Dank geht auch an den verstorbenen Sonny Mehta sowie an Reagan Arthur, Maya Mavjee, Tony Chirico, Andy Hughes, Paul Bogaards, Chris Gillespie, Lydia Buechler, Mike Collica, John Gall, Suzanne Smith, Serena Lehman, Kate Hughes, Anne Achenbaum, Jessica Purcell, Julianne Clancy und Elizabeth Bernard. Und noch ein herzliches Dankeschön an Lizzie Gottlieb dafür, dass sie dieses Projekt ihrem Vater nahegebracht hat.

Zum Schluss möchte ich Melinda, Jenn, Rory und Phoebe danken; meinen Schwestern Kristi und Libby; und meinem Daddy, Bill Gates senior, der verstarb, während dieses Buch entstand. Mehr liebevolle Unterstützung durch die Familie kann es gar nicht geben.

ANMERKUNGEN

Einführung: Von 52 Milliarden auf null

1 Foto: James Iroha.

2 Diese Grafik verwendet Daten aus den World Development Indicators der Weltbank, die unter CC BY 4.0 (https://www.creativecommons.org/licenses/by/4.0) lizenziert und unter https://data.worldbank.org/ verfügbar sind. Das Einkommen ist als Bruttoinlandsprodukt (BIP) pro Kopf im Jahr 2014, basierend auf der Kaufkraftparität (KKP), in internationalen Dollar erfasst. Der Energieverbrauch ist als Öläquivalent in Kilogramm im Jahr 2014 erfasst, basierend auf IEA-Daten aus den World Development Indicators der Weltbank. Alle Rechte vorbehalten; in der von Gates Ventures, LLC geänderten Fassung.

3 Abgebildete Personen von links nach rechts (die angegebenen Titel beziehen sich auf den Zeitpunkt der Konferenz im November 2015): Wan Gang, Minister of Science and Technology (China); Ali Al-Naimi, Minister of Petroleum and Mineral Resources (Saudi-Arabien); Ministerpräsidentin Erna Solberg (Norwegen); Premierminister Shinzō Abe (Japan); Präsident Joko Widodo (Indonesien); Premierminister Justin Trudeau (Kanada); Bill Gates; Präsident Barack Obama (USA); Präsident François Hollande (Frankreich); Premierminister Narendra Modi (Indien); Präsidentin Dilma Rousseff (Brasilien); Präsidentin Michelle Bachelet (Chile); Ministerpräsident Lars Løkke Rasmussen (Dänemark); Ministerpräsident Matteo Renzi (Italien); Präsident Enrique Peña Nieto (Mexiko); Premierminister David Cameron (Großbritannien); Sultan Al Jaber, Minister of State and Special Envoy for Energy and Climate Change (Vereinigte Arabische Emirate). Foto: Ian Langsdon/AFP (Getty Images).

Kapitel 1: Warum null?

4 Coupled Model Intercomparison Project (CMIP5); globale Durchschnittstemperatur-Anomalien wurden berechnet mithilfe des Climate Explorer des Koninklijk Nederlands Meteorologisch Instituut (KNMI). Temperaturveränderung wurde erfasst in Grad Celsius (°C).

5 Die Daten für die durchschnittliche Temperaturänderung, gemessen in Grad Celsius, relativ zum Durchschnitt von 1951–1980 stammen von Berkeley Earth, berkeleyearth.org; die Daten für CO_2, gemessen in metrischen Tonnen, stammen aus »Global Carbon Budget 2019« von Le Quéré, Andrew et al., das unter CC BY 4.0 (https://www.creativecommons.org/licenses/by/4.0) lizenziert und unter https://essd.copernicus.org/articles/11/1783/2019/ verfügbar ist.

6 Foto: AFP (Getty Images).

7 Solomon M. Hsiang und Amir S. Jina, »Geography, Depreciation, and Growth«, in: *American Economic Review*, Mai 2015.

8 Donald Wuebbles, David Fahey und Kathleen Hibbard, *National Climate Assessment 4: Climate Change Impacts in the United States*, US Global Change Research Program, 2017.

9 R. Warren et al., »The projected effect on insects, vertebrates, and plants of limiting global warming to 1.5°C rather than 2°C«, in: *Science*, 18. Mai 2018.

10 Website »World of Corn« der National Corn Growers Association, http://worldofcorn.com.

11 Website des Iowa Corn Promotion Board, https://www.iowacorn.org.

12 Colin P. Kelley et al., »Climate change in the Fertile Crescent and implications of the recent Syrian drought«, in: *PNAS*, 17. März 2015.

13 Anouch Missirian und Wolfram Schlenker, »Asylum applications respond to temperature fluctuations«, in: *Science*, 22. Dezember 2017.

Kapitel 2: Es wird schwierig

14 Foto: dem10/E (Getty Images) und lessydoang/RooM (Getty Images).

15 U. S. Energy Information Administration, https://www.eia.gov.

16 Treibhausgasemissionen sind von der Rhodium Group in metrischen Tonnen Kohlendioxid-Äquivalenten (CO_2e) angegeben. Diese Grafik verwendet auch Bevölkerungsdaten aus den United Nations World Population Prospects 2019, die unter CC BY 3.0 IGO (https://creative

commons.org/licenses/by/3.0/igo/) lizenziert und unter https://population.un.org/wpp/Download/Standard/Population/ verfügbar sind.

[17] Foto: Paul Seibert.

[18] Foto: ©Bill & Melinda Gates Fondation/Prashant Panjiar.

[19] Vaclav Smil, *Energy Myths and Realities*, Washington, D.C.: AEI Press 2010, S. 136 f.

[20] Ebd., S. 138.

[21] Zu den modernen erneuerbaren Energien zählen Wind- und Sonnenenergie sowie moderne Biotreibstoffe. Quelle: Vaclav Smil, *Energy Transitions*, 2018.

[22] Ebd.

[23] Xiaochun Zhang, Nathan P. Myhrvold und Ken Caldeira, »Key Factors for Assessing Climate Benefits of Natural Gas Versus Coal Electricity Generation«, in: *Environmental Research Letters*, 26. November 2014, https://iopscience.iop.org.

[24] Analyse der Rhodium Group.

Kapitel 3: Fünf Fragen, die bei jedem Gespräch übers Klima gestellt werden sollten

[25] Die Zahlen bilden den durchschnittlichen Stromverbrauch ab, immer wieder ist die Nachfrage auch höher; im Jahr 2019 zum Beispiel lag die Spitzennachfrage in den USA bei 704 Gigawatt. Weitere Informationen finden Sie auf der Website der U.S. Energy Administration (www.eia.gov).

[26] Taking Stock 2020: *The COVID-19 Edition*, Rhodium Group, https://rhg.com.

Kapitel 4: Stromerzeugung

[27] Foto: Mit freundlicher Genehmigung der Familie Gates.

[28] Basierend auf IEA-Daten aus IEA (2020), SDG7: Data and Projections, IEA 2020, www.iea.org/statistics. Alle Rechte vorbehalten; in der von Gates Ventures, LLC geänderten Fassung.

[29] Nathan P. Myhrvold und Ken Caldeira, »Greenhouse Gases, Climate Change, and the Transition from Coal to Low-Carbon Electricity«, in: *Environmental Research Letters*, 16. Februar 2012, https://iopscience.iop.org.

[30] Zum Sektor erneuerbare Energien zählen Wind- und Solarenergie, Geothermie (Erdwärme) sowie Biokraftstoffe der zweiten Generation. Quelle: bp Statistical Review of World Energy 2021, https://www.bp.com.

[31] Vaclav Smil, *Energy and Civilization*, Cambridge, Mass.: MIT Press 2017, S. 406.

[32] U.S. Department of Energy Office of Scientific and Technical Information, »Analysis of Federal Incentives Used to Stimulate Energy Production: An Executive Summary«, Februar 1980, https://www.osti.gov. Die Subventionen für Kohle und Erdgas wurden auf die Kaufkraft des Dollar im Jahr 2019 inflationsbereinigt.

[33] Foto: Universal Images Group (Getty Images).

[34] Wataru Matsumura und Zakia Adam, »Fossil Fuel Consumption Subsidies Bounced Back Strongly in 2018«, Kommentar der IEA, 13. Juni 2019.

[35] Die Daten stammen von Eurelectric, »Decarbonization Pathways«, Mai 2018, http://cdn.eurlectric.org.

[36] Fraunhofer ISE, https://www.energy-charts.de.

[37] Zeke Turner, »In Central Europe, Germany's Renewable Revolution Causes Friction«, in: *Wall Street Journal*, 16. Februar 2017.

[38] Das Gewicht der Baustoffe ist in metrischen Kilotonnen pro Terawattstunde erzeugtem Strom angegeben. »Solar-PV« steht für »Solar-Fotovoltaik« und meint große Anlagen aus Solarmodulen, die Sonnenlicht in elektrischen Strom umwandeln. Quelle: U.S. Department of Energy, *Quadrennial Technology Review: An Assessment of Energy Technologies and Research Opportunities*, 2015, siehe https://www.energy.gov.

[39] Diese Grafik verwendet Daten aus »Deaths per TWh« von Markandya & Wilkinson; Sovacool et al., das unter CC BY 4.0 (https://www.creativecommons.org/licenses/by/4.0/) lizenziert und unter https://ourworldindata.org/grapher/death-rates-from-energy-production-per-twh verfügbar ist.

[40] U.S. Department of Energy, »Computing America's Offshore Wind Energy Potential«, 9. September 2016, https://www.energy.gov.

[41] David J.C. MacKay, *Sustainable Energy – Without the Hot Air*, Cambridge: UIT Cambridge 2008, S. 98, 109.

[42] Consensus Study Report, »Negative Emissions Technologies and Reliable Sequestration: A Research Agenda«, National Academies of Science, Engineering, and Medicine, 2019.

Kapitel 5: Industrieproduktion

43 Foto: WSDOT

44 Washington State Department of Transportation, https://www.wsdot.wa.gov.

45 »Statue Statistics«, Statue of Liberty National Monument, New York, National Park Service, https://www.nps.gov.

46 Vaclav Smil, *Making the Modern World*, Chichester, West Sussex: Wiley 2014, S. 36.

47 Zementproduktion erfasst in metrischen Tonnen. Quelle: U. S. Department of the Interior, U. S. Geological Survey (USGS), T. D. Kelly und G. R. Matos, comps., 2014; »Historical Statistics for Mineral and Material Commodities in the United States« (2016 version): U. S. Geological Survey Data Series 140, abgerufen am 6. Dezember 2019; USGS Minerals Yearbooks – China, (2002, 2007, 2011, 2016), https://www.usgs.gov.

48 American Chemistry Council, »Plastics and Polymer Composites in Light Vehicles«, August 2019, https://www.automotiveplastics.com.

49 Foto: REUTERS/Carlos Barria.

50 U. S. Department of the Interior, U. S. Geological Survey, »Mineral Commodity Summaries 2019«.

51 Freedonia Group, »Global Cement – Demand and Sales Forecasts, Market Share, Market Size, Market Leaders«, Mai 2019, https://www.freedoniagroup.com.

52 Nur direkte Emissionen; ausgenommen sind Emissionen aus der Stromerzeugung. Quelle: Rhodium-Gruppe.

Kapitel 6: Landwirtschaft

53 Interne Analyse der Rhodium Group.

54 Paul Ehrlich, *The Population Bomb*, New York: Ballantine Books, 1968 (dt.: *Die Bevölkerungsbombe*, München 1971, S. 13, 33. Notabene: Ehrlich zitiert auf S. 33 einen anderen Wissenschaftler, Dr. Raymond Ewell.).

55 Weltbank, https://data.worldbank.org.

56 Derek Thompson, »Cheap Eats: How America Spends Money on Food«, in: *The Atlantic*, 8. März 2013, https://www.theatlantic.com.

57 Verbrauch gemessen in metrischen Tonnen Fleisch (Rind, Lamm, Schwein, Geflügel und Kalb). Quelle: OECD (2020), OECD-FAO

Agricultural Outlook, https://stats.oecd.org (aufgerufen Oktober 2020).

58 Food and Agriculture Organization of the United Nations (FAO). http://www.fao.org.

59 UNESCO, »Gastronomic Meal of the French«, http://ich.unesco.org.

60 Online-Umfrage der Rhodium-Gruppe zu den US-Einzelhandelspreisen im September 2020.

61 Foto: Gates Notes, LLC.

62 Food and Agriculture Organization of the United Nations, FAOSTAT. OECD-FAO Agricultural Outlook 2020-2029. Letztes Update: 30. November 2020. Aufgerufen: November 2020. https://stats.oecd.org/Index.aspx?datasetcode=HIGH_AGLINK_2020#.

63 World Development Indicators (WDI) der Weltbank, http://databank.worldbank.org.

64 Janet Ranganathan et al., »Shifting Diets for a Sustainable Food Future«, World Resources Institute, http://www.wri.org.

65 World Resources Institute, »Forests and Landscapes in Indonesia«, http://www.wri.org.

Kapitel 7: Transport und Verkehr

66 Prognosen der OECD, https://www.oecd-ilibrary.org.

67 Historische Emissionen bereitgestellt von der Rhodium Group. Prognostizierte Emissionen basierend auf IEA-Daten aus IEA (2020), World Energy Outlook, IEA 2020, www.iea.org/statistics. Alle Rechte vorbehalten; in der von Gates Ventures, LLC geänderten Fassung.

68 Diese Grafik verwendet Daten aus »Beyond road vehicles: Survey of zero-emission technology options across the transport sector« von Hall, Pavlenko und Lutsey, das unter CC BY-SA 3.0 (https://www.creativecommons.org/licenses/by-sa/3.0/) lizenziert und unter https://theicct.org/sites/default/files/publications/Beyond_Road_ZEV_Working_Paper_20180718.pdf verfügbar ist.

69 Internationale Automobilherstellervereinigung (OICA), http://www.oica.net.

70 Ausgehend von einem Bruttozugang von 69 Millionen Fahrzeugen pro Jahr laut OICA und Stilllegung von rund 45 Millionen, bei einer durchschnittlichen Lebensdauer pro Fahrzeug von 13 Jahren.

71 Alle Angaben für den Malibu und den Bolt EV beziehen sich auf

das Baujahr 2022. Quelle: https://www.chevrolet.com. Illustrationen ©izmocars – Alle Rechte vorbehalten.

72 Der Preis pro Meile geht davon aus, dass der Käufer einen durchschnittlichen Kaufpreis für das Auto bezahlt, es sieben Jahre besitzt und im Schnitt 12 000 Meilen (19 300 Kilometer) pro Jahr fährt. Quelle: Rhodium Group.

73 Rhodium Group, Evolved Energy Research, IRENA und Agora Energiewende. Der Verkaufspreis entspricht dem Durchschnitt in den USA im Zeitraum von 2015 bis 2018. Die Preisangaben zu den CO_2-neutralen Optionen sind jeweils geschätzte Werte.

74 Rhodium Group, Evolved Energy Research, IRENA und Agora Energiewende. Der Verkaufspreis entspricht dem Durchschnitt in den USA im Zeitraum von 2015 bis 2018. Die Preisangaben zu den CO_2-neutralen Optionen sind jeweils geschätzte Werte.

75 U. S. Energy Information Administration, https://www.eia.gov.

76 Foto: Bloomberg (Getty Images).

77 Michael J. Coren, »Buses with Batteries«, in: *Quartz*, 2. Januar 2018, https://qz.com.

78 Shashank Sripad und Venkatasubramanian Viswanathan, »Performance Metrics Required of Next-Generation Batteries to Make a Practical Electric Semi Truck«, in: *ACS Energy Letters*, 27. Juni 2017, https://pubs.acs.org.

79 Rhodium Group, Evolved Energy Research, IRENA und Agora Energiewende. Der Verkaufspreis entspricht dem Durchschnitt in den USA im Zeitraum von 2015 bis 2018. Die Preisangaben zu den CO_2-neutralen Optionen sind jeweils geschätzte Werte.

80 Boeing, http://www.boeing.com.

81 Rhodium Group, Evolved Energy Research, IRENA und Agora Energiewende. Der Verkaufspreis entspricht dem Durchschnitt in den USA im Zeitraum von 2015 bis 2018. Die Preisangaben zu den CO_2-neutralen Optionen sind jeweils geschätzte Werte.

82 Kyree Leary, »China Has Launched the World's First All-Electric Cargo Ship«, Futurism, 5. Dezember 2017, http://futurism.com; und »MSC receives world's largest container ship MSC Gulsun from SHI«, *Ship Technology*, 9. Juli 2019, https://www.ship-technology.com.

83 Rhodium Group, Evolved Energy Research, IRENA und Agora Energiewende. Der Verkaufspreis entspricht dem Durchschnitt in den USA im Zeitraum von 2015 bis 2018. Die Preisangaben zu den CO_2-neutralen Optionen sind jeweils geschätzte Werte.

[84] Rhodium Group, Evolved Energy Research, IRENA und Agora Energiewende. Der Verkaufspreis entspricht dem Durchschnitt in den USA im Zeitraum von 2015 bis 2018. Die Preisangaben zu den CO_2-neutralen Optionen sind jeweils geschätzte Werte.

[85] S&P Global Market Intelligence, http://www.spglobal.com/market intelligence/en/.

Kapitel 8: Kühlen und Heizen

[86] A. A'zami, »Badgir in Traditional Iranian Architecture«, Passive and Low Energy Cooling for the Built Environment, Konferenz in Santorin, Griechenland, Mai 2005.

[87] US-Energieministerium, »History of Air Conditioning«, http://www.energy.gov. Siehe auch »The Invention of Air Conditioning«, in: *Panama City Living*, 13. März 2014, http://www.panamacityliving.com.

[88] Internationale Energieagentur, »The Future of Cooling«, http://www.iea.org.

[89] Internationale Energieagentur, http://www.iea.org.

[90] Basierend auf IEA-Daten aus IEA (2018), »The Future of Cooling«, IEA (2018), www.iea.org/statistics. Alle Rechte vorbehalten; in der von Gates Ventures, LLC geänderten Fassung.

[91] Ebd.

[92] U.S. Environmental Protection Agency, http://www.epa.gov.

[93] Rhodium Group. Diese Tabelle zeigt den aktuellen Nettowert eine Luftwärmepumpe gegenüber einer Erdgasheizung und einer elektrisch betriebenen Klimaanlage bei einem Neubau. Die Kosten werden berechnet auf der Basis eines Zinssatzes von 7 Prozent und der aktuellen Preise für Strom und Erdgas mit Stand vom Sommer 2019 sowie einer Lebensdauer der Wärmepumpe von 15 Jahren.

[94] U.S. Energy Information Administration, https://www.eia.gov.

[95] Rhodium Group, Evolved Energy Research, IRENA und Agora Energiewende. Der Verkaufspreis entspricht dem Durchschnitt in den USA im Zeitraum von 2015 bis 2018. Die Preisangaben zu den CO_2-neutralen Optionen sind jeweils geschätzte Werte.

[96] Ebd.

[97] Bullitt Center, http://www.bullittcenter.org.

[98] Foto: Nic Lehoux.

Kapitel 9: Anpassen an die Heißzeit

[99] Foto: ©Bill & Melinda Gates Foundation/Frederic Courbet.
[100] Max Roser, »Our World in Data«, https://ourworldindata.org.
[101] Weltbank, http://www.data.worldbank.org.
[102] GAVI, http://www.gavi.org.
[103] Foto: Aus der Fotosammlung des International Rice Research Institute (IRRI), Los Banos, Laguna, Philippines.
[104] Global Commission on Adaptation, *Adapt Now: A Global Call for Leadership on Climate Resilience*, World Resources Institute, September 2019, https://gca.org.
[105] Ernährungs- und Landwirtschaftsorganisation der Vereinten Nationen, *State of Food and Agriculture: Women in Agriculture 2010–2011*, http://www.fao.org.
[106] Foto: Mazur Travel (Shutterstock).
[107] Weltbank, »Decline of Global Extreme Poverty Continues but Has Slowed«, http://www.worldbank.org.

Kapitel 10: Warum es auf die Politik ankommt

[108] Foto: Mirrorpix (Getty Images).
[109] U. S. Energy Information Administration, http://www.eia.gov.
[110] Internationale Energieagentur.
[111] US-Energieministerium, »Renewable Energy and Efficient Energy Loan Guarantees«, http://www.energy.gov.
[112] Foto: Sirio Magnabosco/EyeEm (Getty Images).

Kapitel 11: Ein Plan zur Dekarbonisierung

[113] Informationsarchiv zum Humangenomprojekt, »Potential Benefits of HGP Research«, http://web.ornl.gov.
[114] Simon Tripp und Martin Grueber, »Economic Impact of the Human Genome Project«, Battelle Memorial Institute, http://www.battelle.org.

Kapitel 12: Was jeder Einzelne tun kann

115 Genauere Informationen zum jeweiligen Bundesstaat finden Sie unter https://www.c2es.org/document/green-pricing-programs.

116 Hans Rosling mit Anna Rosling Rönnlund und Ola Rosling, *Factfulness: Ten Reasons We're Wrong About the World – and Why Things Are Better than You Think*, New York: Flatiron Books, 2018, S. 255. (dt.: *Factfulness: Wie wir lernen, die Welt so zu sehen, wie sie wirklich ist,* Berlin 2018, S. 307).

Nachwort: Klimawandel und COVID-19

117 »Race, Ethnicity, and Age Trends in Persons Who Died from COVID-19 – United States, May–August 2020«, U. S. Centers for Disease Control https://www.cdc.gov.

118 »Preliminary Medicare COVID-19 Data Snapshot«, Centers for Medicare and Medicaid Services, https://www.cms.gov.

119 »Goalkeepers Report 2020«, https://www.gatesfoundation.org.

120 »Impacts of Federal R&D Investment on the U. S. Economy«, Breakthrough Energy, https://www.breakthroughenergy.org.

REGISTER

K

L

M

N

O

P

R